Visione cristiana dell'ambiente frutto della creazione di Dio

Paul Haffner

GRACEWING

Prima Edizione 2012

Pubblicato da
Gracewing
2, Southern Avenue,
Leominster
Herefordshire
HR6 0QF
GB-Inghilterra
www.gracewing.co.uk

ISBN 978 085244 783 3

© 2012 Paul Haffner

Tutti i diritti riservati. Nessuna parte di quest'opera può essere riprodotta, memorizzata o trasmessa in alcuna forma, e con alcun mezzo, elettronico, meccanico, in fotocopia, in supporto magnetico o in altro modo, senza autorizzazione scritta dell'Editore.

In copertina: Veduta su una spiaggia esotica

Prefazione

Papa Benedetto XVI, sin dall'inizio del suo Pontificato, ha indicato la linea essenziale di una ecologia cristiana: «I deserti esteriori si moltiplicano nel mondo, perché i deserti interiori sono diventati così ampi. Perciò i tesori della terra non sono più al servizio dell'edificazione del giardino di Dio, nel quale tutti possano vivere, ma sono asserviti alle potenze dello sfruttamento e della distruzione.» Il Papa ha proposto che la via per vedere i problemi ambientali è nella prospettiva più ampia della visione cristiana del creato.

L'opera inizia descrivendo alcuni dei problemi più seri che oggi gravano sull'ambiente e come questi possano essere valutati sul piano del rapporto fra l'uomo ed il mondo creato, per poi passare alla comprensione storica della questione ecologica (capitolo 1). A questo punto è necessario distinguere l'ecologia come scienza dall'ideologia ambientalista, ormai molto diffusa (capitolo 2), che spesso è di tendenza pessimista (capitolo 3). In seguito, il testo elabora le risposte remote e recenti dei Papi per quanto concerne la questione ambientale (capitolo 4). Il quinto capitolo delinea come la comunità cristiana ha recepito la dottrina della creazione applicata all'ambiente. La parte centrale del testo, ossia il capitolo 6, propone una sintesi della teologia della creazione per l'ambiente. Questa teologia viene poi applicata ad alcune questioni morali (capitolo 7) ed, infine, alla spiritualità tradizionale (capitolo 8). Il tutto è finalizzato alla maggior comprensione delle questioni ambientali nella comunità cristiana.

Spero che questo libro possa essere di aiuto agli studenti dei miei corsi che trattano questa materia, oltre che ai laici, al clero, e ai religiosi che desiderino approfondire la loro conoscenza del dono del creato che Dio ci ha fatto e che sperimentiamo nella nostra vita cristiana. Esso rappresenta un'illustrazione globale del mistero della creazione in chiave ambientale, ed abbraccia i vari temi biblici, patristici, teologici e spirituali, che si incrociano nelle recenti dichiarazioni magisteriali sull'argomento.

Nei suoi approcci il libro tenta di apportare una novità particolare, presentando una sintesi organica della teologia dell'ambiente, dal punto di visto dell'Occidente e dell'Oriente cristiano. Nutro la speranza che la lettura di queste pagine possa aiutare tutti i cristiani ad approfondire la loro comprensione della teologia dell'ambiente. Nelle stesura di questo libro sono stato aiutato dai miei studenti: li ringrazio per la loro partecipazione, che molto ha contribuito a formare le idee esposte nel testo.

Ringrazio la Prof.ssa Giovanna Morelli Gradi (ormai defunta) ed il suo vedovo, il Dott. Bruno Gradi, per i suggerimenti. Vorrei ringraziare di cuore soprattutto il Conte Fabio Brembati e la sua famiglia per il loro aiuto nella realizzazione di questo volume. Il libro è dedicato ai miei diversi studenti nelle varie Facoltà di Teologia a Roma.

Roma, 28 gennaio 2012
Festa di San Tommaso d'Aquino

Abbreviazioni

AAS = Acta Apostolicae Sedis. Commentarium officiale. Roma: Typis Poliglottis Vaticanis, 1909– .

CCC = Catechismo della Chiesa Cattolica. Città del Vaticano: LEV, 1992.

DP = Discorsi indirizzati dai Sommi Pontefici Pio XI, Pio XII, Giovanni XXIII, Paolo VI, Giovanni Paolo II alla Pontificia Accademia delle Scienze dal 1936 al 1986. Vatican City: Pontifical Academy of Sciences, 1986.

DS = H. DENZINGER (ed.), Enchiridion Symbolorum, Definitionum et Declarationum de rebus fidei et morum. Edizione bilingue di P. Hünermann. Bologna: EDB, 1995.

IG = Insegnamenti di Giovanni Paolo II. Vatican City: Vatican Polyglot Press, 1978–2005.

IP = Insegnamenti di Paolo VI. Vatican City: Vatican Polyglot Press, 1963–1978.

OR = L'Osservatore Romano, edizione quotidiana.

PG = J. P. MIGNE, Patrologiae cursus completus, series graeca. 161 vols. Paris: 1857–1866.

PL = J. P. MIGNE, Patrologiae cursus completus, series latina. 221 vols. Paris: 1844–1864.

1

I FENOMENI AMBIENTALI

E come una casa abitata dal padrone è tutta ben ordinata, bella, adorna, così anche l'anima ove il Signore abita e dimora è adorna di ogni bellezza. Essa ha come suo ospite e guida il Signore con i suoi tesori spirituali. Guai a quella casa dalla quale è partito il padrone e in cui non vi è il Signore! Sarà deserta, devastata, colma di ogni sozzura e disordine. Là, secondo la parola del profeta, dimorano struzzi e demoni; in una casa abbandonata infatti vi sono gatti, cani e ogni sorta di impurità. Guai a quell'anima che non si rialza dalla sua funesta caduta e che non diventa dimora del buon padrone di casa, il Cristo, ma rimane nella sua impurità e ospita in essa quanti la convincono o la forzano a odiare il suo Sposo e vogliono corrompere i suoi pensieri lontano dal Cristo.

Macario il Grande, Omelia 33.

1.1 La situazione attuale

Molti oggi ritengono che il problema ambientale del pianeta Terra costituisca un «caso clinico».[1] I patrimoni ambientali di acqua, suolo e aria vengono spesso sfruttati in modo da superare la loro capacità di rigenerazione e di auto-purificazione. Per questo motivo la varietà di flora e fauna nei loro habitat è minacciata e allo stesso modo la quantità di superfici utilizzabili da un punto di vista agricolo e come spazi ricreativi. Va sottolineato

---

1. Per quest'idea, si veda l'articolo dal *Corriere della Sera* 114/23 (17 gennaio 1989), p. 17.

che la situazione dell'ambiente non è solo negativa. Negli ultimi anni, in alcuni Paesi, ci si è premurati in modo considerevole e con successo di contenere, attraverso provvedimenti di legge, l'immissione di sostanze nocive nell'acqua, nell'aria e nel suolo. Purtroppo, in alcuni settori i danni ambientali si diffondono più rapidamente dei provvedimenti a tutela dell'ambiente stesso. Preciseremo ora quali siano i principali problemi ambientali di oggi.

1.2 I principali sintomi ambientali

1.2.1 L'incubo delle radiazioni

Il disastro della centrale elettronucleare a Chernobil in Ucraina, avvenuto il 26 aprile 1986, ha provocato il maggiore rilascio di radiazioni atomiche industriali in un'unica volta, ponendo in secondo piano episodi di emissioni meno intense ma più prolungate nel tempo come quello di Three Mile Island, verificatosi il 28 marzo 1979. Il problema dell'inquinamento radioattivo, comunque, è solo in parte costituito da questi episodi clamorosi. È assai più urgente il problema della conservazione in sicurezza, per un periodo stimato di 25.000 anni delle scorie delle centrali, degli scarichi industriali e dei grandi centri radiologici. È certo che gli ex abitanti dell'atollo di Bikini, a distanza di quasi 50 anni dai test atomici americani, ancora non possono rientrarvi. Altro dato certo riguarda i superstiti del bombardamento di Hiroshima e Nagasaki. Negli ultimi anni quella che è considerata la soglia massima di radiazione alla quale è accettabile essere esposti è stata molto ridotta dagli esperti, cosicché non dovrebbe essere molto superiore al livello di radiazione naturale di fondo. Questa radiazione naturale di fondo varia però a secondo della regione geografica.

Anche l'inquinamento elettromagnetico va considerato in questo contesto. Tra le radiazioni cui siamo esposti vi sono anche

I fenomeni ambientali

quelle, di origine non nucleare, delle linee ad alta tensione e le microonde radiofoniche, sui cui rischi la discussione è ancora aperta fra tecnici e periti, a causa della rilevanza economica ad essa sottesa.

a) Tralicci e tumori: Quali pericoli per la salute?

Un rapporto dell'Istituto Superiore di Sanità riprende in esame il possibile rischio di leucemia per i soggetti, soprattutto i bambini, più esposti ai campi elettromagnetici a bassa frequenza. Nel maggio 1991, Ted e Michelle Zuidema di San Diego, California, hanno fatto causa alla compagnia elettrica locale, imputando ai cavi dell'alta tensione che passano a pochi metri da casa, il tumore della figlia di quattro anni, Mallory. La bambina sarebbe stata esposta a campi elettromagnetici. Storicamente questa è stata una delle prime cause legali intentate contro le compagnie elettriche per un presunto rischio cancerogeno. Da allora, l'elettricità, un bene in continua crescita e il simbolo stesso del progresso e del benessere, è accusata di provocare il cancro (soprattutto leucemie infantili, linfomi e tumori al cervello) attraverso le sue irradiazioni elettromagnetiche emesse da rasoi e asciugacapelli, tostapane e televisioni, telefoni e impianti stereo. L'elettrofobia abbraccia sostanzialmente tutti gli apparecchi elettrici che usiamo in casa e al lavoro. Ma c'è un imputato principale, gli elettrodotti, che fino a quel momento potevano suscitare perplessità solo di ordine estetico, vengono ora percepiti come una potenziale minaccia alla salute, al pari degli inceneritori, delle discariche, delle industrie chimiche e delle centrali che originano onde a frequenza maggiore, quali i radar, le emittenti radiotelevisive e le antenne dei telefoni cellulari.

È stato coniato il termine «smog elettromagnetico», un nuovo fattore di rischio che andrebbe a combinarsi con altre forme di inquinamento e che potrebbe causare lo stress, l'insonnia e l'infertilità. Su questo sospetto si alimentano gli incubi di quanti sono alla disperata ricerca di un responsabile per le diverse malattie apparentemente senza causa. Ma ben presto ci si accorge che il fenomeno dell'inquinamento elettromagnetico suscita superstizione e paure irrazionali. Forse queste voci hanno un fondamento, malgrado esso ancora sfugga alla certezza scientifica. A partire dal 1979 le più importanti riviste biomediche del mondo (*American Journal of Epidemiology*, *The Lancet*) hanno iniziato a pubblicare studi epidemiologici e sperimentali ipotizzanti la nocività dei campi magnetici emessi dalle linee elettriche a corrente alternata. I primi a dibattere la questione sono stati i Paesi scandinavi, che hanno commissionato una serie di studi epidemiologici. Dopo una lunga successione di risultati infruttuosi, nel 1992 un ricercatore svedese ha messo in luce la correlazione tra leucemia infantile e vicinanza alle linee elettriche. Secondo questo studio, chi vive a una distanza inferiore a 100–150 metri da un grosso elettrodotto corre un rischio doppio di contrarre tale tipo di affezioni rispetto a chi non vive vicino agli elettrodotti. Tuttavia, lo stesso ricercatore svedese ammette che i risultati di questa ricerca si basano su appena quattro casi di cancro in più della media nei bambini. Secondo le statistiche nazionali, infatti, tra la popolazione di mezzo milione di abitanti presa in esame, si erano verificati 142 casi di leucemia. Visto sotto questa luce, il rischio costituito dagli elettrodotti appare modesto e non del tutto comprovato. Uno studio più recente, effettuato nel Regno Unito, ha rilevato, però, un rischio più elevato di contrarre la leucemia nei bambini che vivono entro 200 metri dai cavi elettrici ad alta tensione in confronto a quelli che vivono oltre 600 metri dagli stessi cavi.[2]

Un rapporto dell'Istituto Superiore di Sanità afferma: «si ritiene credibile un'interpretazione causale dell'associazione fra leucemia infantile ed esposizione a campi magnetici a 50–60 Hertz, anche se permangono problemi interpretativi legati alle

---

2. G. DRAPER, T. VINCENT, M. E. KROLL, J. SWANSON, «Childhood cancer in relation to distance from high voltage power lines in England and Wales: a case-control study» in *British Medical Journal* 330(2005), pp.1290s.

I fenomeni ambientali

possibili variabili di confondimento». Non si trova ancora una spiegazione completa e convincente. Ciò che rende ancora così incerta l'esistenza di questo rischio è la mancanza di una spiegazione biologica convincente di come i campi elettromagnetici potrebbero provocare la leucemia. Secondo una delle ipotesi più accreditate, queste radiazioni inciderebbero sulla melatonina, l'ormone secreto dall'ipofisi, che sembra avere un ruolo importante nel contrastare lo sviluppo di tumori. Ma ci troviamo ancora nel campo delle ipotesi che attendono una conferma sperimentale.

b) Televisori e monitor per computer

Monitor per computer (CRT)

Dietro allo schermo di un monitor CRT per computer sono presenti vari circuiti e dispositivi che permettono il funzionamento del monitor stesso. Alcune parti del monitor generano forti campi elettromagnetici dato che lavorano a tensioni molto elevate. Questi campi elettromagnetici ad alta frequenza sono suscettibili di generare fenomeni nocivi analoghi (e forse più dannosi) di quelli generanti il così detto inquinamento elettromagnetico. Occorrerebbe quindi usare cautela e cercare di rispettare alcune regole: la prima, è quella di non stare troppo vicini allo schermo; più lontani si è, meglio è. Va sottolineato che i monitor di fabbricazione recente sono quasi tutti dotati di accorgimenti atti a ridurre al minimo le radiazioni. Un monitor nuovo a basse radiazioni è dunque un buon investimento se si pensa di trascorrervi davanti parecchie ore al giorno. Bisogna poi cercare di non sostare lateralmente o dietro un monitor, perchè il campo elettromagnetico generato è molto più forte. Inoltre, il processo della decelerazione degli elettroni nel CRT provoca l'emissione di raggi X; attualmente la schermatura del tubo è però tale da impedire la dispersione di tali raggi.

Monitor per computer (LCD)

Il discorso è completamente diverso per i monitor a cristalli liquidi, dal momento che non producono alcun inquinamento elettromagnetico. La tecnologia dei monitor LCD a matrice attiva (TFT) può vantare prestazioni ormai paragonabili a quelli dei monitor tradizionali CRT, con in più l'assenza di radiazioni nocive e dello sfarfallio. Esistono oggi monitor LCD-TFT non solo per i portatili, ma anche per il computer di casa o dell'ufficio. Il loro prezzo è in costante diminuzione e ormai stanno prendendo il posto dei monitor CRT.

c) I telefoni cellulari

I ricercatori del Centenary Institute of Cancer Medicine and Cell Biology di Sydney, diretto da Tony Basten, hanno studiato 200 topi che erano stati predisposti geneticamente a sviluppare linfomi, cancri dei globuli bianchi del sangue. Metà dei topi sono stati esposti a impulsi digitali, a microonde del tipo prodotto dai comuni telefonini europei. L'esposizione alle radiazioni è stata di trenta minuti per due volte al giorno con una potenza di emissione equivalente a quella che l'uomo riceve quando tiene il telefonino vicino alla testa. Dopo 18 mesi, i topi esposti alle microonde avevano da due a quattro volte più linfomi rispetto ai topi che non erano stati esposti. Dopo che i ricercatori depurarono i dati acquisiti da un piccolo numero di tumori riferibili ad una malattia dei reni riscontrata in alcuni dei topi, conclusero che i soggetti esposti presentavano ancora il doppio dei linfomi rispetto a quelli non esposti. Gli esperti negli effetti biologici delle radiazioni stanno dicendo agli utilizzatori dei telefonini di non allarmarsi. Ma dicono che ancora occorrono ulteriori ricerche per stimare i rischi.

«Occorre investigare a fondo» dice John Stather, vice direttore del National Radiological Protection Board. «Questi risultati sono sorprendenti», dice Alan Harris del Walter and Eliza Hall Institute of Medical Research di Melbourne, un membro

I fenomeni ambientali

del gruppo di ricerca. «Ci sono stati più [cancri] di quelli che ci aspettavamo».

Il rapporto Stewart conclude, inoltre, affermando che le radiazioni emesse dai cellulari causano degli effetti sull'attività elettrica del cervello umano. Rileva peraltro come l'evidenza epidemiologica non suggerisca che l'esposizione a queste radiazioni produca il cancro oppure danneggi altri aspetti della salute riducendo la longevità.[3]

Più recentemente, una ricerca condotta dall'Istituto svedese di medicina ambientale ha concluso che l'uso del cellulare per più di dieci anni aumenterebbe l'incidenza di tumori benigni al nervo acustico. Ha preso in esame il lato del cranio su cui viene

---

3. Si veda: INDEPENDENT EXPERT GROUP ON MOBILE PHONES, *The Stewart Report*, Didcot 2000, 5.266-5.268: «There is also good evidence that exposure to mobile phone signals ... has direct, short-term effects on the electrical activity of the human brain and on cognitive function. These could have their origin in a variety of biological phenomena, for which there is some evidence from experiments on isolated cells and animals. There is an urgent need to establish whether these direct effects on the brain have consequences for health, because, if so, and if a threshold can be defined, exposure guidelines will have to be reconsidered. It is also important to determine whether these effects are caused by local elevation of temperature or, as seems possible, by some other, «non-thermal», mechanism. The epidemiological evidence currently available does not suggest that Radio Frequency exposure causes cancer. This conclusion is compatible with the balance of biological evidence, which suggests that Radio Frequency fields below guidelines do not cause mutation, or initiate or promote tumour formation. However, mobile phones have not been in use for long enough to allow comprehensive epidemiological assessment of their impact on health, and we cannot, at this stage, exclude the possibility of some association between mobile phone technology and cancer. In view of widespread concern about this issue, continued research is essential. Experimental studies on cells and animals do not suggest that mobile phone emissions below guidelines have damaging effects on the heart, on blood, on the immune system or on reproduction and development. Moreover, even prolonged exposure does not appear to affect longevity. The limited epidemiological evidence currently available also gives no cause for concern about these questions».

di solito tenuto il telefono e ha scoperto che il rischio di neuroma acustico era quattro volte più alto rispetto al lato su cui non viene poggiato l'apparecchio. Lo studio, che ha preso in esame 750 persone, tra cui 150 con neuroma acustico, è stato condotto usando solo telefoni Tacs (vecchia generazione) e non è attendibile per i GSM. Deve essere confermato, inoltre, da altri studi prima di poter giungere a conclusioni. I neuromi non sono letali, ma possono crescere fino a sviluppare una massa che preme sul cervello. Però, il più grande studio finora mai condotto sull'argomento non ha infatti trovato alcun legame tra l'utilizzo dei telefonini e lo sviluppo di tumori al cervello: su tutti gli abbonati a un servizio di telefonia mobile in Danimarca tra il 1982 e il 1995 non si è registrato un maggior numero di malati rispetto a chi allora non aveva ancora il telefonino.[4]

Oltre a ciò è stata avanzata l'ipotesi che tenere il cellulare in tasca possa ridurre la fertilità negli uomini. Secondo una nuova ricerca dell'Università ungherese di Szeged l'uso del telefonino ridurrebbe del 30% la produzione di sperma dell'uomo. Si tratta del primo studio a indicare che la fertilità maschile potrebbe essere danneggiata dalle emissioni. I più a rischio sarebbero gli uomini che portano il cellulare nell'apposita custodia attaccata alla cintura o nelle tasche dei pantaloni. Ma perfino gli spermatozoi che sopravvivono all'esposizione subirebbero un danno parziale, riducendo ulteriormente la fertilità. L'uso prolungato di telefoni cellulari avrebbe un effetto negativo sia sulla spermatogenesi (produzione di sperma) che sulla fertilità maschile, in quanto deteriorerebbe la concentrazione e la mobilità degli spermatozoi.

Secondo una ricerca finanziata dall'Unione Europea, i telefonini potrebbero provocare un raro tipo of tumore nei bambini. L'uso del cellulare potrebbe danneggiare lo sviluppo neurologico nei bambini e nei ragazzi in fase pre-adolescenziale, com-

---

4. Si veda P. FREI, A. H. POULSEN, C. JOHANSEN, J. H. OLSEN, M. STEDING-JESSEN, J. SCHÜZ, «Use of mobile phones and risk of brain tumours: update of Danish cohort study» in *British Medical Journal* 2011;343:d6387.

promettendone i risultati scolastici. La conformazione fisica dei bambini li rende particolarmente sensibili alle radiazioni a causa del maggiore assorbimento dovuto alla ridotta dimensione del loro cranio ed al minore spessore delle ossa della testa, il che permette una maggior penetrazione delle stesse.

Sarebbe importante la considerazione del nesso tra le radiazioni dei cellulari GSM ed i problemi di salute nei bambini quali mal di testa, turbe del sonno, riduzione della memoria, emorragie nasali e aumento del numero degli attacchi di epilessia. Emerge dalle ricerche un risultato inquietante: la più elevata incidenza, tra chi ne fa uso, del «neuroma epiteliale», un tumore raro dell'area periferica laterale del cervello, quella in cui si registra la maggiore penetrazione di radiazioni. A sostegno di questa tesi viene anche prospettata la citazione di un passaggio preoccupante di un documento della Defence Intelligence Agency (DIA) datato marzo 1976, che investiga le possibilità dell'uso di onde elettromagnetiche e frequenze come vere e proprie armi:

> Tra qualche anno si potranno produrre sull'uomo effetti neurologici e disordini metabolici combinando frequenze e altri segnali caratteristici, dal momento che gli studi effettuati su animali evidenziano la possibilità di usare segnali a microonde a bassa frequenza—come quelli dei cellulari— per causare morti per arresto cardiaco e patologie neurologiche risultanti dalle interferenze sulla barriera sangue-cervello.[5]

Secondo gli studi più recenti, una quantità di radiazioni elettromagnetiche simile a quella proveniente dai telefoni cellulari danneggerebbe in laboratorio il DNA di cellule umane. I ricercatori hanno scoperto che livelli di radiazione equivalenti a quelli provenienti da un cellulare provocano rotture nei filamenti di DNA in molte cellule umane. Si tratta di un tipo di danno associato

---

5. DEFENCE INTELLIGENCE AGENCY, *Biological effects of electromagnetic radiation (radiowaves and microwaves)—Eurasian Communist Countries.* DST-1810S-074-76, March 1976.

con i tumori. I ricercatori hanno osservato anche indizi, ma non prove conclusive, di altri cambiamenti cellulari, fra i quali danni ai cromosomi, alterazioni nell'attività di determinati geni e un'accelerazione del tasso di divisione cellulare. Gli effetti dannosi si sono verificati quando le cellule sono state esposte a radiazioni elettromagnetiche di intensità compresa fra 0,3 e 2 watt per chilogrammo. Un telefono cellulare emette di solito radiazioni fra 0,2 e 1 watt per chilogrammo.[6]

d) Gli elettrodomestici

In uno studio condotto nel 1991 a Los Angeles, in California, sono state esaminate, in 232 coppie di casi di leucemia infantile e di controlli di popolazione, le dichiarazioni in merito all'esposizione domestica a campi elettrici e magnetici alla frequenza di 60 Hz sia della madre durante la gravidanza, sia del bambino in epoca post-natale.

I ricercatori hanno preso in considerazione l'esposizione ai seguenti elettrodomestici: la coperta elettrica, il materasso ad acqua, la sveglia elettrica analogica e digitale, l'asciugacapelli, il condizionatore in camera da letto, il ventilatore in camera da letto, il termoconvettore in camera da letto, la TV bianco e nero, la TV colore, i videogiochi, il taglia capelli elettrico, l'arricciacapelli elettrico, il forno a microonde. Il quadro che emerge dalla letteratura scientifica depone, nel suo complesso, a favore di un'associazione fra esposizione a campi a 50/60 Hz e leucemia infantile. È necessario, inoltre, promuovere la ricerca finalizzata all'individuazione dei meccanismi biologici sottesi a un possibile effetto cancerogeno dei campi magnetici a 50/60 Hz, in modo da poter offrire una chiave di lettura all'insieme di riscontri epidemiologici attualmente disponibili.

Occorre, quindi, che nei progetti di realizzazione di nuovi elettrodotti sia esplicitato l'obiettivo della riduzione delle espo-

---

6. Si veda: Final Report, *Risk Evaluation of Potential Environmental Hazards from Low Frequency Electromagnetic Field Exposure using Sensitive in vitro Methods*, European Union, 2004.

sizioni a campi elettrici e magnetici, anche mediante l'adozione di nuove soluzioni tecnologiche. In particolare, il contenimento delle esposizioni appare prioritario per gli asili, le scuole ed altri ambienti, al chiuso e all'aperto, destinati all'infanzia. Considerazioni analoghe potrebbero valere anche per la progettazione di altri tipi di apparecchiature elettriche. In tutti i casi i fattori importanti sono: (a) la frequenza del campo elettrico o magnetico; (b) la distanza dalla fonte; (c) la durata dell'esposizione. In ogni modo, le cause dei tumori sono complesse.

La diminuzione del campo elettrico in ambiente domestico si può ottenere con varie modalità:

1. installare un disgiuntore di rete (bioswitch), che sostituisce la tensione alternata (220 V) con una bassa tensione continua (9 V) tutte le volte che a valle c'è assenza di carico; questo accorgimento permette di ridurre il campo elettrico. Il disgiuntore viene disattivato nel momento in cui anche uno solo degli apparecchi collegati in rete viene acceso;
2. staccare dalle prese elettriche gli strumenti non in uso;
3. non far passare cavi elettrici dietro la testata del letto e tenere ben distanti le prese elettriche ai lati del letto;
4. non posizionare il letto a ridosso di una parete che confini con un quadro elettrico o con apparecchi elettrici fissi, nella stanza attigua, che producano intensi campi (per esempio lavatrice, lavastoviglie, scaldabagno).
5. posizionare radiosveglie, orologi e lampade da comodino alimentati dalla rete domestica, ad almeno 50 cm di distanza dal guanciale durante le ore di riposo.

e) radiazione a bordo

I ricercatori stanno cercando di valutare le conseguenze delle radiazioni sulla salute a lungo termine di chi è molto esposto a causa della lunga permanenza sugli aerei. Le cosiddette radiazioni cosmiche sono costituite da particelle che provengono dallo spazio ed entrano nell'atmosfera. Sono un fenomeno naturale, e vi siamo sottoposti quotidianamente ovunque, anche se quando raggiungono il suolo la loro energia si è considerevolmente ridotta perché vengono schermate dall'atmosfera. All'altitudine cui volano gli aerei, dove sono costituite soprattutto da neutroni, protoni, raggi X e raggi gamma, dove lo strato di atmosfera non è sufficiente a bloccarle, penetrano negli aerei e, potenzialmente, potrebbero costituire un rischio per la salute. Le radiazioni diventano particolarmente intense durante i momenti di picco dell'attività del Sole, che segue un ciclo di undici anni. Durante le tempeste solari, infatti, dalla stella partono getti di gas ionizzato che viaggiano nello spazio alla velocità di quasi mille chilometri al secondo Durante questi eventi, la quantità di radiazioni che i passeggeri a bordo di un aereo, come anche gli astronauti che si trovano nello spazio, ricevono può essere anche fino a cento volte più alta che in condizioni normali. I neutroni hanno una capacità di produrre danni alle cellule da 5 a 20 volte in più rispetto ai raggi X e gamma. Essi, inoltre, costituiscono un tipo di radiazione particolarmente importante alle quote dei voli intercontinentali in quanto rappresentano approssimativamente il 50% della dose totale di radiazioni cosmiche.

In particolare, l'equipaggio è chiaramente più esposto alle radiazioni cosmiche in occasione delle attività di volo, ragion per cui alcune direttive internazionali richiedono alle compagnie aeree di eseguire periodici controlli sulle diverse rotte. Alcuni tessuti e organi del corpo umano sono particolarmente sensibili agli effetti biologici delle radiazioni, ad esempio la tiroide, il midollo osseo e i polmoni, e di conseguenza è importante conoscere la dose di tali radiazioni dovuta ai neutroni che è assorbita da queste parti del nostro corpo. Gli studi sui cromosomi hanno contribuito al riconoscimento del pilota come professionalmente esposto alle radiazioni.[7]

---

7. J. S. Nicholas, G. C. Butler, S. Davis, E. Bryant, D. G. Hoel, and L. C. Mohr, Jr., «Stable chromosome aberrations and ionizing radiation in

Dalla ricerca è emerso che, perché le radiazioni diventino un motivo di preoccupazione, bisogna volare parecchio. Il limite massimo fissato dalla *International Commission on Radiological Protection* per il pubblico è di mille microsievert l'anno (il sievert è l'unità di misura delle radiazioni), l'equivalente di radiazioni che si riceve con circa 50 radiografie del torace. In un volo da New York a Londra (5.631 km), la dose registrata dal Wall Street Journal è stata 42,9 microsievert (la milionesima parte del sievert). Da Newark a Hong Kong (13.020 km), 63,4 microsievert. Questo significa che ci vorrebbero circa 16 voli con la stessa esposizione per raggiungere il limite annuo, una quantità di chilometri in aereo che per chi viaggia molto non è certo impossibile percorrere. Fare avanti e indietro sulla stessa rotta per otto volte l'anno sarebbe insomma come fare 50 radiografie.

1.2.2 Le piogge acide

Inizialmente ritenute un problema circoscritto alle regioni scandinave, le piogge, le nevi e le nebbie acide, provocate dall'incontro delle precipitazioni con gas inquinanti originati principalmente dall'utilizzo di carbone fossile, hanno danneggiato gravemente la vegetazione e compromesso gli ambienti acquatici continentali, anche in Canada, USA, Europa. Sono così stati distrutti 415.000 chilometri quadrati di foreste nei Paesi industrializzati: Olanda, Germania, Svizzera e Inghilterra hanno già perso a causa delle precipitazioni acide 50% degli ambienti forestali, Cecoslovacchia ed Austria il 40% e Ungheria, Finlandia, Norvegia, Francia e Spagna il 26%. Si tratta, spesso, di un problema di confine: gli inquinanti vengono prodotti in un Paese diverso da quello in cui poi, a causa delle correnti atmosferiche, le piogge e le altre precipitazioni effettivamente cadono, rendendo ancor più necessarie

---

airline pilots» in *Aviation, Space, and Environmental Medicine* 74 (2003), pp. 953-956.

soluzioni basate su accordi internazionali. Attualmente sembra che il problema sia meno urgente e grave.

1.2.3 I rifiuti

L'urbanizzazione e l'industrializzazione crescente hanno posto il problema dello smaltimento dei rifiuti e delle scorie. Ogni newyorkese produce quotidianamente, in media, 2 chili di spazzatura, che per tutta la megalopoli significano tutti i giorni 28.000 tonnellate cui trovare una sistemazione.[8] Mentre il mondo è quasi a corto di ubicazioni idonee e sicure per i milioni di tonnellate di rifiuti domestici ed industriali tossici, i pericoli per la salubrità ambientale e la salute umana aumentano rapidamente. La civiltà dell'«usa e getta» ha inserito i rifiuti nel programma del suo sistema produttivo, ma senza prevederne il possibile destino con la dovuta accortezza. Al tempo stesso, i Paesi in via di sviluppo hanno iniziato ad industrializzarsi senza però acquisire anche le tecnologie per i trattamenti di sicurezza dei rifiuti chimici pericolosi, ma anzi sono in vari casi divenuti le «pattumiere» di quelli provenienti dai Paesi «ricchi». Ad un livello più sottile sta il dirottamento verso il Terzo Mondo delle produzioni e dei prodotti che le legislazioni nei Paesi più avanzati vietano, dopo averne accertato la dannosità. I pericoli sono più gravi nei casi dei veleni cumulativi. Fra le soluzioni si possono indicare: a) il riciclaggio di vetro, metallo, carta e plastica e b) la biodegradabilità (saponi, buste di plastica).[9] Bisogna, inoltre,

---

8. Roma è al quinto posto fra le città dei paesi industrializzati, con 700g pro capite cioè 2.800 tonnellate al giorno.
9. Alcuni dati possono dare un'idea dei tempi di biodegradabilità dei diversi rifiuti, ossia quanto tempo la natura impiega a smaltirli: un fazzoletto di carta: 4 settimane; un giornale quotidiano: 6 settimane; stoffa e lana: 8–10 mesi; rivista a carta patinata: 8–10 mesi; un fiammifero: 6 mesi; un mozzicone di sigaretta: 1 anno e più; gomma masticabile: 5 anni; lattina di alluminio: 10 anni; sacchetto di plastica classico, o non biodegradabile: 500 anni e più; tessuto sintetico: 500 anni e più; bottiglia di plastica:

distinguere tra i rifiuti tossici e quelli non-tossici. Per i veleni ci vuole invece una sistemazione sicura, che comporta un processo di rielaborazione.

Per raccolta differenziata dei rifiuti s'intende un sistema di raccolta dei rifiuti solidi urbani che prevede, per ogni tipologia di rifiuto. Le tipologie di rifiuto sono l seguenti. Prima per l'alluminio, gli imballaggi in alluminio, salvo casi molto particolari, vengono raccolti insieme ad altre tipologie di materiali (per esempio vetro, imballaggi ferrosi). Gli imballaggi più comuni che circolano in casa e in cui l'alluminio è quasi sempre presente sono: lattine per bevande, bombolette aerosol, scatolette e vaschette per alimenti, tubetti flessibili come i tubetti della maionese. A questi vanno aggiunti il cosiddetto «foglio sottile» (per esempio i fogli d'alluminio in rotoli) e i tappi o similari con chiusura a vite. Gli imballaggi in alluminio sono identificati dal simbolo alu oppure 'AL'. Per produrre 1 kg di alluminio, occorrono circa 15 kwh di energia elettrica ed un impianto di estrazione di bauxite. Per produrre 1 kg di alluminio da materiale riciclato, occorrono invece 0,8 kwh di energia e, soprattutto, nessun impianto di estrazione di bauxite, assente in Italia.

La seconda categoria è organico, talvolta chiamato «umido». Questa frazione compostabile dei rifiuti domestici è spesso la prima componente dei rifiuti (intorno a 25–30%). In discarica genera il cosiddetto biogas (metano) che talvolta è utilizzato come fonte energetica e il percolato cioè il liquame che si raccoglie sul fondo della discarica. Le discariche hanno il fondo creato con fogli di Pvc termosaldato che incanala il percolato verso il fondo dove viene raccolto e portato ad impianti di depurazione. È per questo che la discarica deve essere sorvegliata fino a 20 anni dopo la chiusura. Gli impianti di compostaggio possono «pretrattare» il rifiuto prima di disporlo in discarica recuperando il metano ed evitando la formazione di percolato. L'organico è spesso gestito in casa dai cittadini, che lo riciclano

---

quasi 100 anni; accendini: 100 anni; assorbenti e pannolini: 200 anni; carte telefoniche: 1000 anni; bottiglie di vetro: indeterminato.

in proprio attraverso il compostaggio domestico. In giardino con un contenitore apposito detto composter, anche autocostruito, si raccoglie la frazione organica di cucina e dell'orto o giardino che mediante un processo aerobico di decomposizione si trasforma in concime adatto ad essere riutilizzato direttamente nell'orto. Molti comuni riconoscono al cittadino compostatore uno sconto sulla tassa o tariffa dei rifiuti per la gestione in proprio di questa frazione.

Una terza categoria è la carta, che è fatta di cellulosa, e può essere riciclata: la cellulosa si estrae dal legno e da altri vegetali, in questo caso viene ricavata dalla carta della raccolta differenziata e la si riutilizza per produrre la carta riciclata. Nel riciclaggio della carta vi sono procedure per l'eliminazione dell'inchiostro (procedure possibilmente non inquinanti o a bassissimo impatto ambientale) che devono essere applicate. Ai fini del riconoscimento esiste la marchiatura volontaria di riconoscimento del materiale prevalente da parte dei produttori. Nel caso della carta il simbolo che rappresenta tutti i contenitori a base carta (a partire dal 25%) è CA, che indica carta accoppiata ad altro materiale, ad esempio i prodotti della Tetra Pak, non riciclabile, almeno nella maniera classica, ma che necessita di tecniche particolari. Alcuni tipi di carta non sono adatti alla raccolta, per esempio, tutti i materiali non cellulosici, i contenitori di prodotti pericolosi, le carte sintetiche; e poi ogni tipo di carta, cartone e cartoncino che sia stato sporcato (ad esempio carta oleata, carta e cartone unti e fazzoletti di carta usati; questi ultimi possono finire nella raccolta differenziata della frazione organica). La raccolta differenziata della carta è importante, in un'ottica di risparmio delle risorse ambientali, in quanto, per fare una tonnellata di carta da cellulosa vergine occorrono 15 alberi, 440.000 litri d'acqua e 7.600 kWh di energia elettrica. Per produrre invece una tonnellata di carta riciclata bastano 1.800 litri d'acqua e 2.700 kwh di energia elettrica.

Anche per la raccolta differenziata della plastica bisogna seguire alcune regole di base. Teoricamente, tutti i tipi di plastica sono adatti al riciclaggio, a meno di contaminazioni che lo rendano sconveniente. Nei prodotti sicuramente riciclabili vi è comunque il simbolo caratteristico (tre frecce a formare un triangolo) con all'interno il numero SPI (Society of the Plastics Industry) identificativo del polimero specifico (per esempio: polietilene, pet polietilentereftalato, pvc polivinilcloruro). Alcuni tipi di plastica sono inadatti al riciclaggio diretto, così come viene attualmente svolto in molti comuni, per esempio, un tubetto di dentifricio non può essere riciclato a causa della difficile rimozione interna del residuo di prodotto, e così alcuni giocattoli, attaccapanni, custodie di CD, ma in alcuni casi si possono indirizzare alla produzione di plastiche di bassa qualità come riempitivi, imballaggi industriali, alcune tipologie di arredi urbani. In genere sono sicuramente differenziabili le resine termoplastiche, quali i contenitori per liquidi in plastica (contenitori di detersivi, bagnoschiuma e bottiglie) e tutti quelli definiti imballaggi. Sono invece non direttamente riciclabili, cioè non avviabili alla produzione di nuovo pellet per produrre plastica di buona qualità, le resine termoindurenti come la bachelite (tutta la vecchia plastica isolante elettrica e termica), resine ureiche (di uso più recente), la melammina (piatti di plastica rigidi), le resine epossidiche (di uso più tecnologico, come colle ad alta resistenza) e molte resine poliestere, il kevlar ed altre. Con il recupero di 1.000 tonnellate di plastica (ossia la quantità di plastica prodotta da una piccola città) si ottiene il risparmio di circa 3.500 tonnellate di petrolio, cioè l'equivalente dell'energia usata da 20.000 frigoriferi in un anno. Anche i toner e le cartucce fax e fotocopiatrici, oltre a contenere materiali inquinanti, sono di plastica: utilizzali il più a lungo possibile mediante la rigenerazione e, una volta esauste, consegnale all'isola ecologica.

Il riciclaggio del vetro è un settore specifico del riciclaggio dei rifiuti, e consiste in un insieme di operazioni che vengono svolte sui rifiuti composti da vetro per ottenere nuovo materiale da reimmettere nei processi produttivi. I rifiuti urbani in vetro (principalmente imballaggi) vengono normalmente segregati dagli altri rifiuti solidi urbani mediante la raccolta differenziata del vetro, e cioè vengono conferiti in apposite campane dai cittadini, dalle attività commerciali e di ristorazione, o ritirati attraverso appositi servizi di raccolta porta a porta. I rifiuti in vetro di origine ospedaliera sono soggetti a particolari limitazioni e verifiche. Nella produzione di vetro «nuovo», per ogni 10% di rottame di vetro inserito nei forni si ottiene un risparmio del 2,55% di energia, equivalente ad oltre 130 litri di petrolio risparmiato per ogni tonnellata di vetro riciclato usato. Si stima che l'industria vetraria registri ogni anno un risparmio energetico, grazie alla raccolta differenziata, pari a 400.000 tonnellate di petrolio.

Il riciclaggio dei materiali ferrosi è un settore specifico del riciclaggio dei rifiuti, e consiste in un insieme di operazioni che vengono svolte sui rifiuti composti da ferro per ottenere nuovo materiale da reimmettere nei processi produttivi. Il ferro si utilizza in varie forme (ghisa, acciaio da costruzione, acciaio speciale, acciaio per utensili...) in base alle specifiche caratteristiche che sono richieste: durezza, malleabilità, resistenza fisica o chimica, e così via.

1.2.4 L'ambiente terrestre

In particolare, molti terreni vengono messi a dura prova a causa dell'uso eccessivo di concimi, della sedimentazione di rifiuti, così come a causa della sigillatura di vaste aree. In non poche regioni della Terra si osserva l'avanzare dei deserti come conseguenza dello sfruttamento smodato dei pascoli e dell'erosione dei terreni coltivabili. Nel danneggiamento delle nostre risorse naturali, specificamente la deforestazione e la severa erosione del suolo, non è solo il contadino impoverito che ha la colpa maggiore. C'è una grande mancanza di visione, di controllo, di vigilanza costante e di pianificazione responsabile ed efficace da parte della pubblica autorità. C'è stata negligenza, complicità ed avidità da parte di coloro cui è stata affidata la responsabilità di sorvegliare tutto ciò. C'è stata un'avarizia e una mancanza di attenzione da parte di alcuni proprietari della terra, che sono incredibilmente insensibili al problema ecologico.

1.2.5 Scomparsa delle foreste tropicali

Proseguendo al ritmo attuale, nell'arco di circa un secolo, saranno distrutte le foreste tropicali, le più grandi risorse biologiche del Pianeta: ne restano ancora 20 milioni di chilometri quadrati, di cui 170.000 (più della metà dell'intero territorio italiano) vengono disboscati ogni anno. Pur ricoprendo ormai appena il 7% della superficie terrestre, queste foreste ospitano il 50% delle specie animali note e l'80% di quelle vegetali.[10] La scomparsa di tali specie ci sottrae un potenziale, sia in termini di patrimonio genetico per il miglioramento delle piante coltivabili, sia in quanto a contenuti di principi attivi farmacologici, destinati invece così a rimanere a noi ignoti. Le cause possono essere anche insospettabilmente molto lontane: le foreste di Papua-Nuova Guinea vengono trasformate in cartone da imballo per i prodotti elettronici giapponesi. Questo dato può aiutare a far riflettere sul fatto che non è soltanto acquistando mobili di legni pregiati che, a migliaia di chilometri di distanza, un cittadino di un Paese più avanzato può indirettamente provocare una distruzione delle foreste maggiore di quella operata dal «povero» che ci vive.

---

10. Questo dato può apparire di esasperato allarmismo, se non si rammenta che la superficie terrestre è occupata per ¾, cioè il 75%, dagli Oceani. Così, il fatto che le foreste siano «solo» un 7% sul 25% restante per le terre emerse, cioè tra ⅓ e ¼ appare meno allarmante.

1.2.6 L'ambiente acquatico

Gli oceani, i laghi interni e i fiumi sono stati negli anni sempre più caricati di sostanze nocive, che si dissolvono solo lentamente e che confluiscono nella catena alimentare.

L'approvvigionamento di acqua potabile richiede un dispendio tecnico sempre maggiore, che da molto tempo non può più essere sostenuto da tutti i Paesi e da tutte le regioni. Ai contaminanti direttamente tossici, nelle acque si sono via via sommati quelli che distruggono interi ecosistemi innanzitutto sovralimentandoli: è l'eutrofizzazione, che uccide per «indigestione». Già sature le acque interne, gli scarichi urbani ed i dilavamenti dei fertilizzanti agricoli convogliati dai fiumi accrescono la sedimentazione dei detriti negli estuari e la diffusione di eccessive quantità di sostanze nutrienti nelle acque costiere, che provocano le abnormi proliferazioni, e poi collassi, algali: prima con sottrazione di ossigeno per gli altri organismi e poi con l'emissione di gas tossici di putrefazione. Sono noti a tutti gli episodi verificatisi anni fa sulle coste dell'Adriatico. Le rilevazioni del satellite artificiale Nimbus III hanno mostrato una situazione paragonabile lungo le coste di Perù ed Ecuador, dove le correnti sottomarine riportano in superficie acque la cui carica eutrofizzante arriva dalle zone più industrializzate. La soluzione viene indicata nella diminuzione dell'uso dei fertilizzanti chimici e nel ricorso a quelli biologici.

Il Mediterraneo costituisce solo la centesima parte dell'estensione superficiale dell'acqua salata sul nostro pianeta, ma concentra in sé il 50% dell'inquinamento petrolifero marino mondiale. È un inquinamento particolarmente soffocante, perché la pellicola oleosa che si spande sull'acqua interrompe in buona parte gli scambi gassosi fra massa liquida e atmosfera e riflette, inoltre, una parte della radiazione solare, riducendo la quota di energia che deve pervenire alle alghe monocellulari perché possano compiere la loro attività di fotosintesi clorofilliana, da cui deriva il 92% dell'ossigeno che respiriamo. Esso viene rici-

I fenomeni ambientali

clato completamente dalle alghe, e, per la loro piccola quota, dalle piante terrestri, in cicli di circa 2000 anni, ma abbiamo segnali che in quest'ultimo cinquantennio il ricambio sia stato consistentemente rallentato per le sempre peggiori condizioni ambientali in cui, per l'inquinamento delle acque, le alghe hanno dovuto operare. Si può «pulire», ovvero disperdere, il petrolio con appositi solventi o detergenti, ma a patto che questi siano altamente biodegradabili.

1.2.7 Il buco dell'ozono

Le importanti campagne di osservazione del 1986 e del 1987 hanno mostrato che le peculiarità meteorologiche delle regioni antartiche in inverno ed in primavera determinano le condizioni specifiche di una massa di aria isolata (il vortice polare), con temperature abbastanza basse da giustificare le perturbazioni chimiche osservate. Numerose indicazioni confermano inoltre la convinzione che i composti del cloro risultanti dalle attività umane sono i principali responsabili della diminuzione di ozono nel vortice polare. Il cloro proviene principalmente dalla rottura nella stratosfera delle molecole di CFC (clorofluorocarburi) ivi trasportate senza subire alcun cambiamento dalla superficie terrestre dove vengono rilasciate. Si ritiene che le nubi stratosferiche polari abbiano un ruolo decisivo nella formazione del buco di ozono sull'Antartide. I dati dal satellite dimostrano che la frequenza di formazione di queste nubi nella stratosfera antartica è maggiore che in qualunque altro luogo della stratosfera stessa. Si è osservato che in primavera i composti di cloro reattivo sono più abbondanti di 50-100 volte. Un incremento della persistenza delle nubi stratosferiche polari è stato anche osservato nel 1985 e nel 1987.

I CFC sono stati prodotti per vari usi quali solventi, agenti schiumogeni, fluidi refrigeranti e propellenti per bombolette spray. L'immissione nell'atmosfera di gas clorofluorocarburi ha provocato, combinandosi con l'ossigeno che la costituisce, un assottigliamento dell'ozonosfera. La decomposizione fotochimica dei CFC avviene quasi totalmente nella stratosfera. Lo strato atmosferico d'ozono filtra normalmente la componente biologicamente più dannosa degli ultravioletti. Il «buco d'ozono» è stato rilevato stagionalmente sopra l'Antartide, talvolta con uno spessore addirittura dimezzato. Consistenti assottigliamenti sono stati osservati anche al di sopra dell'Artide e, anche se per ora raramente, pure alle medie latitudini dell'emisfero settentrionale, dove si trovano i Paesi più intensamente popolati. Un gruppo di scienziati americani è ora impegnato a valutare la situazione dell'ozono al di sopra del Polo Nord. Di contro, autoveicoli ed industrie producono ozono che, però, non sale alle alte quote, ma anzi resta giù a contribuire all'inquinamento dei bassi livelli.

Durante gli ultimi anni sono notevolmente aumentati gli studi sui processi che controllano l'ozono atmosferico, a seguito delle ricerche degli anni '70 che hanno dimostrato che le attività umane possono modificare la quantità complessiva di ozono atmosferico e le sua distribuzione verticale. Il motivo fondamentale di preoccupazione risiede nel fatto che l'ozono è l'unico gas nell'atmosfera capace di evitare che le radiazioni solari ultraviolette più dannose raggiungano la superficie terrestre e, quindi, gli effetti potenzialmente dannosi di un aumento di tali radiazioni sulla salute (cancri della pelle, danni alla vista, soppressione del sistema di difesa immunitario) e sulla produttività degli ecosistemi acquatici e terrestri. Cambiamenti nella distribuzione verticale dell'ozono potrebbero alterare il profilo della temperatura nell'atmosfera e portare a cambiamenti climatici su scala regionale e mondiale.

Misurazioni atmosferiche sono disponibili soltanto per gli ultimi venti anni, ma le concentrazioni relative agli anni precedenti possono essere stimate con ragionevole accuratezza sulla base dei dati di produzione e di emissione elaborati dalla Chemical Manufacturing Association. Al rapido aumento, fino al 1970 circa, nelle emissioni dei più importanti clorofluorocarburi, CFC-11 e CFC-12, è seguita la riduzione, negli ultimi anni Settanta, dovuta alle restrizioni al loro uso introdotte da alcuni Paesi in relazione alla possibile minaccia che essi rappresentano per l'ozono stratosferico. Da allora l'uso complessivo dei CFC ha continuato ad aumentare del 4% circa l'anno, mentre la loro quota come propellente è scesa dal 56% al 34% della produzione complessiva di CFC. All'inizio degli anni Ottanta le concentrazioni atmosferiche di CFC-11 e CFC-12 aumentavano ogni anno del 6% circa. Nel 1985 è stata firmata una Convenzione per la protezione dello strato di ozono che impegna i Paesi contraenti a regolamentare la produzione di CFC. Con il protocollo di Montreal del 1987 è stata concordata una riduzione del 50% nella produzione di CFC entro il 1999. Nell'incontro di Londra nel giugno 1990, gli stessi firmatari hanno concordato l'eliminazione della produzione di CFC e del tetracloruro di carbonio entro il 2005. È stato inoltre stabilito che i CFC idrogenati (HCFC) possono essere utilizzati nei casi di non disponibilità dei prodotti alternativi meno dannosi per l'ozono e che comunque debbono essere eliminati non oltre il 2040.

Il buco nell'ozono si sta lentamente chiudendo, secondo degli studi recenti. Questo veniva considerato come uno delle principali minacce ambientali del pianeta, ma la scoperta di alcuni meccanismi di *feedback* prima non considerati ha mostrato che esso ha contribuito a proteggere la regione dal riscaldamento indotto dal biossido di carbonio negli ultimi due decenni. I venti ad alta velocità nell'area proprio al di sotto del buco hanno portato alla formazione di nuvole estive più chiare, che riflettono una quantità maggiore di raggi solari intensi. Queste nubi hanno funzionato come uno specchio per i raggi del sole, riflettendo il calore lontano dalla superficie, al punto che il riscaldamento dovuto all'aumento delle emissioni di gas serra è stato del tutto compensato. Se, come sembra che sia probabile, questi venti dovessero calare mentre aumentano le emissioni di CO_2, il riscaldamento dell'emisfero australe diventerebbe via via più intenso, con un impatto considerevole sulle previsioni per il futuro. La chiave che ha portato alla conclusione è un nuovo meccanismo di feedback dovuto all'aerosol, l'insieme delle piccole particelle riflettenti sospese nell'aria che secondo gli esperti hanno un grande impatto sul clima. Al di sotto del buco nell'ozono nella zona antartica, i forti venti trasportano grandi quantità di spruzzi di mare, che contengono milioni di piccole particelle di sale. Questi spruzzi formano goccioline e infine nubi, e l'incremento di questi spruzzi negli ultimi due decenni ha reso queste nubi più chiare e dotate di un maggiore potere riflettente. Poiché ora lo strato di ozono ha dimostrato di essere in fase di recupero, si ritiene che questo meccanismo di feedback possa diminuire la propria efficacia, o addirittura dare un contributo opposto, portando a un'accelerazione del riscaldamento dell'emisfero australe.[11]

1.2.8 L'effetto serra

L'effetto serra è un fenomeno naturale climatico-atmosferico che entra a far parte dei complessi meccanismi di regolazione dell'equilibrio termico di un pianeta o di un satellite grazie alla presenza di un'atmosfera contenente alcuni gas detti appunto «gas serra». Questi gas, per le proprie particolari proprietà molecolari-spettroscopiche, risultano trasparenti alla radiazione solare entrante ad onda lunga, mentre riflettono, diffondono oppure assorbono quest radiazione. Invece i gas risultano opachi alla radiazione ad onda lunga (circa 15 micron) riemessa dalla superficie terrestre in seguito al riscaldamento dovuto ai raggi solari; il nome deriva dunque dall'analogia (non pienamente accurata) con quanto avviene nelle serre per la coltivazione: in questo caso vi è infatti anche un blocco della convezione atmosferica che è un'altra modalità di trasferimento del calore. Proprio grazie all'effetto serra terrestre è possibile lo sviluppo

---

11. Cfr. M. SALBY, E. TITOVA, L. DESCHAMPS, «Rebound of Antarctic ozone» in *Geophysical Research Letters* 38 (6 maggio 2011), L09702.

della vita sulla Terra in quanto si evitano le eccessive escursioni termiche dei corpi celesti privi di atmosfera. Per dare un'idea dell'entità del fenomeno, in assenza di gas serra, dall'equazione di equilibrio tra radiazione entrante e quella uscente si trova che la temperatura superficiale media della Terra sarebbe di circa -18°C mentre, grazie alla presenza dei gas serra e del resto dell'atmosfera, il valore effettivo è di circa +14°C, ovvero molto al di sopra del punto di congelamento dell'acqua consentendo così la vita come la conosciamo.

Le concentrazioni atmosferiche dei cosiddetti «gas serra» sono aumentate a causa delle attività umane. Questi gas sono soprattutto il biossido di carbonio, il metano, l'ossido nitroso, i clorofluorocarburi e l'ozono troposferico (CO_2, CH_4, N_2O, CFC, O_3). Essi, anche a basse concentrazioni, possono modificare significativamente l'equilibrio radiante del sistema terra-atmosfera. Si propone che gli anni recenti sono stati i più caldi della storia, e i prossimi lo saranno ancora di più, se non verranno ampiamente ridotte le immissioni nell'atmosfera di questi gas provenienti da attività umane (soprattutto anidride carbonica). Questi gas accrescono nell'atmosfera la capacità di trattenere il calore dell'irradiazione solare, come l'effetto di una serra. L'anidride carbonica, che conta più del doppio degli altri gas assommati, viene esalata da automobili, industrie, centrali termoelettriche e, nel Terzo Mondo, dagli incendi per la deforestazione: ne arrivano così nell'aria 5 nuovi miliardi di tonnellate l'anno nel primo caso, 2 nel secondo. In breve, l'anidride è immessa nell'atmosfera. La radiazione solare è assorbita dalla terra. La superficie terrestre irradia a sua volta il calore. Il calore poi resta parzialmente intrappolato dall'eccesso di anidride carbonica. Se non si pone freno alla progressione attuale, si calcola che in un arco di tempo inferiore a quello di una vita umana (una sessantina di anni) nel 2050 questo effetto sarà almeno raddoppiato, innalzando di 4°C il clima generale della Terra, che diventerà più caldo e secco nelle attuali zone temperate e invece fortemente piovoso sui deserti e ai tropici. Mentre la vegetazione e la fauna spontanee potrebbero man mano adeguarsi, coltivazioni ed allevamenti ne verranno più facilmente sconvolti. Il maggior incremento della temperatura avrà luogo nelle regioni polari, l'accresciuto scioglimento dei cui ghiacci comporterà un aumento dei livelli marini.

La temperatura della superficie terrestre nella sua media complessiva può essere un'utile indicatore dell'entità degli effetti dovuti ai cambiamenti delle concentrazioni dei gas serra. Per molte ragioni sono comunque necessarie previsioni più dettagliate dei mutamenti regionali di temperatura, delle quantità di precipitazioni e di altri parametri climatici. Come conseguenza dei limiti dei modelli climatici, le incertezze nelle previsioni dei cambiamenti climatici regionali sono maggiori di quelli dei cambiamenti della temperatura globale. Il grado di affidabilità delle stime dei cambiamenti globali della temperatura, del livello del mare, delle precipitazioni e delle evapotraspirazioni è relativamente elevato; per contro, le stime dei cambiamenti regionali di queste e di altre variabili climatiche hanno dei livelli di certezza medi e bassi. Le modifiche della variabilità di tutti questi elementi da un anno all'altro risultano incerte.

a) Il metano

Negli anni recenti si è verificato un aumento medio annuale dell'1,1% circa della concentrazione del metano nell'atmosfera, alle medie latitudini dell'emisfero boreale. Tendenze a più lungo termine possono essere ricavate dall'analisi delle bolle d'aria intrappolate negli strati di ghiaccio della Groenlandia e dell'Antartide. Il metano viene prodotto dalle attività microbiche che si verificano durante la mineralizzazione del carbonio organico in condizioni rigorosamente anaerobiche, come nei suoli acquitrinosi e negli intestini degli animali erbivori. Esiste un'incertezza notevole sui contributi delle sorgenti naturali ed antropiche del metano e sono possibili solo stime dagli ordini di grandezza.

I fenomeni ambientali

b) L'ossido nitroso

Nella troposfera è stato osservato un recente aumento della concentrazione di ossido nitroso o protossido di azoto (N_2O), sebbene con una velocità di crescita notevolmente minore di quella del metano. Le rilevazioni effettuate tra il 1976 e il 1980 hanno mostrato un aumento annuale del 0,2–0,3 %. L'ossido nitroso è ridotto nella stratosfera e non si conoscono modalità di eliminazione importanti nella troposfera. Le sue emissioni nell'atmosfera sono soprattutto dovute all'attività microbica nel suolo e nell'acqua ed entrano nel ciclo dell'azoto. Una considerevole incertezza permane a proposito delle emissioni dovute ad attività umane specialmente per quanto riguarda l'entità di quelle provenienti dalla combustione di biomasse e dai suoli coltivati, specialmente con uso intensivo di fertilizzanti.

c) L'ozono troposferico

Mentre l'ozono stratosferico si è ridotto, quello troposferico è cresciuto. La concentrazione dell'ozono troposferico sta aumentando a causa dei processi fotochimici in cui svolgono un ruolo importante il metano, il monossido di carbonio, gli idrocarburi e gli ossidi di azoto. L'aumento delle concentrazioni di questi composti e le reazioni con il radicale ossidrile (OH) sono fattori importanti per la chimica dell'ozono nella troposfera. A causa delle variazioni della concentrazione di ozono atmosferico da una zona all'altra, è difficile valutare i cambiamenti su scala planetaria. È stato, comunque, chiaramente registrato un netto aumento alle medie ed alte latitudini dell'emisfero settentrionale negli ultimi 20–30 anni, in particolare durante i mesi estivi. L'attuale velocità di cambiamento è stimata pari all' 1–2 % per anno.

Scienziati delle università di Rochester e della Virginia hanno pubblicato i risultati di due nuovi studi: essi gettano dubbi sul riscaldamento globale e sulla validità dei modelli climatici attualmente in uso. Entrambi gli studi sono stati pubblicati nelle *Geophysical Research Letters* del 9 luglio 2004. Autori degli studi sono Davis Douglas, dell'Università di Rochester, Fred Singer dell'Università della Virginia e presidente del Science and Environmental Policy Project (SEPP), Paul Knappenberger di New Hope Environmental Services e Patrick Michaels dell'Università della Virginia.

Il primo studio, intitolato «Altitude dependence of atmospheric temperature trends: climate models versus observations», esamina la ben nota disparità tra le misurazioni termometriche al suolo, che mostrano un trend di riscaldamento, e quelle eseguite tramite palloni o satelliti nella bassa atmosfera, che non mostrano un significativo riscaldamento. Lo studio utilizza un metodo di misurazione della temperatura, in cui dati meteorologici storici vengono usati per costruire i valori di temperatura per ogni punto di griglia della terra ad un'altezza equivalente di due metri. Ebbene, con questa metodologia, i dati alla superficie e quelli dei palloni o satelliti concordano e mostrano che il clima non sta riscaldandosi.

Il secondo studio, «Disparity of tropospheric and surface temperature trends: new evidence», si occupa di un'altra importante disparità: quella tra i modelli climatici globali ed i dati dell'ultimo quarto di secolo. Tutti questi elaborati e costosi modelli computerizzati concordano sul fatto che l'introduzione di gas serra, come CO_2, potrebbe causare un innalzamento della temperatura al suolo. Quest'ultimo sarebbe direttamente proporzionale all'altitudine, fino a raddoppiare a tre miglia di altitudine. Gli scienziati di Rochester e della Virginia, comparando i risultati di tre dei più comuni modelli climatici con quattro insiemi indipendenti di dati osservativi, hanno trovato che, mentre tutti i modelli prevedevano un andamento positivo del trend di temperatura, le osservazioni mostravano valori negativi. Il professor Michaels ha così commentato i risultati dello studio: «Non è una sorpresa che i modelli climatici, che sbagliano persino a determinare le temperature al suolo, non possano affatto predire l'effetto dell'altitudine. La cosa sorprendente è che scienziati seri prendano seriamente i risultati di questi modelli.»[12]

1.2.9 Il riscaldamento globale

a) Precisazioni

Il riscaldamento globale (*global warming* nella letteratura scientifica in inglese) è un'espressione adoperata per indicare, relativamente alla storia climatica della Terra, le fasi di aumento della temperatura media dell'atmosfera terrestre e degli oceani dovute a cause naturali (cicli solari, moti della Terra, variazioni dei gas atmosferici, e così via). Molto spesso l'espressione viene erroneamente usata come sinonimo di surriscaldamento climatico che al contrario indica il contributo antropico al riscaldamento del clima registrato nell'ultimo secolo. Spesso le due espressioni sono utilizzate in relazione ai mutamenti climatici.

b) Interpretazione dei fenomeni

La comunità scientifica è sempre stata divisa sulle cause dell'aumento delle temperature registrato nell'ultimo secolo. Diversi esperti la fanno rientrare nel normale avvicendamento tra periodi freddi e caldi che ha accompagnato i diversi milioni di anni di vita esistente sulla Terra. Sorge anche la questione se il sole, con la sua più intensa attività energetica, possa essere un importante corresponsabile del riscaldamento planetario. Ci sono altri studiosi che affermano che, a causa dell'aumento delle emissioni di gas serra e di altri fattori antropici, il riscaldamento sta accelerando. L'incremento delle temperature per decennio è passato da 0,06°C (1905–1975) a 0,13°C (1975–1995)

---

12. Vedi D. H. DOUGLASS, B. D. PEARSON, S. F. SINGER, P. C. KNAPPENBERGER, & P. J. MICHAELS, «Disparity of tropospheric and surface temperature trends». *Geophysical Research Letters* 31, L13207, (9 luglio 2004).

a 0,25°C (1995-2005). Questa impennata si riflette sull'aumento delle temperature degli oceani, che nei valori estivi sono ormai paragonabili a quelle delle nostre vasche da bagno, sullo scioglimento dei ghiacci, e sull'aumento del livello delle acque. L'Artico perde ogni dieci anni il 3% della superficie ghiacciata, mentre il livello delle acque oceaniche sale ormai a un ritmo medio di 3 centimetri per decennio, con punte fino a 10 volte tanto in alcune aree come le Isole Mauritius (Oceano Indiano) e le Tuvalu (Oceano Pacifico).[13]

Secondo quanto riportato dall'*Intergovernmental Panel on Climate Change delle Nazioni Unite* (IPCC), la temperatura superficiale globale del pianeta sarebbe aumentata di 0,74 ± 0,18 °C durante gli ultimi 100 anni, fino al 2005.[14] L'IPCC ha inoltre concluso che «la maggior parte dell'incremento osservato delle temperature medie globali a partire dalla metà del ventesimo secolo è molto probabilmente da attribuire all'incremento osservato delle concentrazioni di gas serra antropogenici».[15] Viceversa i fenomeni naturali come le fluttuazioni solari e l'attività vulcanica hanno contribuito marginalmente al riscaldamento nell'arco di tempo che intercorre tra il periodo pre-industriale

---

13. Si veda INTERGOVERNMENTAL PANEL ON CLIMATE CHANGE, *Summary for Policymakers* in *Climate Change 2007: The Physical Science Basis. Contribution of Working Group I to the Fourth Assessment Report of the Intergovernmental Panel on Climate Change* (5 febbraio 2007).

14. INTERGOVERNMENTAL PANEL ON CLIMATE CHANGE, *Summary for Policymakers* in *Climate Change 2007*: «L'andamento lineare aggiornato nell'arco di 100 anni (dal 1906 al 2005) di 0,74°C (da 0,56°C a 0,92°C) è quindi maggiore rispetto all'andamento dal 1901 al 2000 fornito nel *Third Assessment Report* di 0,6 °C (da 0,4°C a 0,8°C)». La temperatura superficiale globale è definita nell'IPCC *Fourth Assessment Report* come la media delle temperature dell'aria nei pressi della superficie emersa e delle temperature dei mari.

15. INTERGOVERNMENTAL PANEL ON CLIMATE CHANGE, *Summary for Policymakers* in *Climate Change 2007*: «most of the observed increase in globally averaged temperatures since the mid-twentieth century is very likely due to the observed increase in anthropogenic greenhouse gas concentrations».

e il 1950 e hanno causato un lieve effetto di raffreddamento nel periodo dal 1950 all'ultima decade del ventesimo secolo.[16]

Attualmente il dibattito è comunque ancora aperto all'interno della comunità scientifica dove diversi scienziati si sono opposti a questa interpretazione dei dati climatici attualmente disponibili. Per esempio, il professor Richard Lindzen asserisce che c'è stato un riscaldamento nell'ultimo secolo e mezzo, e le nostre emissioni hanno dato un contributo. Il problema è che ora ecologisti, verdi e anche governi reclamano azioni immediate, ma queste paure non hanno niente a che fare con la scienza. L'unica certezza che abbiamo sul clima è che sta cambiando. La Terra si è sempre scaldata e raffreddata di qualche decimo di grado ogni anno; se si studia la storia del Pianeta, si nota che non c'è mai stata una temperatura «perfetta». Gli allarmi su basano su un falso assunto. Secondo molti modelli, un raddoppio della CO_2 dovrebbe accrescere le temperature medie tra 1.5 e 4.5 gradi. Al momento abbiamo già superato i tre quarti di questi valori di emissione, eppure le temperature sono salite solo di 0.6 gradi dall'inizio dell'era industriale. In più i cambiamenti non sono stati uniformi: il riscaldamento si è concentrato nei periodi tra il 1919 e il 1949 e tra il 1976 e il 1998, alternandosi a fasi di raffreddamento; finora nessuno ha ancora spiegato in modo convincente queste discrepanze.[17]

---

16. Cf. G. C. HEGERL et al, «Understanding and Attributing Climate Change» in *Climate Change 2007*, pp. 690ss. Si veda anche C. AMMANN et al, «Solar influence on climate during the past millennium: Results from ransient simulations with the NCAR Climate Simulation Model» in *Proceedings of the National Academy of Sciences of the United States of America* 104/10 (6 aprile 2007), pp. 3713-3718: «Senza gli effetti antropogenici, il riscaldamento nel XX secolo è lieve. Le simulazioni che includono solo le forze naturali portano ad un picco di riscaldamento nel XX secolo di circa 0,2 °C (1950), che viene ridotto di circa la metà nella fine del secolo a causa dell'incremento delle attività vulcaniche.»

17. Si veda R. S. LINDZEN, «An Exchange on Climate Science and Alarm» in E. ZEDILLO, *Global Warming: Looking Beyond Kyoto*, Brookings Institution Press, Washington, DC 2008, pp. 21-33.

La maggioranza delle ricerche convergono sull'ipotesi che la Terra stia attraversando un periodo di surriscaldamento globale: il dottor Don Easterbrook, emerito professore di geologia alla Western Washington University è di tutt'altro avviso. Egli afferma:

> I dati sui cicli naturali in mio possesso indicano che stiamo andando incontro ad un «raffreddamento globale» in questi primi decenni del 21° secolo, almeno fino al 2030. Seguiranno altri 30 anni circa di surriscaldamento, e dal 2060 al 2090 di nuovo la temperatura si abbasserà drasticamente... C'è una piccola buona notizia: per qualche decennio il surriscaldamento ci lascerà in pace. La notizia cattiva è che il «raffreddamento globale» farà molti più danni per l'uomo, e sarà causa di grandi minacce. Il grande freddo uccide il doppio rispetto al grande caldo.[18]

I dati di Easterbrook si basano sull'analisi del ghiaccio Antartico: il geologo aggiunge che i consumi energetici continueranno a salire, e con essi l'instabilità sociale e politica causata dall'enorme aumento della domanda di cibi, con una offerta ridotta drasticamente.

1.2.10 L'inquinamento causato dalle automobili

Nel passato incideva il problema del rilascio nell'ambiente del piombo derivante dal tetraetile di piombo utilizzato come antidetonante nelle benzine. Questo antidetonante è adesso proibito nella quasi totalità dei Paesi. Il monossido di carbonio ed altri gas di combustione (principalmente ossidi di zolfo e di azoto) più le cosiddette «polveri sottili» sono ancora il problema principale

---

18. D. J. EASTERBROOK, «Solar Influence on Recurring Global, Decadal, Climate Cycles Recorded by Glacial Fluctuations, Ice Cores, Sea Surface Temperatures, and Historic Measurements Over the Past Millennium» in *Abstracts of American Geophysical Union annual meeting*, San Francisco 2008.

nell'uso dei motori a combustione interna per trazione. A questi viene attribuito una percentuale dell'inquinamento totale stimata nell'ordine del 25-30%. Altre forme di incidenza negativa sull'ambiente sono legate al rumore causato dai mezzi a motore. Inoltre, un'incidenza negativa sull'ambiente deriva dal problema dello smaltimento delle carcasse delle automobili dismesse. Le nuove tecnologie con l'utilizzo di macchine a trazione elettrica, ibrida, a combustione di idrogeno e, in un futuro più lontano, con l'utilizzo di «celle a combustibile» («fuelcells») potrebbe eliminare o ridurre di molto questi problemi.

1.2.11 I veleni adoperati dall'uomo

Un esempio è il DDT (Dichloro-diphenyl-trichloroethane), il più noto di certi idrocarburati clorati, capace di eliminare tutti i parassiti che tormentano l'umanità contribuendo alla diffusione di malattie. È il caso dei pidocchi che portano la peste, delle zanzare che diffondono la malaria e la febbre gialla e così via. I nuovi veleni parevano assolutamente benefici. Poi negli anni Cinquanta è stato accertato che le sostanze come il DDT hanno la capacità, già riconosciuta ai veleni metallici come il mercurio, di concentrarsi sempre più nei tessuti degli organismi superiori man mano che si sale lungo la catena alimentare. Tutto ciò ha comportato l'abbandono del DDT.

Ci sono alternative all'uso di antiparassitari di origine chimica, per esempio controlli di tipo biologico, ottenuti opponendo a parassiti o a piante infestanti degli organismi capaci di eliminarli o di bloccarne la riproduzione. Ma qui si deve procedere con attenzione, perché un predatore o un virus introdotto per combattere un male potrebbe scatenare imprevisti e risultati non calcolabili. La previsione degli effetti futuri di un intervento sulla natura non è sempre facile! Quando si altera un equilibrio ecologico, è difficile restaurarne un altro.

1.2.12 I grandi disastri

È sufficiente evocare alcuni nomi di luoghi in cui sono avvenuti grandi disastri ecologici negli anni recenti, per dimostrare come l'umanità sia esposta a gravi rischi sempre e ovunque, creati da essa stessa. Così, ricordiamo, ad esempio, i grandi disastri da inquinamento a Donora (USA) nel 1948 e a Londra (Inghilterra) nel 1952; nel mare di Minamata (Giappone) negli anni '60, per mercurio proveniente dal lavaggio dalle vasche di elettrolisi per soda caustica; a Seveso (Italia) per la diossina nel 1976. Inoltre, gli incidenti alle centrali nucleari di Three Mile Island (USA) nel 1979 e di Chernobyl (URSS) nel 1986; il naufragio della petroliera Torrey Canyon nel canale della Manica (Inghilterra, Francia) nel 1967; il disastro chimico di Bhopal (India) nel 1984 e l'inquinamento del fiume Reno presso Basilea (Svizzera) nel 1986 che interessò anche Francia, Germania e Olanda; le foreste distrutte dall'inquinamento atmosferico in Europa e America settentrionale (1975–1987). E poi per un errore di manipolazione, nel 1999 a Tokaimura in Giappone si verificò una fuoriuscita di uranio con reazione nucleare in un laboratorio privato, incidente nel quale rimasero contaminate una cinquantina di persone.

Anche disastri di minor impatto portano all'alterazione dell'equilibrio ecologico. Qualche volta il danno è reversibile, altre volte irreversibile.

Tabella 1: *Grandi disastri*

Data	Causa	Luogo
16 April 1947	Il disastro di Texas City fu una tremenda esplosione che fu causata dall'incendio dell'imbarcazione francese SS Grandcamp carica di nitrato di ammonio. L'esplosione che seguì l'incendio fu udita nel raggio di 150 miglia e causò almeno 576 morti, di cui 178 non vennero identificati.	Texas, USA

I fenomeni ambientali

Data	Causa	Luogo
1956	Malattia di Minamata: casi di intossicazione da metilmercurio, in prevalenza villaggi di pescatori che si alimentavano di pesce contaminato, a larghissimo raggio di diffusione. 2265 vittime accertate nel 2001, in gran parte bambini, con effetti neurologici particolarmente gravi, 17000 richieste di risarcimento.	Minamata, Japan
7 ottobre 1957	Incendio al reattore per la produzione di Plutonio. Diffusione di materiale radioattivo nella campagna. 39 i morti per cancro.	Windscale, nord di Liverpool, Gran Bretagna
18 marzo 1967	La petroliera liberiana Torrey Canyon naufraga e riversa in mare 123.000 tonnellate di greggio. 180 km di spiagge inglesi e francesi inquinate.	Al largo della Cornovaglia, Gran Bretagna
10 luglio 1976	Nube tossica di diossina.	Seveso, Italia
16 marzo 1978	L'Amoco Cadiz, una petroliera supertanker costruita nel 1974 immatricolata in Liberia da 234.000 tonnellate, lunga 330 metri, affittata dalla compagnia statunitense Amoco, filiale della Standard Oil, s'incagliò al largo delle coste bretoni.	Davanti al borgo di Portsall, Francia
28 marzo 1979	Il più grave incidente nucleare in un impianto civile.	Three-Mile Island, Pennsylvania, USA
3 giugno 1979	Esplodono gli stabilimenti Itox. Il greggio disperso supera le 600.000 tonnellate.	Golfo del Messico
19 luglio 1979	Si scontrano due petroliere liberiane, l'Atlantic Express e l'Aegean Captain. Fuoriuscita di 272.000 tonnellate di petrolio.	Al largo di Trinidad e Tobago, Mar dei Caraibi

Data	Causa	Luogo
7 agosto 1979	Fuoriuscita di uranio arricchito da un impianto di carburante radioattivo. 1.000 persone contaminate.	Erwin, Tennessee, USA
2–3 dicembre 1984	Il più grande disastro nella storia dell'industria chimica. Quaranta tonnellate di una miscela di gas letali fuoriuscirono dall'impianto di produzione di pesticidi.	Bhopal, India
26 aprile 1986	Incidente alla centrale nucleare. Formazione di nubi radioattive che inquinano diverse nazioni.	Cernobyl, Kiev, Ucraina
24 marzo 1989	La petroliera statunitense Exxon Valdez si arena mentre cerca di evitare blocchi di ghiaccio. 40.000 tonnellate di greggio formano, sul mare, una chiazza nera di 4.000 kmq.	A 25 miglia dal terminale dell'oleodotto Trans Alaska di Valdez, golfo dell'Alaska
4 giugno 1989	Il disastro di Ufa accadde sulla Ferrovia transiberiana. Fu provocato dall'esplosione del GPL fuoriuscito dalla fessurazione di un oleodotto corrente vicino (1 km) alla ferrovia, a sua volta innescata dalle scintille sprigionate dal passaggio di due treni. Il risultato fu la morte di 575 persone e il ferimento di altre 600, quasi tutti bambini. I due treni infatti stavano trasportando bambini in direzione e di ritorno da una colonia di vacanze sul mar Nero. L'esplosione fu così potente da mandare in frantumi le finestre della città di Aša distante 13 km dall'epicentro.	Presso le città di Ufa e Aša in Unione Sovietica
9 giugno 1990	Esplosioni provocano incendi sulla petroliera norvegese Mega Borg. 100.000 tonnellate di greggio in mare.	Galveston, Texas, USA
10 aprile 1991	Il traghetto Moby Prince sperona la motonave Agip Abruzzo. Fuoriescono 25.000 tonnellate di petrolio e muoiono 140 persone.	Porto di Livorno

I fenomeni ambientali

Data	Causa	Luogo
11 aprile 1991	Incendio con esplosioni a bordo della petroliera cipriota Haven. 2 morti, 147.000 tonnellate di petrolio in mare, 500 kmq di catrame sul fondo marino.	Al largo di Arenzano, Liguria
3 dicembre 1992	La petroliera greca Aegeum Sea urta il molo del porto. 79.000 tonnellate di greggio si riversano in mare formando una chiazza lunga 30 km e larga 2km.	La Coruña, Spagna
30 marzo 1994	La petroliera panamense Seki, con 268.332 tonnellate di greggio, si scontra con la Baynunah degli Emirati Arabi Uniti, e perde parte del carico.	Al largo del porto di Fujairah, Golfo Persico
3 giugno 1996	Lancio di fuochi artificiali che scatenano un incendio. Distrutti migliaia di ettari di bosco.	Nord di Anchorage, Alaska
settembre 1997	Incendi appiccati da contadini divorano centinaia di ettari di foreste e generano una nube tossica che si estende da Singapore all'Indonesia, dalla Malaysia alle Filippine. I monsoni e la siccità aggravano la situazione.	Asia
17 ottobre 1998	Esplode una conduttura di petrolio causando circa 1.200 morti.	Jesse, Niger Delta, Nigeria
30 settembre 1999	Per un errore di manipolazione fuoriuscita di uranio con reazione nucleare in un laboratorio privato contaminando una cinquantina di persone.	Tokaimura, Japan
21 settembre 2001	Esplosione avvenuta nell'impianto petrolchimico della Azote de France (AZF) vicino a Tolosa; 31 i morti, almeno 650 feriti.	Tolosa, Francia
dicembre 2002	Incidente alla petroliere Prestige, con una chiazza di materiale greggio che invase anche le coste francesi.	Davanti alle coste della Galizia

Data	Causa	Luogo
2001–2002	Gli incendi dolosi di Sydney che si sono ripetuti per ben due anni tra 2001 e 2002, che si sono protratti per più di 15 giorni e che hanno immesso in atmosfera ingenti quantità di CO, CO2 e pulviscolo, senza contare la perdita in termini di aree boscate e di animali.	Sydney, Australia
11 maggio 2004	Una tremenda esplosione ha distrutto a Glasgow una vecchia fabbrica di plastica: la costruzione in mattoni alta quattro piani è stata praticamente spazzata via. I morti erano nove, oltre una trentina i feriti dei quali circa la metà in serie condizioni.	Glasgow, Scozia
20 ottobre 2004	Una forte esplosione di gas si è verificata nella miniera di carbone di Daping, uccidendo 148 persone	Daping, provincia di Henan, Cina

1.2.13 Le specie che scompaiono

Molti biòtopi del regno animale e vegetale sono pregiudicati nella loro conformazione naturale dalle mutazioni di biòtopo, dallo sfruttamento del terreno e dalle immissioni di sostanze dannose. A causa dell'estinguersi di innumerevoli specie di animali e piante, dovuto al peggioramento delle condizioni ambientali, la biosfera perde gradatamente una grossa parte della sua varietà genetica, accresciutasi in milioni di anni. Quest'ultima è però insostituibile per i sistemi di supporto alla vita sulla terra, poiché rende possibili gli adattamenti evolutivi all'interno della biosfera. Essa è altrettanto insostituibile per la ricerca medica, per la zootecnia e la coltivazione delle piante. Quasi la metà dei farmaci in commercio ha la sua origine in sostanze chimiche che si sono ottenute per la prima volta in natura.

La distruzione delle foreste tropicali e di altri ambienti naturali e il loro inquinamento porta all'estinzione diverse specie animali e vegetali. Il rischio non è più solo di singole specie

I fenomeni ambientali

«simbolo», come il panda in Cina, l'orice bianco in Arabia, il leopardo delle nevi in Asia, la foca monaca nel Mediterraneo, l'aquila dalla testa bianca statunitense, ma l'estinzione appare vicina anche per animali le cui «orde» erano sembrate «inesauribili» come le zebre in Africa e i bisonti in Nord America. Un altro caso si verifica da 40 anni a questa parte con la pesca intensiva. Questa, combinata all'inquinamento marino, ha causato allarmanti declini nelle popolazioni altrimenti immense, di acciughe, sardine e merluzzi. Inoltre, all'eccessivo prelievo dei pesci da parte umana ha corrisposto, lungo le coste pacifiche sudamericane, un consistente calo degli uccelli marini che dovevano nutrirsene, con danno per il commercio del loro guano. Il risultato è che da un processo di sfruttamento è derivata anche l'estinzione o la riduzione di altre specie.

1.2.14 L'inquinamento acustico

Per inquinamento acustico si intende l'introduzione di rumore nell'ambiente abitativo o nell'ambiente esterno, tale da provocare fastidio o disturbo al riposo ed alle attività umane, pericolo per la salute umana, deterioramento degli ecosistemi, dei beni materiali, dei monumenti, dell'ambiente abitativo o dell'ambiente esterno o tale da interferire con le legittime fruizioni degli ambienti stessi.[19] In poche parole, l'inquinamento acustico può essere definito come il danneggiamento dell'ambiente, dovuto ad una eccessiva esposizione a rumori di elevata intensità, prodotti dall'uomo. Il rumore è un particolare tipo di suono. Il suono, a sua volta, è un fenomeno fisico di carattere ondulatorio che stimola il senso dell'udito ed è costituito da onde meccaniche longitudinali: le molecole del mezzo in cui le onde si propagano si muovono parallelamente alla direzione di propagazione dell'onda. Un'onda sonora che viaggi attraverso l'aria non è altro che una successione di rarefazioni e compressioni di piccole por-

---
19. Si veda *Legge del 26 ottobre 1995*, n. 447.

zioni d'aria; ogni singola molecola trasferisce energia alle molecole adiacenti e, dopo il passaggio dell'onda, ritorna pressappoco nella sua posizione iniziale.

In pratica, si definisce rumore qualunque vibrazione sonora, che provochi sull'uomo effetti disturbanti o dannosi per il fisico o per la psiche, temporanei o permanenti, interferendo negativamente sul benessere, sulla salute e sulle diverse attività umane, come il lavoro, lo studio, lo svago, il sonno e la vita di relazione in generale.[20] Una legge italiana definisce il rumore come «qualunque emissione sonora che provochi sull'uomo effetti indesiderati, disturbanti o dannosi o che determini un qualsiasi deterioramento qualitativo dell'ambiente».[21]

L'intensità del rumore, come del resto di qualsiasi tipo di suono, viene misurata in decibel (dB), pari alla decima parte del Bel (B), ed esprime il rapporto logaritmico tra l'intensità del suono in esame e quella di uno assunto come valore di riferimento. L'intensità sonora percepita dall'orecchio umano non cresce in modo lineare, ma secondo il logaritmo in base 10 dello stimolo sonoro; ciò significa che, se lo stimolo fisico aumenta da 10 a 1000, cioè di 100 volte, l'intensità percepita dall'uomo non aumenta di 100 volte, ma solo del doppio, perché il Log_{10} di 100 è pari a 2. Per convenzione si preferisce misurare la pressione sonora, anziché l'intensità, utilizzando come unità di misura per i suoni ambientali, il dB_{SPL} (Sound Pressure Level).[22] Per fornire un'idea del valore del decibel, si consideri che se la soglia di udibilità corrisponde a 0 dB_{SPL}, l'intensità di un bisbiglio è di circa 10 dB SPL, il rumore di una strada trafficata è di circa 80 dB_{SPL} e la soglia del dolore legato a suoni molto intensi è di circa 120 dB_{SPL}. Esistono rumori continui e rumori intermittenti o discontinui; il rumore prodotto da un treno o da un aereo in transito

---

20. Cf. F. GIACCAI, G. MARELLO, «Forensic evaluation of noise-induced hearing loss» in *Advances in Oto-Rhino-Laryngology* 37(1987), pp. 89–90.
21. D.P.C.M., 1 marzo 1991.
22. Si calcola in questo modo: $dB_{SPL} = 20 \log_{10}(p/p_0)$, dove dove p_0 indica la pressione sonora corrispondente alla soglia di udibilità.

I fenomeni ambientali 41

è, ad esempio, discontinuo, mentre quello prodotto dal traffico autostradale può essere considerato continuo.

Tabella 2: *Livelli di rumore*

Decibel	Sorgenti di rumore
0	Soglia di udibilità
10-20	Fruscio di foglie, bisbiglio
30	Appartamento tranquillo
30-40	Notte agreste
50	Ambiente domestico, teatro
60	Ufficio rumoroso, voce alta
70	Telefono, stampante, TV e radio ad alto volume
80	Sveglia, strada con traffico medio
90	Strada con forte traffico, fabbrica rumorosa
90	Soglia di pericolo
100	Autotreno, treno merci, cantiere edile
110	Concerto Rock
120	Sirena, martello pneumatico
130	Soglia di dolore
140	Decollo di aereo jet
180	Razzo al decollo

Secondo quanto contenuto in un rapporto pubblicato nel 1995 dall'Università di Stoccolma per conto dell'Organizzazione Mondiale della Sanità, il livello del rumore nell'ambiente esterno alle abitazioni non dovrebbe mai superare 55 dB (livelli superiori potrebbero causare gravi disturbi alla salute) e il limite massimo ammissibile dovrebbe essere fissato a 50 dB.[23] Il traffico stradale è la sorgente di rumore più diffusa nei paesi industrializzati. Secondo i risultati di uno studio condotto per

---

23. Si veda E. SARTARELLI, *L'inquinamento acustico nella civiltà moderna*, Club Soroptimist Roma 3, Roma 2006, p. 11.

conto dell'Unione Europea, nel 1994 circa 200 milioni di cittadini comunitari (circa il 60% del totale) sono stati esposti a rumori prodotti da traffico stradale di livello superiore a 55 dB e circa 132 milioni di cittadini (il 39%) sarebbero stati esposti a rumori di livello pari a 60 dB. Nell'ambito del traffico urbano, l'intensità del rumore prodotto da motocicli è considerato pari a 80–90 dB, quello delle automobili è di circa 75–80 dB mentre per gli autoarticolati si arriva ai 90–95 dB. Per difendere i cittadini dai rumori del traffico stradale sono stati fissati e imposti limiti di emissione dei rumori per tutti i nuovi autoveicoli messi in commercio. Di anno in anno questi limiti di tollerabilità vengono abbassati, tanto che i rumori emessi dalle auto costruite intorno alla metà degli anni Novanta risultano essere di 8–10 dB più bassi rispetto a quelli emessi dalle auto prodotte negli anni Settanta.[24]

Tra tutti i tradizionali mezzi di trasporto, il treno è spesso considerato come il più ecologico in assoluto. Da qualche tempo, tuttavia, molti paesi hanno preso atto che ciò non è sempre vero e che anche il traffico ferroviario può avere un alto impatto ambientale. In linea di massima, le precauzioni prese per rispettare gli standard ambientali imposti per legge, prevedono che treni e motrici siano progettati in modo tale da non risultare più rumorosi dei convogli tradizionali, ed il fatto che le linee ferroviarie debbano seguire percorsi lontani dai centri abitati ed essere attrezzate con adeguati sistemi di abbattimento dei rumori.[25]

L'inquinamento acustico prodotto dai velivoli a motore è cresciuto considerevolmente dopo la seconda guerra mondiale e intorno alla metà degli anni Sessanta ha raggiunto un livello tale da indurre le autorità e i produttori del settore ad ammettere la necessità di sviluppare sistemi di abbattimento dei rumori. Sia negli aerei con propulsione ad elica, sia in quelli a reazione,

---

24. Cf. *ibid.*, p. 13.
25. Cf. *ibid.*

la principale sorgente di rumore è il motore. Le reiterate proteste da parte di vari gruppi di pressione hanno spinto le autorità competenti a emettere normative per il controllo e la limitazione del rumore prodotto dai velivoli. Dai tempi dei primi aviogetti il livello del rumore prodotto dai motori è stato ridotto di circa 20 dB, e questo nonostante i nuovi velivoli siano decisamente più grandi e capienti rispetto ai loro predecessori.[26]

Si stima che impianti industriali e commerciali siano responsabili di circa il 20% della rumorosità ambientale. Infatti, gran parte dei macchinari utilizzati nei vari settori dell'industria produce rumore. In molti casi i rumori rimangono confinati all'interno di fabbriche e officine, in altri casi, invece, raggiungono le aree abitative circostanti. In passato il problema riguardava solo le zone vicine ai grandi impianti metallurgici o manifatturieri; oggi, tuttavia, le imprese di piccole dimensioni sorgono spesso in mezzo ai centri abitati e disturbano direttamente un numero consistente di residenti. Particolarmente rumorose risultano essere, ad esempio, le ventole degli impianti di riscaldamento e condizionamento dell'aria che, installate in posizioni poco idonee, possono generare un notevole inquinamento acustico.[27]

Anche la vita domestica produce rumori molesti: l'inquinamento acustico può essere infatti causato da elettrodomestici quali l'aspiratore, l'impianto stereo e il televisore, così come da alcune attività di bricolage (si consideri, in particolare, l'uso di trapani e tosaerba). Spesso il grado di inquinamento acustico è dovuto al cattivo isolamento delle abitazioni nei complessi plurifamiliari. Più che di natura tecnica, tuttavia, il problema è comportamentale e la soluzione, più che a leggi e decreti, dovrebbe essere lasciata all'educazione dei singoli cittadini. Inoltre, negli ultimi decenni, soprattutto nei paesi industrializzati, sono state ideate e realizzate infrastrutture per attività ricreative assai rumorose, quali: poligoni di tiro, discoteche, aree per concerti,

---

26. Cf. *ibid.*, pp. 13–14.
27. Cf. *ibid.*, p. 14.

piste per motocross o corse automobilistiche, spazi destinati a gare nautiche, che costituiscono una fonte certa di inquinamento acustico.[28]

Un'esposizione prolungata a rumore continua fino a 80 dB per 8 ore al giorno e per molti anni non provoca alcun danno a carico dell'apparato uditivo, per quanto riguarda i soggetti sani. Però, l'esposizione prolungata a rumore di elevata intensità, provoca nell'individuo oltre ad una serie di danni biologici extra-uditivi, anche disturbi di natura diversa come ad esempio alterazione del ciclo sonno-veglia, tachicardia e tachipnea, cefalea, agitazione psico-motoria, vasocostrizione periferica ed ipertensione, diminuzione della motilità intestinale. Studi recenti dimostrano che l'effetto del rumore sulla biochimica dell'organismo, sul sistema cardiovascolare e sui sistemi organici controllati dal sistema nervoso autonomo sia più grave di quanto non si sospetti.[29] Inoltre, gli effetti del rumore sono aggravati quando interagiscono con altri fattori di stress ambientale, come l'inquinamento atmosferico e le sostanze chimiche. Questo può essere in particolare il caso nelle aree urbane, dove coesiste la maggior parte di questi fattori di stress.

Lo sviluppo urbanistico degli ultimi decenni ha prodotto un'incessante espansione delle aree abitate e un notevole aumento della densità abitativa. Fattori, quasi mai, accompagnati da un'attenta e adeguata politica di contenimento del rumore, tant'è che, a determinare il disagio acustico che affligge la maggior parte delle abitazioni cittadine, concorrono oramai sia fattori esterni (traffico veicolare, attività produttive, e così via) ma anche rumori prodotti all'interno degli stessi edifici (come ascensori, impianti di riscaldamento, attività dei vicini). Per fronteggiare ciò che sta assumendo oramai le proporzioni di un vero e proprio disagio sociale, s'è imposta l'esigenza di dover

---

28. Cf. *ibid.*, p. 14–15.
29. Cfr. *ibid.*, p. 29.

I fenomeni ambientali

migliorare l'insonorizzazione acustica dei fabbricati, in modo da proteggere gli occupanti da rumori indesiderati.

1.3 Il mito della sovrappopolazione

La popolazione mondiale era costituita da quasi 7 miliardi di persone nel 2012. Il problema riguarda la distribuzione delle persone non il loro numero. È del tutto sbagliato il discorso di coloro che usano queste cifre per incoraggiare o giustificare l'uso di metodi di controllo di nascita artificiali. Al momento alcuni scienziati iniziano a rifiutare il mito della necessità del cosiddetto controllo della popolazione.[30] Il controllo della popola-

---

30. Si vedano per esempio: J. L. SIMON, *The State of Humanity*, Blackwell, Oxford 1995 e IDEM, *The Ultimate Resource*, Princeton University Press, Princeton 1996. Questi due libri mostrano che la crescita della popolazione non è un fattore negativo dal punto di vista economico. L'approccio neo-malthusiano come soluzione ad ipotesi neo-escatologiche legate alla esplosione demografica è stato inizialmente propagandato dal cosiddetto «Club di Roma», alla fine degli anni '60, con i testi *I limiti dello sviluppo* e *Verso un equilibrio globale* elaborati, con gran «battage» pubblicitario, dal System Dynamic Group del M.I.T. e *Strategie per sopravvivere* di Mesarovic e Pestel; si veda anche W. LEONTIEF, A. CARTER E P. PETRI in *The Future of World Economy* (United Nations 1977)—dall'approccio più neutro (Mondadori è l'editore italiano di tutti questi testi). Una fondata e demolitrice critica di queste tesi, alla quale il tempo ha dato ragione, si trova nel testo di C. CLARK, *The myth of over-population* (Advocate Press Pty. Ltd., Melbourne 1973), anche in traduzione italiana (Ares, Milano 1974); un altro testo importante, anche se «datato», è di J. VERRIERE (1978) tradotto in italiano con il titolo *Troppi o troppo pochi* (Oscar Mondadori, Milano 1980). In effetti, in relazione al mito dell'insufficienza del prossimo futuro delle materie prime o dell'energia, in congiunzione alla immanente (e «ineluttabile») crisi ambientale non si può non richiamare, contro tutto il ciarpame ideologico in circolazione, le meditate e documentate osservazioni di H. Jonas alle pagine 240–243 de *Il principio di responsabilità. Un'etica per la civiltà tecnologica* (Einaudi, Torino 1993; la versione originale è *Das Prinzip Verantwortung*—Insel Verlag, Frankfurt am Main 1979), secondo le quali l'unico serio pro-

zione, infatti, è basato su un'illusione economica. Con meno clienti, i servizi pubblici (treni, autobus) presentano diseconomie. In conseguenza, per esempio, alcuni ospedali e scuole dovrebbero essere chiusi per la mancanza del personale. Inoltre, dove la popolazione è controllata (molte parti dell'Europa) risulta il problema di una popolazione che invecchia sempre di più. In realtà, l'aumento della popolazione crea una vita meno dura, come una spassionata analisi nella storia politica ed economica dimostra. Le manifestazioni di una crescita economica generalmente coincidono con la crescita della popolazione; il fatto è stato formalizzato in alcuni modelli economici come in quello dell'economista polacco Michał Kalecki.

Si riscontra anche una grande incoerenza da parte di certi ambientalisti i quali, mentre sono contrari ad una manipolazione indebita sul macro-ambiente del cosmo, non si oppongono, anzi, appoggiano un'ingiusta manipolazione sul micro-ambiente del corpo umano. Questa incoerenza è palese, per esempio, quando i cosiddetti gruppi «Verdi» sono favorevoli al controllo delle nascite ricorrendo alla contraccezione artificiale:

> Inquinare i condotti del corpo umano con barriere chimiche e bloccarne i passaggi con mezzi metallici e di plastica, con l'intento deliberato di impedirne il funzionamento in modo normale e sano, è una estensione della mentalità industriale applicata alla sfera umana privatissima. Questo mette la donna nelle mani dei tecnocrati e delle grandi corporazioni, totalmente dipendente da essi fino a quando lei vuole rimanere il giocattolo sessuale degli uomini che rifiutano di assumersi una paternità responsabile.[31]

---

blema mondiale (che dobbiamo ancora verificare e studiare) potrebbe essere un eccesso, non disperdibile, di calore proveniente dal degrado, per il principio di entropia, delle energie che utilizziamo.

31. S. CALDECOTT, «Cosmology, eschatology, ecology: some reflections on Sollicitudo Rei Socialis» in *Communio* 15/3 (1988), p. 313.

Così, è del tutto inaccettabile seguire l'approccio di certi ecologisti che vedono la soluzione della crisi dell'uomo e del suo ambiente nel controllo delle nascite. Queste manipolazioni ideologiche hanno alla loro radice una filosofia egoista che, di fatto, cerca di rendere la vita sempre più piacevole ai Paesi ricchi, mentre trascura le aree sottosviluppate. In alcuni Paesi più poveri, il controllo delle nascite sottrae spesso alle città quella mano d'opera che sarebbe necessaria per lo sviluppo e per la cura dell'ambiente. La campagna di pianificazione sistematica della famiglia è una nuova forma di oppressione: «Sono le popolazioni più povere a subirne i maltrattamenti: e ciò finisce con l'ingenerare, a volte, la tendenza a un certo razzismo, o col favorire l'applicazione di certe forme, egualmente razzistiche, di eugenismo.»[32] Comunque, il problema della sovrappopolazione è sbandierato da esperti che sono spesso motivati da considerazioni ideologiche. Un recente editoriale di un'importante giornale esprimeva un sano scetticismo sulle speculazioni ideologiche riguardanti la cosiddetta sovrappopolazione:

> Monaco è uno dei territori più popolati della terra, con una popolazione di 40,112 abitanti per miglio quadrato, seguita da vicino da Hong Kong. Nessuna delle due città è meno prospera né più infelice del Regno Unito, la cui densità di popolazione è tra le 25 e 70 volte inferiore alla loro. I territori più scarsamente popolati del mondo, dall'Antartide ai luoghi montagnosi della Scozia, non sono famosi per la loro qualità di vita, per attrattive per i giovani, o per il numero di volontari che ci vivono abitualmente.[33]

La Santa Sede è particolarmente preoccupata delle strategie che vedono nel declino della popolazione il fattore primario nel superamento dei problemi ecologici. I programmi per ridurre la popolazione, diretti e finanziati dalle nazioni sviluppate del Nord, diventano facilmente una sostituzione della giustizia e dello svi-

---

32. Papa GIOVANNI PAOLO II, Enciclica *Sollicitudo rei socialis*, 25.
33. Editoriale in *The Times*, 10 agosto 1993, p. 15.

luppo nelle nazioni in via di sviluppo del Sud. Questi programmi evadono la questione della giusta distribuzione e dello sviluppo delle abbondanti risorse della Terra. In più occasioni, la Santa Sede ha espresso la sua opposizione allo stabilimento di scopi o di obiettivi quantitativi riguardo alla popolazione, che comportano la violazione della dignità e dei diritti umani.[34]

Il vero problema dei Paesi più poveri non è la cosiddetta sovrappopolazione ma l'egoismo dell'Occidente. La restrizione della popolazione dei Paesi più poveri, infatti, potrebbe portarli ad una povertà ancora più acuta. La varietà di persone porta anche alla creatività nella società. Molti ambientalisti, invece, danno l'impressione di credere che gli esseri umani sono una specie di «cicatrice» o di «cancro» della terra, una violazione nell'altrimenti perfetto ordine naturale. Questa concezione non trova nessun fondamento nella rivelazione, dove si riscontra invece come vero l'esatto contrario: l'uomo fu collocato qui sulla terra da Dio e gli fu ordinato di essere fecondo e di moltiplicarsi, di nutrire la terra e di dominarla (Gen 1,28). Considerare l'esistenza di altre persone come una sventura o forse persino come una violazione della natura è un'idea che si allontana radicalmente dall'etica giudeo-cristiana. Noi siamo creati ad immagine e somiglianza di Dio, e ciò vuol dire che ogni essere umano al mondo è sacro in quanto tale, poiché lui o lei aggiunge al creato un valore inestimabile che prima non esisteva. L'idea che le persone siano semplicemente un salasso per le risorse energetiche non solo contraddice la nostra fede, ma nega anche il vero contributo degli esseri umani al bene comune della società umana e dell'intero regno ambientale. Ogni concezione che non accoglie con gioia l'arrivo di un nuovo essere umano per il suo valore intrinseco e per ciò che potrebbe portare nel mondo, dal punto di vista provvidenziale, è fondamentalmente in contrasto con l'etica cattolica.

---

34. Arcivescovo R. MARTINO, *La Santa Sede alla Conferenza di Rio, Amministrazione e Solidarietà*, 1–Documento di sintesi (5 giugno 1992), 9.

I fenomeni ambientali

Riguardo alla prevista esplosione demografica, dalla metà degli anni settanta il tasso di natalità nei paesi del terzo mondo è sceso da circa 5 bambini per famiglia a meno di 3, mentre nei paesi industrializzati, è sceso al di sotto della crescita zero. La crisi demografica in paesi come il Giappone, la Spagna, l'Italia e la Francia oggi non consiste infatti nell'esplosione ma nell'implosione demografica. Allo stesso tempo, in paesi come l'India, la Cina, l'Indonesia e il Messico la vita media è aumentata di 10-15 anni e i tassi di mortalità infantile sono scesi della metà. Si ritiene in generale che l'epoca moderna sia l'età della ragione, distinta dalle passate età della fede, che si vuole fossero oscurantiste. Ma gli esempi elencati fin qui dimostrano quanto sia facile prestare una fede incondizionata nelle informazioni che ci arrivano, purché siano presentate con un'aria di verità, meglio se come scientifiche, con il nome di ricerche, rapporti, studi, indagini statistiche e dati.

2

Ecologia o ideologia?

Non si può ricostruire ciò che è ridotto in polvere, ma Tu guarisci la coscienza contorta; Tu rendi l'antica bellezza all'anima che l'aveva perduta senza speranza. Con Te non esiste l'irreparabile. Tu sei amore, Tu creatore e rigeneratore. Ti lodiamo cantando: Alleluia!

Protoierej Grigorij Petrov, Inno akatistos di ringraziamento, Ode 10.

2.1 Tra il fenomeno e la sua interpretazione

Dixy Lee Ray mostra che il rapporto fra causa ed effetto non è sempre immediato quando si tratta, per esempio, dell'effetto serra o del buco dell'ozono.[1] Da una parte giocano gli interessi economici e dall'altra il fanatismo degli ecologisti. Chi s'interessa veramente dei problemi ecologici? La Chiesa certamente, come vedremo più avanti nel quarto capitolo. La discussione sulla qualità di vita non può ridurre questa qualità al solo livello naturale e fisico, come fanno molti partiti politici per i loro propri scopi, per esempio i verdi, i socialisti e i comunisti. Un cambiamento di strutture, infatti, non è sempre equivalente al miglioramento di vita. Spesso l'ecologismo è collegato a ideologie contrarie alla fede cattolica. Bisogna, allora, stare attenti: l'ecologia è una scienza, l'ecologismo una mera ideologia.

---

1. Cfr. D. L. Ray, *Trashing the Planet*, Harper Collins, New York 1992.

2.1.1 Ecologia o ecologismo?

Stanley Jaki sottolinea come il passaggio dalla fisica alla fisicalismo e dalla scienza allo scientismo possono facilitare il passaggio dall'ecologia all'*ecologismo*.[2] Le ecologie che sembrano iniziare con un programma di salvare l'ambiente dell'uomo estendono rapidamente la loro logica fino al punto dove l'ambiente ha la priorità assoluta sull'uomo. Questa ideologia prende facilmente radici nei circoli darwinista, dove l'uomo è visto puramente come il prodotto di forze naturali.[3] Parte integrante di questa visione perniciosa è l'affermazione errata che l'uomo è semplicemente uno fra un gran numero di specie, tutte ugualmente importanti e godendo degli stessi diritti.[4]

L'ecologia si può definire come la scienza che tratta gli organismi in un certo ambiente ed i processi che collegano organismo e luogo. L'ecologia non tratta solo i problemi dell'ambiente. Si deve distinguere, però, fra l'ecologia, che è la scienza, e l'ecologismo, che è un'ideologia costruita attorno alla scienza. Nel 1962 è stato pubblicato il libro *Silent Spring* di Rachel Carson, una denuncia accorata dello stato di degrado ambientale causato da una attività umana avida e imprevidente, triste presagio della morte della natura: questa data può essere indicata come l'inizio del movimento ambientalista moderno.[5] L'ambientalismo (che ha una certa portata ideologica in senso politico) nacque il 22 aprile 1970, giornata della terra, Earth Day.[6] Purtroppo, molte ideologie di oggi (per esempio quelle dei verdi e dei comunisti)

---

2. Cfr. S. L. JAKI, «Ecology or Ecologism?» in G. B. MARINI-BETTÒLO (ed.), *Man and his Environment. Tropical Forests and the Conservation of Species*, Pontifical Academy of Sciences, Vatican City 1994, p. 276.
3. Cf. *ibid.*.
4. Cf. *ibid.*, p. 277.
5. Cfr. R. CARSON, *Silent Spring*, Boston 1962 (trad. it. *Primavera silenziosa*, Milano 1962).
6. Si veda: C. M. MURPHY, *At Home on Earth. Foundations for a Catholic Ethic of the Environment*, Crossroad, New York 1989, p.30.

sono materialiste ed escludono a priori la considerazione di Dio Creatore dalle loro posizioni. Nella posizione laica si riscontra una enorme contraddizione. Da un lato si incoraggia l'aborto e dall'altro si promuove la tutela degli animali. È «significativo il caso del Canada che «da buon paese modernizzato ha la solita legge abortista» e multa... chi, senza provate necessità, uccide un animale... »[7]

L'ecologismo approfitta del fallimento dei grandi sistemi per costituirsi a sua volta in sistema. Ponendo l'ambiente, gli animali, la natura e il pianeta al centro delle proprie riflessioni, l'ecologismo cade nell'antica tentazione olistica per rinnovarla in termini contemporanei. Attualmente stiamo assistendo alla genesi di questa nuova ideologia, il cui avvento è preparato da tre correnti presenti nell'ecologia. La prima è il prodotto della sintesi tra lo spirito libertario del Maggio del '68 e la società dei consumi; in questo caso la natura è un oggetto di consumo riservato all'esclusivo piacere del consumatore. La seconda riunisce coloro per i quali gli animali sono più di semplici animali. Per alcuni, essi sono personaggi di una fiction interiore, per altri l'ultima vittima del razzismo umano, per altri ancora maestri di saggezza. Gli animali hanno il compito di svagare i loro difensori e di rendere nuovamente affascinante—o addirittura di salvare—un mondo troppo vuoto e intriso di materialismo. La terza corrente milita apertamente per la creazione di una nuova e falsa civiltà: la Terra è ritenuta un essere vivente la cui esistenza è minacciata dalle attività umane. L'uomo è parte di un insieme più grande di lui. Questa è la posizione sostenuta dall'*Ecologia Profonda* (Deep Ecology).

Questi movimenti stanno investendo poco per volta tutti i campi del sapere e della pratica. Non trascurano niente, nulla sfugge loro: dalla filosofia al cinema, dalla letteratura alla pubblicità, dalla religione alla politica. Come si vede, le tre correnti

---

7. M. GARGANTINI, «I cristiani e le tematiche ambientaliste» in A. CAPRIOLI & L. VACCARO, *Questione ecologica e coscienza cristiana*, Morcelliana, Brescia 1988, p. 93.

che abbiamo individuato sono più o meno diverse tra loro, ma tutte condividono lo stesso retroterra culturale e tutte, ognuna a modo suo, destrutturano le fondamenta della nostra civiltà. Per dirla in breve, l'ecologismo è un antiumanesimo verde. L'ecologismo rifiuta il patrimonio cristiano intellettuale, culturale, artistico e morale. Esso vuole mandare in soffitta «il vecchio mondo». Così facendo, getta via un modello di umanità compiuta: Cristo, vero uomo e vero Dio.

La rivoluzione intellettuale degli anni '60 ha gettato le basi per il rifiuto di questa tradizione, attraverso la decostruzione dell'idea stessa dell'uomo visto come essere unico e universale; idea attaccata, in Francia, da Foucault, Derrida, Bourdieu e Lacan. Sulla loro scia, gli accademici, i giornalisti, gli artisti, gli scrittori e i registi cinematografici hanno fatto a pezzi l'umanesimo occidentale, cui rimproverano di essere, nella migliore delle ipotesi, un'illusione. L'umanesimo, al quale si chiedeva di emancipare e di difendere la dignità umana, contribuiva all'oppressione, o forse ne era addirittura la causa.

L'edonismo abbandona l'antropocentrismo e gli preferisce i piaceri solitari dell'egocentrismo. Gli edonisti verdi, chiusi nei confronti della diversità, incapaci di accettare l'invito del mondo, sordi ai richiami degli altri, si perdono nello specchio delle proprie emozioni e dei propri sensi. L'animalismo compie un ulteriore passo in direzione della decostruzione dell'umanesimo. La vecchia distinzione naturale tra l'uomo e le bestie è cancellata con un semplice gesto della mano. Contro di essa si proclama che tra «loro» e «noi» esiste soltanto una differenza di «rango sociale». L'insegnamento della Genesi, della filosofia greca e del cristianesimo è dissolto.

2.2 Le diverse ideologie

L'umanesimo, costruito in parte sulla distanza che separa l'uomo dagli animali, è accusato di *specismo* (cioè di razzismo contro le specie diverse dalla nostra). In mezzo alle rovine della cultura giudaico-cristiana, ad alcuni animali è attribuita la stessa dignità accordata agli esseri umani. Gli animalisti lottano per estendere i diritti fondamentali di cui godono gli uomini agli «animali non umani». Ed ecco l'ultimo, mortale colpo inferto all'umanesimo: l'uomo appartiene all'ecosistema. All'antropocentrismo si sostituisce il *biocentrismo*.

Studiando le correnti dell'ecologismo, leggendo la letteratura che producono, non si può fare a meno di essere colpiti dal posto centrale accordato al paradiso perduto: nell'ambientalismo (la prima corrente) esso si identifica con la purezza, la giovinezza e il piacere; per gli animalisti (la seconda corrente) rappresenta la fratellanza, l'armonia e la collaborazione tra gli uomini e gli animali; per gli ecologisti profondi (la terza corrente), esso si realizza nella fusione, nell'osmosi e nell'accordo perfetto dell'uomo con la natura.

Ci sembra dunque che ciò che muove l'ecologismo contemporaneo, assai più della preoccupazione per lo stato di salute del pianeta, sia l'antica e mai morta nostalgia dell'età dell'oro. In altre parole, nella difesa della natura e nella battaglia contro la cultura si scorgono tracce dell'antica opposizione tra i sostenitori della foresta e quelli della *civitas*. Per capire appieno questo aspetto dell'ecologismo è indispensabile studiare i vari aspetti assunti nel corso della storia dalla ricerca dell'età dell'oro. Infatti, nel corso dei secoli sono fiorite diverse culture, si sono succeduti innumerevoli avvenimenti storici e sono state fatte molte scoperte scientifiche e tecniche, eppure quell'istinto non è mai venuto meno, trasformandosi nella ricerca di un tempo e di un luogo sulla terra dove sarebbe esistito il paradiso.[8]

L'ideologia politica ecologica si presenta in vari tipi e forme. In primo luogo esiste l'*ecocapitalismo* nonostante il fatto che la maggior parte dei conservatori sono convinti che l'ambientalismo è un'esagerazione, e che il progresso scientifico risolverà tutti i problemi ecologici. Tuttavia gli ambientalisti di stampo

---

8. L. LARCHER, *Il volto oscuro della Ecologia. Che cosa nasconde la più grande ideologia del XXI secolo?*, Lindau, Torino 2009.

libertario propongono una soluzione *coasiano* al problema.[9] Cioè, credono che il problema con l'ambiente è che non è stato ancora suddiviso in proprietà private. Presumibilmente, se avessimo venduto tutta l'aria, l'acqua, e la terra alle imprese private, allora i diritti di inquinare potevano essere comprati e venduti, perfettamente equilibrando gli interessi industriali ed ambientali. Un'altra variante di ecologia politica è il *conservazionismo*, proposto dal Sierra Club e dai gruppi ambientalisti prima degli anno 60. Questi sono stati in gran parte composta da cacciatori e «outdoorsmen» che erano preoccupati per la conservazione della fauna selvatica e per la vita all'aria aperta. I conservazionisti hanno stabilito i parchi nazionali, e ancora si muovano per preservare le risorse vitali. Le teorie conservazioniste si battono per la protezione degli animali e la conservazione delle specie, tuttavia subordinano i diritti degli animali a quelli dell'uomo. L'animalismo, crede invece che tutti gli esseri viventi debbano avere uguali diritti e che gli interessi degli animali non possono essere sacrificati a vantaggio di quelli dell'uomo.

Il *bioregionalismo* è un approccio etico, politico, ideologico, legato al territorio in cui si vive, considerato come un insieme omogeneo dal punto di vista morfologico e da quello degli esseri viventi. Rappresenta in un certo senso «l'intersezione» tra diverse anime culturali del movimento ambientalista: quelle tradizionaliste, (in senso eminentemente folclorico-ambientalista) e quelle localiste. Si tratta di una visione del mondo elaborata sul finire degli anni sessanta del ventesimo secolo. Il termine biore-

---

9. Alcune delle principali tesi liberali in materia di ambiente traggono origine proprio da un saggio ormai classico dell'economista Ronald Coase nel quale è sottolineata l'esigenza di abbandonare la logica tradizionale, vincolistica e regolamentatrice, che tende a risolvere i conflitti tra un'industria che emette fumo e i proprietari delle aree vicine limitandosi a impedire, permettere o a tassare le attività comportanti un danno per i vicini. Si veda R. COASE, «The Problem of Social Cost» in *The Journal of Law and Economics*, ottobre 1960; traduzione italiana: «Il problema del costo sociale», in E. COLOMBATTO (a cura di), *Tutti proprietari*, Torino, Centro di studi e documentazione L. Einaudi, 1980, pp. 1–59.

gione viene dalla parola greca *bios* (vita) e da quella latina *regere* (reggere o governare). Si tratta quindi di considerare un territorio geografico omogeneo in cui dovrebbero essere predominanti le regole dettate dalla natura e non le leggi che l'uomo avrebbe definito artificialmente.[10]

Per l'*ambientalismo*, si intende la politica e i movimenti sociali che operano per la difesa ed il miglioramento dell'ambiente e lo sviluppo sostenibile. I temi principali toccati dall'ambientalismo sono: la conservazione della natura e degli equilibri ambientali, l'inquinamento, la protezione della fauna selvatica, gli ecosistemi e le aree protette, la politica di gestione dei rifiuti, la produzione agricola biologica, la gestione delle risorse energetiche (con particolare interesse alle fonti alternative di energia e alle rinnovabili), lo sviluppo sostenibile, i mutamenti climatici e il rapporto fra l'ecologia e la pace. Vanno certamente inscritte a questa corrente le associazioni come WWF, Greenpeace e Legambiente. L'ambientalismo spesso ha un sapore ideologica. Il colore più usato dai movimenti ambientalisti è il verde, che fu utilizzato dai «Grünen» (il partito dei verdi tedesco nato negli anni ottanta).In Italia il partito dei Verdi fece la sua comparsa nel 1985 andando poi a costituire la Federazione dei Verdi.

L'*animalismo* si prefigge soprattutto l'obbiettivo della tutela degli animali. Gli animalisti identificano uno dei maggiori problemi della società attuale nel rapporto che la specie Homo Sapiens Sapiens tiene con le altre specie; loro maggiore motivo di impegno è la protezione dei diritti degli animali. A fronte dell'animalismo rappresentato dalla galassia di associazioni e ONG del settore. Spesso l'animalismo scivola nelle forme più estreme, e si batte per la tutela degli animali con azioni spesso non legali.

L'*ambientalismo profondo* rappresenta una galassia intera di opinioni, tendenze e politiche, con interpretazioni più radicali

---

10. Cfr. K. SALE, *Dwellers in the Land: The Bioregional Vision*, University of Georgia Press, 2000; E. GUERRIERI CIACERI, *Bioregionalismo. La visione locale di un mondo globale*, Argo Edizioni, 2006.

delle idee ambientaliste. Possiamo trovare all'interno di questa corrente posizioni come quelle dell'*Ecologia profonda*, basata su uno smarcamento dall'enfasi antropocentriche ed attenta al valore intrinseco di tutte le specie viventi, dei sistemi e dei processi naturali. Posizioni ancora più estreme sono poi quelle del *Movimento per l'estinzione umana volontaria*, la cui azione mira a sensibilizzare l'opinione pubblica circa la necessità di una estinzione volontaria del genere umano.

Non tutti conoscono e, di conseguenza, danno la dovuta importanza, alla questione dell'*ecofascismo*. Un termine entrato di recente nell'uso comune, che rende difficile in partenza una riflessione poiché si scontra sia con il valore simbolico dei termini stessi da cui è composto (fascismo ed ecologia), sia con la terminologia ufficiale derivata dalla storia del pensiero politico che, per definizione, tende a «mascherare» alcuni degli elementi portanti tanto dell'ecologia quanto del fascismo. Ragione per cui, risulta necessario disporre di una base conoscitiva dei singoli elementi, e soprattutto della loro origine.

Il padre riconosciuto dell'ecologia intesa come scienza, Ernst Heinrich Haeckel (1834–1919) ha identificato quei caratteri organistici e biologici dello sviluppo del mondo, che danno la priorità assoluta all'essere vivente, scoprendo quegli elementi comuni alla visione «biocentrica» e in opposizione all'antropocentrismo. Il postulato fondamentale, cioè l'unità della materia inerte e della materia vivente, attualmente è conosciuto come «olismo».

Sulla base di questo, Haeckel afferma l'esistenza di un «darwinismo sociale» che tende alla naturalità, un ordine basato sulle immutabili leggi della natura. Conseguentemente è ammissibile, paradossalmente, pensare ad una tacita accettazione dell'eugenetica e della pena di morte come manifestazione tipicamente umana di questa sorta di «selezione naturale». Non a caso, la pubblicazione dell'opera di Haeckel *Il Monismo* (1897), in cui tali nozioni sono esposte, riporta l'introduzione di Georges Vacher de Lapouge (1854-1936), noto per le teorie sull'arianesimo razzista.

La Lega Monista fondata da Haeckel ha poi originato una vasta teoria. I suoi membri, come Willibald Hentschel e Wilhelm Ostwald (premio Nobel per la chimica nel 1909), hanno influenzato ecologi loro contemporanei, i quali hanno trasmesso tale influenza alle generazioni successive. Fra questi Alfred James Lotka (1880-1949), Raymond Pearl (1879-1940), Vladimir Vernadsky (1863-1945, che teorizzò sul termine di biosfera e propose quello di «noosfera»), o George Hutchinson, modello di altri famosi ecologi come Lindeman, Slobodkin e Carson. Una vera e propria catena ideologica di maestri e discepoli, che si protrae fino ai giorni nostri.

In ambito geografico e geopolitico, l'ecologia di Haeckel ha poi trovato un'estensione nella biogeografia di Friedrich Ratzel (1844-1904), teorico del Lebensraum («spazio vitale»), poi ripreso dai teorici nazisti. Non si può negare che nel campo dell'ecologia le discussioni sulla terminologia siano state decisamente animate, così come certe conclusioni ideologiche. Uno dei principali sostenitori della teoria sistemista, che ha definito il concetto di ecosistema, Arthur Tansley (1871-1955), è stato particolarmente attento a evitare la confusione tra sistemismo e olismo, nel quale ravvisò una forma di sociobiologia integralista, social-darwiniana e, portata all'estremo, totalitaria.

Un altro importante fattore della storia politica e ideologica è l'incontro, nella prima metà del XX secolo, tra una parte dell'ecologismo e il fascismo, specialmente in Germania con il nazionalsocialismo. Non si deve dimenticare che il nazionalismo ha tratto buona parte dei propri concetti base dal naturalismo integralista. In Germania, l'ultranazionalismo e le sue derivazioni antisemite si sono unite ad una mistica della natura imbevuta di paganesimo. Gli esempi non mancano: Ernst Moritz Arndt (1769-1860), fervente nazionalista, era anche un accanito difensore delle risorse forestali; Wilhelm Heinrich Riehl celebrava i diritti della natura selvaggia;[11] lo scrittore Ludwig Klages (1872-1956), che nel 1933 ha denunciato a gran voce l'estinzione di alcune specie, la deforestazione, lo sterminio delle popolazioni indigene, l'utilitarismo economico e il cristianesimo, era anche e soprattutto un ultraconservatore e un estremista antisemita.[12]

Negli anni 20-30 Klages ha ispirato il movimento giovanile dei *Wandervögel*, non a caso definito «la culla degli hippies di destra», che aderì in gran parte al nazismo su una base mistica di regresso alla natura e al paganesimo, come per i teorici naturalisti Hans Surén e Fedor Fuchs. Da non dimenticare O. Spengler e M. Heidegger, o lo stesso Ernst Haeckel, tra i fondatori della società segreta di Thule, la quale portava i semi del nascituro partito nazista, i cui più importanti responsabili (Hitler, Himmler, Hess, Rosenberg, Darrè, o il direttore dell'Agenzia del Reich per la Difesa della Natura, Walther Schoenichen) coltivavano un culto integralista per la natura, che a posteriori può essere considerato ecofascismo. Professavano la mistica della natura, la difesa della terra, la denuncia dei principi dell'illuminismo e del materialismo. In poche parole, ciò che lo storico Peter Staudenmaier definisce «l'ala verde del partito nazista».

Nessun aspetto del progetto nazista può essere adeguatamente compreso senza esaminare la sua implicazione nella Shoah. Anche qui, gli argomenti ecologici hanno svolto un ruolo cruciale e malevolo. Non solo era l'ala verde a ristrutturare l'antisemitismo dell'ecologia reazionario, ma ha catalizzato uno sfogo del tutto nuovo di luride fantasie razziste dell'inviolabilità organica e di vendetta politica. La confluenza di nozioni antiumanisti con una feticizzazione di purezza naturale ha fornito non solo una logica, ma un incentivo per i crimini più atroci del Terzo Reich.

---

11. Cf. W. H. RIEHL, *Feld und Wald*, Stuttgart 1857.
12. Cf. L. KLAGES, «Mensch und Erde» in *Sämtliche Werke*, Band 3, Bonn 1974.

Ecologia o ideologia? 61

L'*ecosocialismo* (o *ecomarxismo,* socialismo verde, ecologia socialista) è una corrente ideologica che applica ai problemi di carattere ambientalista gli strumenti dell'analisi marxiana e socialista. In genere i movimenti ecomarxisti intendono il capitalismo come causa della degradazione ambientale, dell'eccessivo sfruttamento della natura e quindi dell'impoverimento dei territori. Al pari del capitalismo, figurano come cause l'imperialismo e la globalizzazione, e viene proposta una lotta con metodi talvolta violenti. Gli ecosocialisti sono spesso descritti come rosso-verdi, aderenti all'ecologismo con una visione anticapitalista, contrapposti agli ecocapitalisti, detti blu-verdi.

Il pensiero ecosocialista è spesso considerato fondamentalista o verde-fondamentalista, un termine di solito associato con l'ecologia profonda, questa corrente di pensiero politico filosofico è molto critico sulle azioni di molti partiti socialisti che basano o hanno basato il proprio pensiero sul maoismo o lo stalinismo che hanno cercato di creare una società marxista senza tener conto dello stretto rapporto che esiste tra le forze produttive che possono diventare potenzialmente delle forze distruttive nei confronti dell'ambiente e ricadendo nell'errore della società di massa.

L'ecosocialismo si propone un'economia sottomessa all'ambiente dove attraverso il concetto socialista vi sia una universale soddisfazione dei bisogni, un'uguaglianza sociale in armonia con la protezioni e rispetto della natura e dell'equilibrio ecologico. Dove la proprietà comune dei mezzi di produzione costituito da «produttori liberamente associati» che prevede l'annullamento di tutte le forme di dominio, in particolare la disuguaglianza economica ed il razzismo.

Questo spesso include il ripristino dei terreni comuni in opposizione alla proprietà privata, in cui il controllo locale delle risorse valorizza il concetto marxista di valore d'uso superiore al valore di scambio. In pratica, eco-socialisti si sono sviluppate diverse teorie della possibilità di mobilitare azione su base internazionalista, lo sviluppo di reti di individui e gruppi di base che può trasformare radicalmente la società attraverso la non-violenta «progetti prefigurative» per un post-capitalista, il mondo post-statuale.

L'ecosocialismo può quindi essere definita una corrente ecologica che si fa suoi i principali argomenti del marxismo rifiutando allo stesso tempo i concetti di produttività e che cerca di vincolare il valore di scambio al valore d'uso, ricostruendo la struttura di produzione in funzione delle necessità della società e dei bisogni di protezione dell'ecosistema. Il socialismo ecologico quindi vede come proprio scopo la costituzione di una società coscientemente ecologica, democratica, basata sull'uguaglianza sociale e sul valore d'uso.

Una teologia molto diffusa è quella femminista, sviluppata soprattutto negli Stati Uniti da persone come Elizabeth Schüssler Fiorenza, Rosemary Radford Ruether e Mary Daly. Inizialmente appiattita sui canoni della Teologia della liberazione, questa teologia ha cominciato a esplorare fattori di «oppressione» molto più sottili, come quelli psicologici e di genere, salvo poi trovare la sua «prassi rivoluzionaria» nel movimento femminista, col quale è entrata in simbiosi. Più recentemente, questa teologia si è aperta anche a riflessioni di tipo ecologista; la Terra viene, infatti, considerata femminile? L'*ecofemminismo*—spiega Rosemary Radford Ruether—mette insieme le due indagini sull'ecologia e sul femminismo nelle loro forme complete o profonde e indaga sul collegamento tra dominio maschile delle donne e dominio della natura sia nell'ideologia culturale che nelle strutture sociali.[13]

Ruether ha negato gli insegnamenti tradizionali della Chiesa Cattolica, riguardanti la sacralità della vita umana e della famiglia. Lei ha sostenuto attivamente la mentalità contraccettiva e abortista.[14] Ruether ha anche abbracciato il culto pagano, con

---

13. Si veda R. R. RUETHER, *Gaia e Dio. Una teologia ecofemminista per la guarigione della terra*, Brescia, Queriniana, 1995, pp. 8s.

14. R. R. RUETHER, «Women, Sexuality, Ecology, and the Church» in *Conscience* (Spring/Summer 1993), pp. 6, 10.

devozione a qualche divinità femminili come Iside, Atena, e Artemis.[15]

L'ecofemminismo quindi costruisce sul nesso che è stato stabilito a livello sia simbolico che sociale tra donne e natura. Come non c'è un unico tipo di femminismo (ma almeno tre: liberale, socialista, (costruzionista) romantico (naturalista)) né un unico tipo di ecologia, non c'è un unico tipo di ecofemminismo. La questione di fondo è: il nesso tra donne e natura è un nesso essenziale che appartiene alle donne in quanto tali o è una costruzione sociale (frutto di certi rapporti di potere)? Per esempio, mentre alcune teologhe ecofemministe cercano di costruire su una supposta vicinanza del mondo femminile alla natura cui le donne sarebbero legate attraverso il corpo e i suoi ritmi, altre considerano tale vicinanza il frutto di specifici interessi sociali.

Anche certe sette s'interessano nell'ecologia come per esempio il cosiddetto New Age e Next Age, che è un vecchio nemico in panni nuovi. Alcune religioni non-cristiane, come il buddismo, trattano un discorso ecologico ma molte volte con visioni panteiste. Il New Age concepisce un'unità fra tutti i popoli, non fondata su Dio, quanto sui valori meramente umani e al peggio su idee cattive. Non è un caso, quindi, che per molti ideologi la prima legge dell'ecologia è che «tutto è collegato a tutto il resto».[16]

L'ecofemminismo è spesso legato alla New Age, venerando Gaia, la Dea della Terra nei riti neo-pagani. Non sorprende quindi che fra i leader del cosiddetto «popolo di Seattle»,[17] si

---

15. R. R. RUETHER, «The Hideous Error of Women Priests» in *Crying in the Wilderness Newsletter* (Autumn 1992), p.4.

16. Si veda B. COMMONER, *The Closing Circle: Nature, Man and Technology* Alfred A. Knopf, New York 1971, p.29.

17. Il popolo di Seattle è una coalizione di attivisti sia di destra che di sinistra, comprendente sindacalisti di base, anarchici, ambientalisti, attivisti dei diritti civili, gruppi ecumenici, socialisti, comunisti, radicali e, appunto, streghe, che hanno contestato le riunioni di organismi internazionali come l'*Organizzazione Mondiale del Commercio*, il *Fondo Monetario Internazionale* e la *Banca Mondiale*, per protestare contro la globalizza-

trovi un personaggio come Starhawk, strega per autodefinizione, una delle iniziatrici del neopaganesimo moderno. Accanto infatti alla lotta alla globalizzazione e al potere delle multinazionali (che sfocia di fatto nel sostegno ai governi perché mettano l'economia sotto il controllo di leggi e divieti, magari coordinati da un governo mondiale) gli attivisti della protesta itinerante lottano per la «giustizia ambientale». «Non posso starmene con le mani in mano mentre vengono distrutte le nostre terre, inquinate le nostre acque e impoveriti i popoli della terra senza fare qualcosa» ha dichiarato infatti Starhawk.[18] Per Starhawk «Fare qualcosa» significa radunare le streghe neopagane e tenere insegnamenti sulla non-violenza e «l'attivismo magico». Alle manifestazioni di protesta, Starhawk e le sue consorelle del movimento «Reclaiming», nome che indica la volontà di riappropriarsi dell'ambiente, fanno precedere, coerentemente, dei «riti» di stregoneria. Questa divinizzazione della natura, nota anche come «ideologia Gaia», in omaggio alla mitologia greca, è il frutto del passaggio da una giusta tutela dell'ambiente a forme di protezione che ricordano la riverenza per le vacche sacre degli indù. Essa segna l'infiltrazione in grande stile delle idee New Age nel movimento ecologico, a partire dalla prima «Giornata della Terra», nel 1970, quando il pianeta fu riconosciuto cerimoniosamente come essere vivente, degno di adorazione.

L'incompatibilità di questa venerazione con gli insegnamenti cristiani salta agli occhi ed è sottolineata dagli stessi devoti di Gaia. Così la Chiesa, di solito accusata di essere retriva e chiusa al progresso moderno, in questo caso viene accusata di favorire lo sviluppo della tecnologia. Molte pubblicazioni esoteriche vedono gli insegnamenti biblici come la causa di grossi problemi ecologici. In un numero della rivista *Time* relativa ai problemi

---

zione che a loro avviso mette il mondo a servizio delle multinazionali. Le manifestazioni di protesta hanno avuto inizio a Seattle e si sono ripetute finora a Washington DC, Bologna e Praga.

18. Cfr. *The Washington Times*, 10 aprile 2000.

Ecologia o ideologia?

ambientali, la Bibbia, e in particolare il libro della Genesi, dove all'uomo viene dato il dominio sulla terra e sui suoi abitanti, viene citata come uno dei motivi per il maltrattamento della natura da parte dell'uomo. Secondo gli zeloti ambientalisti, la diffusione dei cristianesimo ha portato ad uno sviluppo negativo della tecnologia che danneggerebbe la terra.[19] Coerentemente con questa assegnazione di colpa, il culto della Madre Terra e l'ideologia ambientalista si accompagnano anche alla svalutazione dell'essere umano, messo sullo stesso piano delle altre «specie» e accusato anzi di eccessiva e nociva prolificità.[20] Colpisce infatti che neanche una delle tante organizzazioni ambientaliste che ci sono nel mondo associ alla difesa della natura anche la difesa della vita umana pronunciandosi contro l'aborto. Le campagne del movimento ambientalista sono orientate nella maggior parte dei casi contro l'uomo e le sue attività e diffondono di fatto una cultura di matrice maltusiana.[21] L'eco-teologia Gaia sottende la filosofia della maggior parte delle organizzazioni non-governative riconosciute dall'Onu e impegnate a ridurre o mantenere la popolazione del pianeta. Essa ispira trattati e enunciazioni di principio come il «Trattato sulla Biodiversità»[22] e la *Carta dei Diritti della Terra* dell'ONU.

Persino alcuni cattolici sono scivolati in ideologia, promuovendo una fasulla spiritualità della creazione, o una «nuova cosmologia». In generale, queste correnti cercano di integrare

---

19. T. FLYNN, *Hope of the Wicked*, Max Kol Communications, VA 2000, p.330.
20. Mentre infatti gli studenti di Bedford venivano indottrinati a considerare la soppressione di piante e animali come un affronto alla «Madre Terra», essi venivano anche indotti, tramite parole e riti, a considerare la proliferazione degli esseri umani alla stregua di una pestilenza da curare e arginare. In questa ottica, durante le celebrazioni per la «Giornata della Terra», un dirigente scolastico dichiarava loro che «ci sono troppe persone sulla terra e noi dobbiamo fare qualcosa».
21. Si veda A. GASPARI, *Profeti di Sventura? No, Grazie!*, Edizioni 21.mo Secolo, Milano 1998.
22. FLYNN, *Hope of the Wicked*, p.328.

gli elementi di religioni pagane e le tradizioni di culture indigene con una visione pseudo-scientifica dell'Universo. Nel fine di promuovere una nozione più geocentrica della vita, alcune espressioni della spiritualità della creazione hanno ignorato la necessità della redenzione dell'uomo e della donna per mezzo di Gesù Cristo, ed hanno offuscato la comprensione del rapporto tra Dio, l'umanità, e del mondo.

Il gesuita francese Pierre Teilhard de Chardin (1881–1955) fu uno dei teologi più influenti nella ideologia ecologica. Tuttavia, i suoi scritti sono stati censurati dalla Santa Sede. Il teologo Henri de Lubac ha proposto alcune critiche al metodo usato dal Teilhard de Chardin, per esempio che le analisi concettuali contenute nei suoi saggi sono talvolta difettose, perché quando tratta le grandi questioni che preoccupano ogni uomo, le categorie, le nozioni e i termini da lui usati portano la caratteristica dell'ambiente scientifico che gli era familiare. L'atmosfera che egli respirava era quella delle scienze naturali.[23] Questo difetto metodologico è fondamentale, perché Teilhard de Chardin fa troppo spesso un'indebita trasposizione sul piano metafisico e teologico dei termini e dei concetti della teoria evoluzionistica; trasposizione che è una delle cause delle ambiguità concettuali e degli errori che si trovano nelle sue opere. Ha tentato di creare una fusione fra il cristianesimo e la teoria dell'evoluzione, ma ha insegnato non tanto il cattolicesimo come il panteismo stile New Age.

Il suo errore parte da una confusione tra materia e spirito, per cui sono dotati anche entità materiali con proprietà spirituale: «Siamo logicamente costretti ad assumere l'esistenza in forma rudimentale di una sorta di psiche in ogni corpuscolo, anche in quelli la cui complessità è di un ordine così basso o modesto da renderlo impercettibile.»[24] Questo errore di panpsichismo è

---

23. Cf. H. DE LUBAC, *La pensée religieuse du Père Teilhard de Chardin*, Aubier, Paris 1962, p. 122.

24. P. TEILHARD DE CHARDIN, *The Phenomenon of Man*, Harper & Row, New York 1961, p. 301. Su questo concetto, il Teilhard insiste anche nel

Ecologia o ideologia?

seguito da una confusione tra Dio e la sua creazione, che porta al panteismo. Teilhard ha descritto la sua visione della realtà come una «forma superiore di panteismo» o come «panteismo assolutamente legittimo».[25] Egli ha ammesso di essere «essenzialmente panteista», e aver dedicato la sua vita alla promozione di una vera e propria «panteismo di unione».[26] Teilhard va anche oltre quando egli nega l'immutabilità di Dio: «come diretta conseguenza del processo unitivo con cui Dio si rivela a noi, in qualche modo si trasforma come egli ci incorpora... Vedo nel mondo un prodotto misterioso di completamento e realizzazione per l'Essere Assoluto stesso.»[27] Il concetto di creazione non è più applicato in senso biblico, e Teilhard ha esplicitamente dichiarato: «Mi trovo del tutto indifferente al Creazionismo della Bibbia... Trovo l'idea biblica della creazione, piuttosto antropomorfa.»[28] Teilhard sottolinea invece la complementarità reciproca del Creatore e la Sua creazione: «Non è il senso della Contingenza del creato, ma il senso del mutuo compimento del Mondo e di Dio che fa vivere il Cristianesimo.»[29] La libertà di Dio nel creare non è abbastanza chiara; il cosmo sembra essere necessario più che contingente. Inoltre, la libertà dell'uomo non è neanche chiara.

---

libro *L'Energie Humaine*, Seuil, Paris 1962, p. 74: «Il n'y a pas, concrètement, de la Matière et de l'Esprit, mais il existe seulement de la Matière devenant Esprit. Il n'y a au Monde, ni Esprit, ni Matière: l'"Etoffe de l'Univers" est l'Esprit-Matiere. Aucune autre substance que celle-ci ne saurait donner la molécule humaine.»

25. *Ibid.*, pp. 294, 310.
26. P. TEILHARD DE CHARDIN, Lettera citata in PHILIPPE DE LA TRINITÉ, *Rome et Teilhard de Chardin*, Fayard, Paris 1964, p. 168.
27. IDEM, *The Heart of Matter*, Collins, London 1978, pp. 52–54.
28. IDEM, Lettera citata in PHILIPPE DE LA TRINITÉ, *Rome et Teilhard de Chardin*, p. 168.
29. IDEM, «Contingence de l'univers et goût humain de survivre» (1953) articolo non pubblicato, p. 4.

Teilhard ha proposto una nuova cristologia cosmica, in cui Cristo rimane quasi solo immanente e non trascende il processo evolutivo; inoltre, Teilhard non prende abbastanza in considerazione il peccato originale e la Croce. In questa cosmovisione, la cooperazione dell'uomo è mancante, cioè, l'uomo non è visto come portatore della redenzione a tutto il creato. L'Incarnazione e la Redenzione sono quindi ridotte all'ordine naturale, e si rendono necessarie, piuttosto che gratuite: «Dio non può apparire come il Primo Motore verso il futuro senza diventare incarnato e senza essere Redentore, cioè senza Cristificando se stesso per noi.»[30] L'incarnazione sembra essere un frutto del processo evolutivo: «Cristo è il prodotto finale dell'evoluzione, anche l'evoluzione naturale di tutti gli esseri, e quindi l'evoluzione è una cosa santa.»[31]

Teilhard concepisce il male come un fallimento e non come una condizione, il che rende difficile un discorso sul peccato originale.[32] Questo problema porta ad un'idea insufficiente sul valore della Croce e la redenzione operata da Cristo. In breve, secondo Teilhard, il concetto di una Croce di espiazione viene sostituito dal concetto di una Croce di evoluzione con il Cristo concepito come l'apice dell'evoluzione spirituale dell'uomo.[33] Il mondo angelico sembra non avere luogo nel sistema di Teilhard. La sua escatologia è vaga a dir poco, e sa di un'ideologia evolutiva e hegeliana. Il termine della sua creazione continua in Cristo è il Pleroma, lo stato finale del mondo, la consumazione di tutte le cose in Cristo. La reazione continua di Dio è diretta a «il riempimento quantitativo e la consumazione qualitativa di tutte le cose... il Pleroma misterioso in cui l'Uno sostanziale e i molti creati sono fusi senza confusione in un tutto che, senza aggiun-

---

30. Cf. C. Cuénot, *Teilhard de Chardin*, Burns Oates, London 1965, p. 293.
31. P. Teilhard de Chardin, *Hymn of the Universe*, Collins, London 1965, p. 133.
32. Idem, *Letters from a Traveller*, Harper, New York 1962, p. 269.
33. Cf. Idem, *Christianity and Evolution*, Harper, New York 1971, pp. 216s.

Ecologia o ideologia?

gere nulla essenziale a Dio, sarà comunque una sorta di trionfo e generalizzazione dell'Essere.»[34] Come risultato di questi errori e ambiguità, la Chiesa ha a più riprese attirato l'attenzione ai problemi e consigliato vigilanza da parte dei fedeli.[35]

Thomas Berry, discepolo e prosecutore del pensiero di Teilhard de Chardin, storico delle culture, bioregionalista, ha dedicato gran parte della sua attività nel propugnare un cambiamento della società occidentale in chiave ecocentrica, in grado di riconoscere la storia della Terra come un unico testo sacro di una visione ecospirituale del mondo, in base alla quale ciascuno si impegna a vivere con consapevolezza nel proprio territorio, nella propria bioregione. Egli ha anche tratteggiato i lineamenti di una futura era *Ecozoica*, rispetto ai quali proponiamo alcune interessanti articolazioni.

Secondo Berry, se i principali sviluppi del Cenozoico avvennero, per forza di cose, interamente al di fuori di ogni intervento umano, nell'Ecozoico noi umani avremo invece un'influenza determinante pressoché in quasi tutti i processi evolutivi: anche se non sappiamo come produrre un filo d'erba, questo non potrà crescere se non è accettato, protetto e sostenuto da noi. Pertanto nell'Ecozoico si imporrà un nuovo ruolo sia per la scienza che per la tecnologia. Le prime dovrebbero provvedere a una com-

---

34. IDEM, *The Divine Milieu*, Harper, New York 1960, p. 122.
35. Cf. *L'Osservatore Romano* (1 luglio 1962, n.148), che riferisce al Monitum (30 giugno 1962 in *AAS* 54 (1962), p. 166) concernente gli errori P. Teilhard de Chardin: «Certe opere del P. Pietro Teilhard de Chardin, comprese anche alcune postume, vengono pubblicate ed incontrano un favore tutt'altro che piccolo. Indipendentemente dal dovuto giudizio in quanto attiene alle scienze positive, in materia di Filosofia e Teologia si vede chiaramente che le opere menzionate racchiudono tali ambiguità ed anche errori tanto gravi, che offendono la dottrina cattolica. Di conseguenza, gli Eccellentissimi e Reverendissimi Padri della Suprema Congregazione del Santo Ufficio esortano tutti gli Ordinari e i superiori di Istituti Religiosi, i Rettori di Seminari e i Direttori delle Università, a difendere gli spiriti, particolarmente dei giovani, dai pericoli delle opere di P. Teilhard de Chardin e dei suoi discepoli.»

prensione integrale della Terra e delle modalità in cui le attività umane e terrestri possono vicendevolmente potenziarsi. Dal canto loro le scienze biologiche svilupperanno un «sentimento per tutto ciò che vive», un rispetto più profondo della soggettività presente nei vari esseri viventi della Terra. E, per finire, le tecnologie umane si armonizzeranno finalmente con quelle del mondo naturale. Ma questa era ecozoica potrà diventare una realtà solo mediante il riconoscimento della dimensione femminile della Terra e mediante l'assunzione di una responsabilità comune—sia maschile che femminile—per stabilire una comunità terrestre integrata.[36]

Sempre lungo la medesima linea si collocano le riflessioni di Leonardo Boff, teologo brasiliano, già esponente di punta della teologia della liberazione. Egli definisce la fase attuale nei termini di era tecnozoica. Oggi, qui, domina la tecnoscienza, al servizio della megamacchina produttiva, con la quale si sfruttano in forma sistematica e sempre più accelerata tutte le risorse, per lo più a beneficio di una minoranza della popolazione mondiale, lasciando ai margini il resto dell'umanità. A tale scopo, tutta la Terra viene occupata, dominata e sfruttata, saturandola di elementi tossici al punto che essa rischia di perdere ogni capacità di metabolizzarli.[37]

Anche secondo Boff l'alternativa sta nel passaggio all'era ecozoica. Da oltre tredici miliardi di anni l'universo esiste e si espande, spinto da una insondabile energia di fondo; è un processo unitario, articolato e complesso che ha prodotto le galassie, il nostro Sole, i pianeti, compresa la Terra; ha dato inoltre origine alle prime cellule viventi, agli organismi multicellulari, al proliferare della fauna e della flora, fino all'autocoscienza umana che consente di percepirci come parte di un tutto. Ma il futuro di questo vasto processo si giocherà proprio nel passaggio da un'era

---

36. Cf. T. Berry, *The Great Work: Our Way into the Future*, Random House, New York 1999.

37. Cf. L. Boff, *Grido della Terra, grido dei poveri—Per una ecologia cosmica*, Cittadella, Assisi 1996.

Ecologia o ideologia?

tecnozoica, con i tremendi rischi che contiene, a quella ecozoica, la quale ambisce a mantenere i ritmi della Terra, producendo e consumando dentro i limiti necessari, ponendo la persistenza e il benessere dell'uomo unitamente a quelli di tutta la comunità terrestre come interesse precipuo.

L'ex-sacerdote domenicano Matthew Fox ebbe l'obiettivo di propagandare una sua visione eterodossa della spiritualità cristiana, denominata *Creation Spirituality* (Spiritualità della Creazione).[38] La *Creation Spirituality* è una teologia panenteista, che crede cioè all'esistenza e alla compenetrazione di Dio in ogni parte della natura e dell'universo (e in ciò si distingue dal panteismo che crede che Dio sia sinonimo dell'universo materiale). Molta ispirazione viene dalla tradizione mistica occidentale, basata sulle filosofie di Ildegarda von Bingen (1098–1179), Meister Eckhart (1260–c.1327) e Nicola di Cusa (1401–1464), così come dal dialogo con gli scienziati contemporanei, considerati da Fox i moderni mistici. Dai mistici medioevali, Fox trae il concetto di Dio Padre e Madre.

Il punto di partenza della teologia della *Creation Spirituality* si basa sul concetto di universo come benedizione originaria, contrapposta al peccato originale (concetto considerato troppo neoplatonico).[39] Per Fox, il peccato non è tanto la disobbedienza alle leggi di Dio, bensì è lo scollegamento dalla creazione divina. Mentre la Chiesa Cattolica contrappone ai sette peccati capitali (superbia, avarizia, lussuria, invidia, gola, ira ed accidia) le sette virtù (umiltà, carità, castità, gentilezza, temperanza, pazienza e diligenza), Fox le accosta ai sette principi della *Creation Spirituality*: cosmologia, femminismo, liberazione, compassione, profezia, creatività e comunità.

Il triplice percorso cattolico canonico di purificazione, illuminazione e unione viene da Fox sostituito con le quattro vie

---

38. Nel 1994, Fox venne accolto nella Chiesa Episcopale (parte della comunione Anglicana) da parte del vescovo californiano William Swing.

39. Cf. M. Fox, *Original Blessing: A Primer in Creation Spirituality*, Bear & Company, Santa Fe, NM 1983.

con cui l'uomo deve ritrovare il proprio io: La via positiva (gioia, soggezione, meraviglia), la via negativa (lasciarsi andare, silenzio, buio), la via creativa (creatività), e la via trasformativa (giustizia, compassione, interdipendenza). Nella prassi di Fox trovano spazio forme eclettiche ed eterodosse di venerazione e liturgie che fondano riti cristiani ed i rituali dei nativi d'America, come i sudari e le danze pagane in circolo, oltre a momenti della tradizione Wicca, a forme meditative o artistiche, oltre ad un'insolito rito «tecno-cosmica».[40]

2.3 La nozione di ambiente

La definizione del termine ambiente ci introduce nella discussione dell'ecologia e dei suoi vari temi. Si può parlare dell'ambiente naturale il quale comprende:

a) L'ambiente fisico: risorse minerali, energia, acqua, aria e così via.

b) L'ambiente vegetale, con la sua insostituibile attività fotosintetica: vegetazione terrestre, alghe marine e d'acqua dolce (laghi e fiumi).

c) L'ambiente animale il quale, insieme con quello vegetale, fornisce le risorse naturali rinnovabili (alimenti) ed espleta anch'esso alcune attività ecologicamente rilevanti e addirittura insostituibili (per esempio l'impollinazione dei fiori fatta dagli insetti).[41]

---

40. *Ibid.*, p. 16: «Native American spirituality is a creation–centered tradition, as are the other prepatriarchal religions of the world such as African religions, Celtic religion, and the matrifocal and Wikke traditions that scholars and practitioners like Starhawk are recovering. The contemporary mystical movement known as 'New Age' can also dialogue and create with the creation spiritual tradition.»
41. Cfr. P. C. BELTRÃO, *Ecologia umana e valori etico-religiosi*, Editrice Pontificia Università Gregoriana, Roma 1985, p. 33.

Contenuta in quest'idea dell'ambiente si trova la nozione di una catena biologica, in equilibrio dinamico, dei processi utili per l'essere umano e per la sua vita.

2.3.1 Alcune definizioni dell'ambiente

a) Per A. Auer, l'ambiente è il complesso delle nostre condizioni vitali; quindi non solo la «rozza natura», ma anche lo «spazio vitale plasmato dall'uomo». Questa stessa nozione dello spazio deve tener conto di un'interdipendenza dinamica fra l'uomo e gli altri esseri viventi.[42]

b) S. Langé continua a sviluppare questa distinzione fra l'ambiente naturale e l'ambiente artificiale. Per lui, «la nozione «ambiente» oggi non può essere concepita come dato naturale o primordiale, ma come esito di un processo storico».[43] Di seguito Langé va più in fondo sulla considerazione dell'ambiente in relazione alla posizione che ogni uomo ha rispetto agli altri e soprattutto a Dio in un discorso di relazionalità.

c) P. Henrici propone che l'ambiente «naturale» dell'essere umano non è la natura, bensì la cultura, e pertanto un puro e semplice «ritorno alla natura» è inconcepibile. Il vero problema ecologico umano consiste [...] nell'inserimento dell'ambiente culturale (artificiale) nella natura, con tutte le interazioni di queste due «ambienti». La fede cristiana [...] gioca un ruolo importante riguardo all'inserimento ideale della cultura nella natura.[44]

d) Il Cardinal C. M. Martini e la Conferenza Episcopale Lombarda respingono una concezione materialista della nozione

---

42. Si veda: A. Auer, *Etica dell'ambiente*, Queriniana, Brescia 1988, p.14.
43. S. Langé, «Ecologia e tutela dell'ambiente costruito» in *Questione ecologica e coscienza cristiana*, Morcelliana, Brescia 1988, p. 57.
44. P. Henrici, «Essere umano e natura nell'era della tecnologia» in P. C. Beltrão, *Ecologia umana e valori etico-religiosi*, p.76.

dell'ambiente: «Il rapporto uomo-ambiente [...] presenta aspetti complessi [...] di fronte ai quali la coscienza cristiana è chiamata a provocare anzitutto un chiarimento di principio. Ridotta ai suoi termini più essenziali essa è la questione dell'alterazione, a opera dell'uomo, di quegli equilibri dinamici che garantiscono la sopravvivenza della biosfera e, dunque, anche delle risorse indispensabili alla vita... Tuttavia, al di là di questa determinazione minima, si può parlare, e di fatto si parla, di crisi dell'ambiente, non soltanto sotto il profilo delle sue disponibilità materiali, ma anche sotto il profilo dei suoi significati e dei conseguenti valori spirituali».[45]

e) L'Arcivescovo Renato Martino, ha proposto la definizione seguente alla «Conferenza di Rio»: «Il termine ambiente significa «ciò che circonda». Questa definizione postula l'esistenza di un centro attorno al quale esiste l'ambiente. Questo centro è l'essere umano, l'unica creatura di questo mondo che non solo è in grado di aver coscienza di sé e di quanto la circonda, ma ha il dono dell'intelligenza per esplorare, della sagacia per utilizzare, e che in ultima analisi è responsabile delle proprie scelte e delle conseguenze di tali scelte. La lodevole e accresciuta consapevolezza dell'attuale generazione verso tutti i componenti dell'ambiente e i conseguenti sforzi per tutelarli e proteggerli, invece di indebolire il posto centrale dell'essere umano, ne accentuano il ruolo e le responsabilità».[46]

f) Papa Giovanni Paolo II, nell'enciclica *Centesimus Annus* (1991), ha offerto una formula ancora più completa riguardo alla definizione dell'ambiente, anche contro il pericolo del neopaganesimo cosmocentrista:

---

45. CONFERENZA EPISCOPALE LOMBARDIA, *La questione ambientale*, Centro Ambrosiano, Milano 1988, p. 15.
46. Mons. R. MARTINO, La Santa Sede alla Conferenza di Rio, *Amministrazione e Solidarietà*, 2–Dichiarazione della Delegazione della Santa Sede (5 giugno 1992), I.

Ecologia o ideologia?

> Oltre all'irrazionale distruzione dell'ambiente naturale è qui da ricordare quella, ancor più grave dell'ambiente umano, a cui peraltro si è lontano dal prestare la necessaria attenzione. Mentre ci si preoccupa giustamente, anche se molto meno del necessario, di preservare gli «habitat» naturali delle diverse specie animali minacciate di estinzione, perché ci si renda conto che ciascuna di esse apporta un particolare contributo all'equilibrio generale della terra, ci si impegna troppo poco per salvaguardare le condizioni morali di un'autentica «ecologia umana». Non solo la terra è stata data da Dio all'uomo, che deve usarla rispettando l'intenzione originaria del bene, secondo la quale gli è stata donata; ma l'uomo è donato a se stesso da Dio e deve, perciò, rispettare la struttura naturale e morale di cui è stato dotato. Sono da menzionare, in questo contesto, i gravi problemi della moderna urbanizzazione, la necessità di un urbanesimo preoccupato della vita delle persone, come anche la debita attenzione ad un'«ecologia sociale» del lavoro.[47]

Queste definizioni che abbiamo fornito sono recenti, ma c'è una storia dietro al termine ecologia. L'espressione ecologìa proviene dal greco ôikos (= abitazione) e lógos (= discorso o studio). È la scienza che studia i rapporti degli esseri viventi tra loro e con l'ambiente non vivente (suolo, acque, aria, clima). La parola tedesca *Oekologie* è apparsa nel 1860; alcuni dicono che fu un certo W. Reiter a coniare la parola. Il termine venne utilizzato dal biologo tedesco E. Haeckel, nel 1866, per indicare «lo studio delle relazioni di un organismo con il mondo esteriore che lo circonda, cioè, in senso lato, lo studio delle condizioni di esistenza».[48] Per osservare gli esseri viventi e il loro ambiente, l'ecologia indaga su ogni aspetto della natura e nel far ciò si serve

---

47. Papa GIOVANNI PAOLO II, Lettera enciclica *Centesimus Annus* (1991), 38.
48. Si veda E. HAECKEL, *Generelle Morphologie der Organismen: Allgemeine Grundzüge der organischen Formen-Wissenschaft, mechanisch begründet durch die von Charles Darwin reformierte Descendenz-Theorie*, Georg Reimer, Berlin 1866, I, p. 238 e II, p. 286.

di tutte le altre scienze. Tra i pionieri dell'ecologia vanno annoverati il naturalista tedesco A. von Humboldt (1769-1859) e lo zoologo francese G. Saint-Hilaire (1772-1844). Ricerche importanti furono condotte anche dal naturalista tedesco K. Semper (1832-1893) nel campo dell'ecologia animale, e dai botanici J. E. B. Warming (1841-1924), danese, e A. F. Schimper (1856-1901), svizzero, nel campo dell'ecologia vegetale.

Di due scienze naturali, la botanica e la zoologia, l'ecologia utilizza gli studi sulle innumerevoli forme di vita che popolano il pianeta e la loro classificazione e suddivisione in specie. Nell'ambito dell'ecologia si chiama habitat l'ambiente in cui vive una data specie; nicchia la funzione che essa svolge in un determinato ambiente; biòtopo ciascun ambiente fisico vissuto e allora plasmato in alcuni casi; popolazione tutti gli individui di una stessa specie che vivono in un dato biòtopo. L'insieme delle popolazioni di specie diverse viventi in uno stesso biòtopo prende il nome di comunità o biocenòsi.

Studiando gli esseri viventi e i loro ambienti l'ecologia si serve di uno schema o modello, quello del sistema (elaborato da un'altra «giovane» scienza detta appunto scienza dei sistemi). Un sistema è un insieme di parti collegate tra loro che si modificano nel tempo in modo interrelato e ordinato. L'insieme di una comunità e dell'ambiente in cui essa vive è allora detto ecosistema.

Un ecosistema non è un sistema chiuso ma è collegato attraverso frontiere aperte (ecotòni) ad altri ecosistemi. In tal modo l'intero mondo naturale è concepito come un insieme di ecosistemi. Ogni ecosistema si comporta come una parte, un sottosistema, di sistemi più grandi. In particolare gli ecosistemi in cui predomina una certa comunità di specie vegetali costituiscono grandi ecosistemi, detti biòmi (quali per esempio la tundra artica, la steppa, le foreste dei climi temperati, le foreste equatoriali, le savane africane, i deserti), articolati in sottosistemi differenziati tra loro per la presenza di diverse comunità di organismi animali.

Ecologia o ideologia?

La costruzione sistemica del mondo naturale operata dall'ecologia culmina con la descrizione dell'intero mondo naturale, il globo terracqueo e la sua atmosfera, come di un grande e unico sistema, un sistema di sistemi di sistemi, che prende il nome di ecosistema terrestre o ecosfera. Nella formulazione del concetto di ecosfera si manifesta l'ambizione dell'ecologia di interpretare tutta la natura, partendo dal presupposto che i singoli elementi possano essere compresi soltanto se visti come parte di un tutto.

Non possiamo limitare l'ambiente dell'uomo agli elementi soltanto materiali, perché l'uomo è spirituale e materiale, per cui Dio è l'Ambiente dell'uomo in un senso escatologico. L'idea di un cosmo che è una casa per l'uomo e la donna proviene dalla visione giudeo-cristiana. Il libro della Genesi descrive il cosmo come una «tenda».

Fra i Verdi c'è la tendenza ad azzerare le irriducibili differenze fra l'uomo e il resto della creazione. In una certa cultura, dei Verdi ma anche di altri soggetti politici, ci sono due principali contaminazioni ideologiche. Anzitutto un rinnovato panteismo, sia filosofico che teologico e, in secondo luogo, uno scientismo materialista, che riduce al metodo scientifico tutti gli altri settori del sapere. Queste tendenze portano verso un riduzionismo che non accetta l'apertura alla dimensione trascendente come coerente conseguenza di ogni visione non settoriale.

Dunque, in una visione coerente, l'ambiente dell'uomo deve includere elementi materiali, biologici, intellettuali, culturali, morali, spirituali—tutto in relazione a Dio Creatore. Si deve allora evitare un cosmocentrismo o un esagerato antropocentrismo. Una visione cristologica è fondamentale in questo senso.

In questo contesto, la nozione dell'inquinamento non si restringe solo al settore fisico-materiale o biologico, ma c'è anche l'inquinamento nel settore informatico con l'introduzione dei «virus» all'interno dei programmi dei computer e il furto delle informazioni. Oltre a questo si trova un altro tipo di inquinamento nel settore delle comunicazioni sociali. Tramite i mezzi della comunicazione sociale, c'è l'inganno del pubblico di massa in relazione ai beni mediante la pubblicità. Poi si riscontra l'inquinamento della morale cristiana e della vita familiare tramite la pornografia:

> La pornografia pone ostacolo al carattere familiare dell'autentica sessualità umana. Nella misura in cui la sessualità viene considerata come frenetica ricerca di soddisfazione individuale piuttosto che come espressione di duraturo amore nel matrimonio, la pornografia appare come fattore capace di minare la vita familiare nella sua totalità.[49]

L'Internet richiede dei controlli sempre più attenti contro la pornografia.

Oltre questi inquinamenti culturali e morali, c'è l'inquinamento nel settore intellettuale, per esempio nelle ideologie che vanno contro un realismo moderato, come l'idealismo, il materialismo, il pragmatismo, lo scientismo ed il nichilismo. Accanto a queste ideologie sorgono le diverse posizioni politiche che vanno contro il buon uso della ragione. Poi, c'è l'inquinamento nel settore della fede, dalle tante ideologie e nozioni false che sono opposte alle verità rivelate ed insegnate dalla Chiesa. In una visione cristiana non si può quindi ridurre l'inquinamento solo al livello biologico.

---

49. Pontificio Consiglio delle Comunicazioni Sociali, *Pornography and Violence in the Communications Media: A Pastoral Response* (7 maggio 1989), 16.

3

TRA IL PESSIMISMO E L'ottimismo

Mi hai introdotto in questa vita come in un paradiso incantato. Abbiamo visto il cielo come un calice di blu intenso dove nell'azzurro cantano gli uccelli. Abbiamo ascoltato il mormorio pacificante del bosco e la musica melodiosa delle acque. Abbiamo gustato frutti saporiti e profumati e il miele odoroso. Si vive bene con Te sulla terra; è una gioia essere Tuo ospite.
Gloria a Te per la festa della vita;
Gloria a Te per il profumo dei mughetti e delle rose;
Gloria a Te per la gustosa varietà delle bacche e dei frutti;
Gloria a Te per lo scintillio argenteo della rugiada mattutina;
Gloria a Te per il sorriso di un risveglio luminoso;
Gloria a Te per la vita sempre nuova che annuncia la vita del cielo.
Gloria a Te, o Dio, nei secoli.

Protoierej Grigorij Petrov, *Inno akatistos di ringraziamento*, Ikos 2.

3.1 Il pessimismo

Già prima della Prima Guerra Mondiale andava diffondendosi l'idea che il progresso essenzialmente tecnologico della civilizzazione avrebbe spazzato via ogni cosa dalla terra. Altri ritengono che esista un processo intrinseco di autodistruzione dell'umanità con aspetti fisici e psichici. Tra gli autori letterari, alcuni come A. Huxley nel suo Brave New World e G. Orwell nel suo 1984 dipingono una società scientifica e tecnologica con tutti i suoi problemi e le sue deviazioni. Altri ancora, come C. S. Lewis (che peraltro è più ottimista) sostengono la posizione seguente:

accanto al degrado ecologico c'è un deserto etico; ci sarà la conquista dell'uomo da parte dell'uomo. Cioè l'uomo distruggerà l'uomo prima che l'uomo distrugga la natura.

Attualmente la comunicazione ambientale si divide in due grandi filoni che possiamo denominare «catastrofista» ed «eco-ottimista». Il primo individua nell'essere umano l'ospite indesiderato del pianeta terra. Secondo tale teoria l'inquinamento di origine antropica e lo sviluppo demografico stanno provocando una rottura dell'equilibrio climatico e una scarsità delle risorse energetiche e alimentari. In questo filone si inserisce, per esempio, il pensiero di Elizabeth Kolbert che nel suo libro *Cronache da una catastrofe* racconta i segnali di pericolo che la natura sta inviando.[1] Invece, Riccardo Cascioli e Antonio Gaspari si pongono l'obiettivo di smontare tutti i falsi allarmismi dei movimenti ecologisti diffusi in questi ultimi decenni. I due autori, basandosi sul dato scientifico, mettono in dubbio la fondatezza delle teorie adottate da chi prefigura prossime catastrofi.[2]

In questo contesto, il 21 dicembre 2012 è ormai visto come una ineluttabile scadenza, come una data attraversando la quale l'umanità giungerà a un punto di non ritorno. C'è chi paventa la fine del mondo, chi invece parla di una nuova era; c'è chi predice la fine della vita sulla terra a causa di una catastrofe ambientale e chi invece preconizza una terza guerra mondiale che annienterà l'umanità. Esaminando le condizioni climatiche e i mutamenti di lungo periodo, si scopre che non hanno alcun fondamento le apocalittiche predizioni di disastri ambientali prospettate a ogni conferenza internazionale sul clima od ogni qualvolta arriva l'estate e si registra il solito «caldo record». Tali predizioni sono anzi sintomi di quel catastrofismo che è la vera malattia del

---

1. Si veda E. KOLBERT, *Cronache da una Catastrofe. Viaggio in un pianeta in pericolo: dal cambiamento climatico alla mutazione delle specie*, Nuovi mondi media, San Lazzaro di Savena 2006.
2. Cfr. R. CASCIOLI & A. GASPARI, *Le bugie degli ambientalisti 1*, Piemme, Casale Monferrato 2004; IDEM, *Le bugie degli ambientalisti 2*, Piemme, Casale Monferrato 2006.

terzo millennio, una fobia diffusa ad arte da chi detiene il potere dell'informazione per creare angoscia, smarrimento, paura. L'antidoto, proposto da Cascioli e Gaspari, è il ritorno alle fonti, *in primis* la Scrittura e la Tradizione Bibbia, e alle profezie in essa contenute che illuminano il futuro dell'umanità di una nuova speranza: quello che ci attende è la fine dei tempi, cioè l'avvento di un mondo nuovo in cui l'uomo ritroverà la pace, l'armonia e la serenità che paiono oggi irrimediabilmente perdute.[3]

Nonostante la storia dell'umanità dimostri in maniera inequivocabile che la crescita è sempre un bene e che lo sviluppo civile, demografico, scientifico e tecnologico è necessario per garantire la sopravvivenza e il miglioramento della qualità della vita, persiste nell'ideologia ambientalista il pregiudizio contro l'incremento demografico e lo sviluppo condotto dal genere umano. Secondo la filosofia ambientalista ci sono troppe persone sulla Terra; queste persone utilizzano un modello di sviluppo che consuma troppe risorse; e il frutto di questo consumo è un sempre maggiore inquinamento dell'aria, dell'acqua e del suolo. In realtà il ventesimo secolo è stato il secolo della salute e della longevità. Mai il genere umano è vissuto così a lungo e meglio di oggi. Ci sono differenze qualitative fra i vari continenti, ma questo dipende da uno sfruttamento monopolistico e da una cattiva distribuzione dei beni. Proprio nel ventesimo secolo la popolazione mondiale è aumentata di quattro volte, mentre il prodotto lordo è aumentato di diciassette.[4]

Dagli allarmi ambientali che trasformando l'ecologia in ecofanatismo, alla trasformazione della tutela dell'ambiente in venerazione dell'ambiente il passo è breve. La *Carta della Terra*, che alcuni promotori descrivono come i «nuovi Dieci Comandamenti» promuove una larga gamma di nozioni che molti con-

---

3. Cf. R. CASCIOLI & A. GASPARI, 2012. *Catastrofismo e fine dei tempi*, Piemme, Casale Monferrato 2010.
4. Cf. R. CASCIOLI & A. GASPARI, *I padroni del pianeta. Le bugie degli ambientalisti su incremento demografico, sviluppo globale e risorse disponibili*, Piemme, Casale Monferrato 2009.

siderano di estremismo ambientale. Le prime bozze di questa carta sollevarono il sospetto dei cristiani quando i riferimenti alla «Madre Terra» sembravano sconfinare nel panteismo.[5]

Di fatto, i tentacoli della New Age sono arrivati anche ai vertici della stessa ONU. Robert Muller, assistente segretario-generale e coordinatore di 32 agenzie e programmi dell'ONU, ha scritto un libro chiamato *Nuova Genesi* dove spiega la natura spirituale del lavoro delle Nazioni Unite:

> Noi meditiamo... c'è una stanza presso la sede delle Nazioni Unite riservata per la meditazione... il gruppo di meditazione è guidato dal mistico indiano Shri Chinmoy... si stanno verificando delle trasformazioni spirituali, causate dalle Nazioni Unite... essa sta diventando una terra santa.[6]

Per capire il peso e la direzione della New Age intorno alle attività dell'ONU, serve soffermarsi di nuovo sulla *Carta della Terra*, intorno alla quale si sono affaccendati politici e miliardari. A capo dell'iniziativa denominata *Carta della Terra* è Maurice

---

5. A. RUSE, «A Summit for Some Religions», *Catholic World Report*, October 2000, p. 30. La *Carta della Terra* fu il prodotto di una discussione decennale, mondiale ed interculturale su obiettivi e valori comuni. Il progetto della Carta della Terra iniziò nella sede delle Nazioni Unite in occasione del Summit della Terra di Rio de Janeiro del 1992, anche su impulso del segretario generale dell'ONU Boutros Boutros-Ghali, ma venne portato avanti e completato negli anni Novanta da un gruppo formato, tra gli altri, da Michail Gorbačëv, Maurice Strong, vicesegretario delle Nazioni Unite con delega al Summit della Terra, Steven C. Rockefeller, amministratore del fondo della famiglia Rockefeller e presidente della Fondazione Rockefeller, Ruud Lubbers, primo ministro olandese e in seguito Alto Commissariato delle Nazioni Unite per i Rifugiati, tutti attualmente ancora impegnati nel progetto. La Carta della Terra venne finalizzata e quindi lanciata nel 2000 dalla Commissione della Carta della Terra, nel corso di una riunione internazionale presso il quartier generale dell'Unesco, a Parigi, nel 2000.

6. Cfr. M. OXENHAM, *New Age, c'è veramente l'oro alla fine dell'arcobaleno?* IBE, Tivoli 1997 p. 137.

Strong, che la rivista *Catholic World Report* definisce «miliardario canadese del New Age».[7] Strong è stato segretario generale dell'Earth Summit del 1992, presidente dell'Earth Council, co-presidente del Forum per l'economia mondiale, consigliere del segretario generale dell'ONU Kofi Annan, consigliere per i trust dei Rockefeller e dei Rothschild, direttore dell'Unione internazionale per la conservazione della natura, consigliere del presidente della Banca Mondiale ed è candidato a diventare egli stesso il prossimo segretario generale dell'ONU. Attraverso tutte queste cariche, Strong ha dato sostegno a molti movimenti New Age negli Usa, orientando le sue attività secondo l'inclinazione filosofica di uno che crede fervidamente nel prossimo avvento di una nuova religione mondiale. Le radici della *Carta della Terra* si trovano anche negli scritti del gruppo «Green Cross International» di Michail Gorbačëv, che collabora con Strong. Vi ritroviamo il mantra dello sviluppo sostenibile: «La popolazione del mondo si deve stabilizzare» perché «le risorse naturali sono limitate» sostiene Green Cross.[8]

Uno sguardo alla *Carta della Terra* ci mostra infatti come i suoi principi siano agli antipodi con quelli che sottendono la visione del mondo giudaico-cristiana, per la quale si applica l'insegnamento della Genesi: «Dio li benedisse e disse loro: "Siate fecondi e moltiplicatevi, riempite la terra; soggiogatela e dominate sui pesci del mare e sugli uccelli del cielo e su ogni essere vivente che striscia sulla terra"» (Gn 1,28). Secondo la *Carta della Terra*, al contrario, l'uomo non deve pensare affatto a moltiplicarsi, ma ad osservare piuttosto i dovuti «piani e regolamenti di sviluppo sostenibile». Tradotto in pratica, ciò significa che i bisogni dell'uomo vanno subordinati ai dettami globalistici imposti dagli esperti dell'ambiente—e abbiamo visto quanto corrispondano al vero previsioni e cifre strombazzate e date per acquisite—compreso il controllo delle nascite non solo

---

7. Si veda RUSE, «A Summit for Some Religions», p. 30.
8. Cf. A. NUCCI, «Ambientalisti o panteisti?» in *Una voce grida* 15 (settembre 2000).

tramite la contraccezione ma anche con l'aborto e la sterilizzazione. La *Carta della Terra* stabilisce che: «L'uso di risorse rinnovabili come l'acqua, il suolo, i prodotti della foresta e la fauna marina... non sarà libero, ma sarà gestito dall'ONU per proteggere la salute degli ecosistemi» (non la salute dei semplici esseri umani). La Carta non riconosce il diritto alla libertà personale ma afferma che «tutti gli esseri sono interdipendenti.» Afferma inoltre che: «ogni forma di vita ha valore a prescindere dal suo valore per gli esseri umani» il che significa che hanno valore gli animali, le piante e gli insetti... ma non i bambini non nati. La Carta impone che si assicuri l'accesso universale a servizi sanitari che promuovano la salute procreativa (termine adottato dall'ONU per indicare l'aborto e la contraccezione) e la procreazione responsabile (cioè il controllo della popolazione).[9]

La Carta esorta anche ad affermare: «L'uguaglianza di genere» e «eliminare la discriminazione rispetto... all'orientamento sessuale» (ad accettare cioè i programmi femministi e gay), ed esige che: «integriamo nell'istruzione formale... le abilità necessarie per un modello di vita sostenibile» (che finora ha significato garantire lezioni di educazione sessuale fin dalle elementari).[10] La *Carta della Terra*, non fa altro che codificare apertamente una subordinazione dell'uomo ai dettami degli ambientalisti che nella prassi viene già imposta da anni in vari modi. Un esempio sono le biosfere, aree enucleate dall'ONU per la preservazione e la ricerca dell'ambiente. In Usa ce ne sono una cinquantina, per un totale di circa 20 milioni di ettari. A prima vista non sembrerebbe un'idea sbagliata, ma bisogna considerare che si tratta di terreno sottratto all'uomo, dove all'uomo è interdetta anche la sola entrata, dove i bisogni collettivi delle specie non umane hanno la precedenza sui bisogni e i desideri

---

9. Cf. *ibid*.

10. Si veda: R. Cascioli, *Il complotto demografico, Il nuovo colonialismo delle grandi potenze economiche e delle organizzazioni umanitarie per sottomettere i poveri del mondo*, Piemme 1996.

Tra il pessimismo e l'ottimismo 85

degli esseri umani. Se un proprietario terriero si ritrova con il terreno improvvisamente incluso in un'area decretata come biosfera, non potrà più coltivare la sua terra, ampliare la sua casa o anche semplicemente tenervi un cane, perché i bisogni di insetti, di topi e della vegetazione hanno la precedenza sui diritti del proprietario umano. È un esproprio di fatto, effettuato dall'ONU in tutto il pianeta, senza nemmeno ricompensa.

Un caso estremo, ma purtroppo non isolato, di cedimento della logica di fronte alla legge che controlla e «equipara» gli animali e le piante all'essere umano è il seguente. Nell'agosto 1999 il governo Clinton ha rimandato la costruzione di una scuola e un ospedale vicino a Los Angeles per proteggere una specie particolare di mosca.[11] Quando furono scoperte 8 mosche vicino alla costruzione di un'ala dell'ospedale, l'assessorato all'Ambiente costrinse l'ospedale a spostare la costruzione di 100 metri e agli insetti lasciò liberi due acri. Dare alle 8 mosche lo spazio indispensabile per volare costò al contribuente americano $4 milioni.[12]

Un altro esempio è il caso dell'Alaska, che si trova seduta su giacimenti petroliferi immensi. Nel 1995 il governo Clinton ha bloccato un piano di estrazione del greggio, che avrebbe interessato una zona minuscola del territorio, per proteggere l'*habitat* della fauna artica. Non contò nulla il fatto che gli esquimesi della zona fossero a favore dell'opera per i posti di lavoro che avrebbe generato e per gli introiti che avrebbe fruttato, utili per costruire infrastrutture sanitarie, scuole e ospedali. Non conta nulla neanche il fatto che i cittadini americani ci terrebbero a ridurre la dipendenza dall'OPEC.[13] Niente da fare: prima vengono gli

---

11. La mosca in questione era la Delhi Sands flower-loving fly (*Rhaphiomidas terminatus abdominalis*).
12. T. FLYNN, *Hope of the Wicked*, Max Kol Communications, VA 2000, p. 345.
13. L'Organizzazione dei Paesi Esportatori di Petrolio meglio conosciuta come OPEC (*Organization of the Petroleum Exporting Countries*), fondata nel 1960, comprende attualmente dodici Paesi che si sono associati,

animali. Il curioso è che, laddove è avvenuta, l'esplorazione del sottosuolo sembra abbia funzionato da stimolo per gli animali.

> La temutissima diaspora dei caribou non si è mai verificata. Non solo non si sono estinti i caribou, ma al contrario, la zona adesso ne pullula. Da appena 3.000 caribou nel 1970, il gregge dell'Artico Centrale è cresciuto fino a quasi 20.000 nel 1999... Gli oleodotti, costruiti su superfici sollevate sopra la pianura, costituiscono una piattaforma sulla quale gli animali possono trovare sollievo dai nugoli di zanzare e dalle mosche nere che rimangono al di sotto. Perfino gli orsi camminano sulle tubature quando vanno in giro per le loro faccende quotidiane.[14]

Ciononostante, non solo ogni progetto di sviluppo e stato bloccato, ma si teme che, per rendere felici le lobby ambientaliste, il Presidente Clinton abbia già deciso di designare la zona «monumento» nazionale, cioè permanentemente *off limits* alle trivelle. (I maligni dicono che intende rendere la decisione di dominio pubblico solo dopo le elezioni). La riprova che certo ambientalismo può essere semplicemente strumentale all'acquisto o al mantenimento di posizioni di potere salta agli occhi se si osserva il doppio gioco di alcuni politici, tipo l'allora vicepresidente degli Stati Uniti, Al Gore. Autore di un libro apocalittico sulla necessità di proteggere l'ambiente, *Earth in the Balance*, quando si tratta però dei suoi interessi Gore ha dimostrato di sapersi mostrare indifferente alle sorti della Terra. Ne sanno qualcosa gli indiani U'Wa, della Colombia, che hanno cercato inutilmente di contestare Gore alla Convention democratica di Los Angeles. Da anni protestano contro i piani della Occidental Petroleum (di cui la famiglia Gore possiede un consistente pacchetto azionario) che intende aprire dei pozzi petroliferi a 500 metri dai loro terreni. Per sventare questo progetto sono arrivati a minacciare

---

formando un cartello economico, per negoziare con le compagnie petrolifere aspetti relativi alla produzione di petrolio, prezzi e concessioni.

14. K. D. SMITH, «Oil of Amour» in *The Washington Times*, 28 settembre 2000.

il suicidio di massa. Chiamato direttamente in causa, Al Gore, che in passato ha presentato al senato americano risoluzioni in difesa degli indiani dell'ancora più lontana Malesia minacciati dal disboscamento selvaggio, sul futuro degli U'Wa mantiene invece un tenacissimo silenzio. Ma forse il suo atteggiamento si spiega con il fatto che gli indiani U'Wa in fondo sono solo degli esseri umani, non dei caribou.

La logica che vuole sminuire l'uomo e ridurlo al livello, anzi, al di sotto dei livello degli animali sta alla base delle opere di Peter Singer, filosofo noto per le sue tesi a sostegno della soppressione dei neonati disabili. Tra i fondatori del Movimento di liberazione degli animali, Singer afferma che gli animali quando nascono hanno coscienza di sé, per cui le loro vite valgono di più di quelle dei neonati umani, che inizialmente invece questa coscienza non l'avrebbero. Secondo i calcoli di Singer, denunciato in passato da Simon Wiesenthal, ciò significa che fino ai 28 giorni di vita è lecito sopprimere un neonato umano che avesse delle tare o degli handicap. Non si tratta dei vaneggiamenti di un folle oscuro e randagio, ma delle discettazioni di un professore le cui aberranti teorie gli sono valse addirittura una cattedra presso la prestigiosa università di Princeton. Assegnata l'anno scorso fra le polemiche e lo stupore generale, ormai la cattedra di Singer è accettata come *fait accompli* e quasi nessuno protesta più. A livello di zoolatria si colloca la filosofia di PETA (*People for the Ethical Treatment of Animals*), Associazione per il trattamento etico degli animali. Per gli attivisti di PETA, gli esseri umani sono come dei virus ambulanti che abitano la terra e la infettano. La coordinatrice della campagna PETA in difesa dei ratti, Rae Leann Smith, ha dichiarato che la soppressione dei circa 28 milioni di sorci che popolano le strade e le fogne di New York si spera sia eseguita in modo «veloce e indolore», ma che andrebbe incoraggiato piuttosto: «Il controllo della popolazione (dei sorci) con metodi non-letali, come la sterilizzazione». Anche per le zanzare portatrici di virus letali la Smith chiede «un modo più gentile e meno violento» di sopprimerle rispetto a quello dell'insetticida spray.¹⁵ La presidente di PETA, Ingrid Network, contesta l'idea che agli esseri umani spettino «diritti speciali» rispetto agli animali e agli insetti. Una sua riflessione è che: «sei milioni di persone morirono nel campi di concentramento, ma sei miliardi di polli da grigliata moriranno quest'anno nelle case da macello.»¹⁶ L'apoteosi di questa visione del mondo è forse quella riportata dalla rivista *Wild Earth* (Terra Selvaggia) dove uno che si firma Les U Knight (che letto ad alta voce suona come «Let's unite», «uniamoci») ha scritto: «La volontaria auto-estinzione umana risolverà ogni problema della Terra, sia sociale che ambientale.»¹⁷

In effetti, il catastrofismo vuole solo denunciare, non risolvere. Da un po' di tempo senza accorgercene stiamo diventando lavagne su cui scrivere di tutto, senza che il buon senso, ormai sbriciolato sotto i colpi di illogicità imposte per anni come vere, si senta chiamato in causa e legittimato ad opporre una qualsiasi obiezione. Paradossalmente, infatti, il progresso accelerato della tecnologia non si accompagna ad una maggiore fiducia nell'uomo e nella sua capacità di rendere il pianeta sempre più accogliente e produttivo, ma al rifiuto dell'opera dell'ingegno. Salvo—naturalmente—per l'ingegneria genetica, che per l'appunto disprezza e manipola la vita umana, si diffida dell'alta tecnologia, il cui sviluppo scientifico incredibilmente procede di pari passo con il ricorso sempre più diffuso alla superstizione, alla magia, ai riti neopagani e alle religioni «alternative». Non si riesce infatti a capire l'imperare dei catastrofismo dilagante

---

15. L'unica occasione in cui non si sono sentite proteste dal fronte degli animalisti è stata quando nel giugno del 1992 gli scienziati dell'università di Washington, a Seattle, annunciarono che erano vicini a trovare un vaccino contro l'Aids in quanto potevano infettare delle scimmie con il virus HIV. Cf. R. ODOM, *New gods for a new age*, Huntington House Publishers, Lafayette LA 1994, p. 41.

16. D. MURDOCK, *PETA Puts Rats First and People Last*. Scripps Howard News Service, 29 giugno 2000.

17. *Ibid.*.

se non alla luce del vuoto culturale lasciato dalla delegittimazione della famiglia, della parrocchia e della scuola, divenute terreno di battaglia aperto alle agenzie più diverse per il possesso delle menti e delle anime, specie dei giovani. Privato di valori di riferimento, di una tradizione e di modelli sicuri, tutti annullati dal relativismo del «tutto vero», all' uomo non rimane che guardarsi intorno quando è chiamato a dire la sua e omologarsi agli umori dei «branco» del momento. Preda inerme che cede senza opporre resistenze al messaggio televisivo e allo slogan della piazza, l'essere umano riceve continuamente messaggi che vanno in direzione contraria non solo ai dati scientifici, ma spesso anche all'evidenza, inducendolo a sentirsi in colpa, a condannare con pessimismo la crescita economica e a voltare le spalle al progresso, che invece non ha prodotto soltanto inquinamento, ma anche benessere.

Se c'è da «salvare il pianeta» perché non servirsi dei progressi della tecnologia? La tecnologia sviluppata dall'ingegno umano ha già dimostrato di essere in grado di migliorare l'ambiente e di rendere l'industria più efficiente, con un minor dispendio di risorse naturali, una più limitata produzione di rifiuti ed un minor impatto ambientale rispetto alle tecnologie utilizzate precedentemente.[18]

> Nella storia le risorse sono andate aumentando e diversificandosi: basti pensare a cosa abbia significato l'introduzione della patata nell'agricoltura. Ma anche il carbone, il petrolio, i fertilizzanti, l'energia atomica sono tutte risorse che l'uomo ha conosciuto e sfruttato progredendo e usando nuove tecnologie. E ciò vuole dire che il concetto di risorsa non è definito dalla natura, ma dalla tecnologia umana che rende sfruttabile una determinata componente della natura...Tutto ciò ci fa dire che la prima e fondamentale risorsa è l'uomo, e la sua capacità di adattarsi e rispondere alle mutate esigenze. Paradossalmente perciò l'aumento della popolazione porta all'accrescimento delle

---

18. A. GASPARI, *Profeti di Sventura? No, Grazie!*, Edizioni 21.mo Secolo, Milano 1998.

risorse, come dimostra la storia, e non al loro esaurimento come vorrebbero i «profeti di sventura» che dominano le agenzie dell'ONU.[19]

La diffidenza indotta rispetto allo sviluppo tecnologico fa rifiutare per principio anche la biotecnologia e i cibi «transgenici». Ma se uno riuscisse a sentire la voce degli agronomi, in mezzo al frastuono dei naturisti, scoprirebbe invece che il vero pericolo sta nei cibi trattati con sostanze chimiche, che si trovano sulle nostre tavole da decenni. Queste hanno creato nei nostri corpi dei microrganismi resistenti agli antibiotici, al punto che curare le nostre infezioni comincia a diventare molto difficile. I cibi transgenici questi problemi li evitano. Certo, se si introducessero nell'ambiente dei microrganismi modificati, in grado di prendere il sopravvento sulla microflora del terreno, i danni sarebbero planetari. Ma il caso è molto diverso quando si produce del mais resistente alle malattie, consentendone una produzione anche in paesi poveri e riducendo l'uso dei pesticidi. La materia, in altre parole, è complessa e andrebbe affrontata non suscitando l'emotività della piazza e bloccando tutto, ma da un punto di vista scientifico rigoroso.

La cifra che hanno in comune tutti i movimenti ambientalisti, eco-teologici ed eco-terroristici è la ricerca dei controllo della popolazione e, ovunque possibile, la sua riduzione. Secondo questa filosofia statalista, l'attività umana è di per sé sospetta e va posta sotto il controllo cautelare di tecnici e burocrati che producano rassicuranti montagne di carta, certificazioni e relazioni, che nessuno leggerà, ma hanno il pregio di tenerci occupati e quindi neutralizzarci. L'individuo umano, in ginocchio di fronte alla Dea Terra, in colpa di fronte agli animali, può redimersi solo chinando la testa e giustificando ogni sua attività per iscritto sull'altare degli enti statali, delle agenzie europee, delle ONG, delle associazioni di «volontariato» ormai tutte pagate e irreggimentate al punto che da soli il volontariato non è più possibile

---

19. Cascioli, *Il complotto demografico*, p. 49.

farlo. La contestazione alla globalizzazione è fondamentalmente la solita lotta alle multinazionali, la sorda protesta che non vuole la collaborazione e la modificazione delle aziende (senza le quali nel terzo mondo ci sarebbero meno posti di lavoro, e peggio pagati) bensì la loro statalizzazione, il loro imbrigliamento e il loro controllo dall'alto. La storia e la realtà odierna dimostrano invece che la libera impresa e il libero mercato non solo non hanno impedito il progresso ambientale, ma lo hanno anzi favorito. Infatti, più diventa ricca una società, più aumentano le sue esigenze rispetto alla qualità dell'ambiente. I paesi ricchi sono meno tolleranti dell'inquinamento e possono sopportare i costi di pulire—con mezzi progrediti—l'aria e l'acqua. Secondo l'Enviromental Protection Agency degli Stati Uniti (EPA, *Agenzia per la protezione dell'ambiente*) alcuni dati recenti sull'inquinamento dell'aria (quelli per il 1997) dimostrano che dal 1970 ci sono state riduzioni notevoli nella qualità della concentrazioni e emissioni di aria.

> In questo arco di 27 anni sono diminuite le concentrazioni di sei inquinanti chiave, come segue: anidride solforosa, 66,7 percento; ossido di azoto, 37,9 percento; ozono, 30,9 percento; monossido di carbonio, 66,4 percento; particole 25,5 percento; piombo, 97,3 percento. Questi miglioramenti si sono registrati mentre la popolazione cresceva dei 31 percento e le distanze percorse dai veicoli a motore crescevano del 127 percento. C'è stato un declino del 42 percento nelle emissioni di sostanze chimiche tossiche dal 1988, l'erosione del suolo sta scemando di circa 40 milioni di tonnellate l'anno e la zona forestale degli USA e altri paesi industrializzati è aumentata anno per anno dal 1960. Le zone urbanizzate costituiscono solo il 5,6 percento degli Usa, escluso Hawaii e Alaska. Ci rimane ancora molto spazio.[20]

---

20. *Indice dei principali indicatori ambientali 2000* pubblicato dal Pacific Research Institute for Public Policy di San Francisco, citato sul *Washington Times*, 22 aprile 2000.

Ma se l'ambiente sta diventano più pulito, i miglioramenti sono forse dovuti alle campagne degli ambientalisti? Non è detto. In alcuni casi, forse molti, la qualità dell'aria era già in via di miglioramento. Il monitoraggio in 21 aree urbane mostra che la media annuale di anidride solforosa è diminuito di circa il 40 percento fra il 1962 e il 1969.[21]

La Chiesa è sempre per il progresso purché rispetti e migliori le sorti umane. Solitamente accusata di oscurantismo, calunniata per il passato e contrastata nel presente, la Chiesa continua invece a mostrare la sua fiducia nell'uomo e nelle sue capacità di progredire. Certo, siamo avvertiti che niente giova all'uomo se guadagna il mondo, ma perde se stesso (cfr. Lc 9,25). Tuttavia l'attesa di una terra nuova non deve indebolire, bensì stimolare piuttosto la sollecitudine a coltivare questa terra, dove cresce quel corpo dell'umanità nuova che già riesce ad offrire una certa prefigurazione che adombra il mondo nuovo. Pertanto, «benché si debba accuratamente distinguere il progresso terreno dallo sviluppo dei Regno di Cristo, tuttavia nella misura in cui può contribuire a meglio ordinare l'umana società, tale progresso è di grande importanza per il Regno di Dio».[22] La natura, sembra che ce lo siamo dimenticati, può essere anche «matrigna», e costringere l'uomo a difendersene. In Italia ne abbiamo purtroppo dei continui luttuosi esempi, sotto forma di terremoti, valanghe, smottamenti e alluvioni. Ma per quanto possano essere immani oggi le tragedie, l'uomo con il suo ingegno ha obbedito al comando di «dominare la terra», creando condizioni di benessere che ci preservano dai colpi bassi della natura. Abbiamo il caldo d'inverno e l'aria condizionata d'estate, abbiamo il frigorifero per preservare i cibi, la tecnologia per irrigare i terreni aridi e le costruzioni antisismiche per ripararci dai terremoti.

---

21. *Ibid.*

22. VATICANO II, *Gaudium et Spes*, 39

Tra il pessimismo e l'ottimismo

Il Papa beato Giovanni Paolo II nobilita questo agire umano accostandolo addirittura all'azione creatrice di Dio.

> L'uomo è immagine di Dio, tra l'altro, per il mandato ricevuto dal suo Creatore di soggiogare, di dominare la terra. Nell'adempimento di tale mandato, l'uomo, ogni essere umano, riflette l'azione stessa del Creatore dell'universo... Le parole «soggiogate la terra» hanno un'immensa portata. Esse indicano tutte le risorse che la terra (e indirettamente, il mondo visibile) nasconde in sé, e che, mediante l'attività cosciente dell'uomo, possono essere scoperte e da lui opportunamente usate. Così quelle parole, poste all'inizio della Bibbia, non cessano mai di essere attuali, abbracciano ugualmente tutte le epoche passate della civiltà e dell'economia, come tutta la realtà contemporanea e le fasi future dello sviluppo, le quali, in qualche misura, forse si stanno già delineando, ma in gran parte rimangono ancora per l'uomo quasi sconosciute e nascoste.[23]

Senza il bisogno del controllo onnipervasivo di uno Stato diffidente, «ogni essere umano riflette l'azione stessa dei Creatore dell'universo», nel favorire e promuovere le condizioni di vita sul pianeta scelto da Dio come nostra dimora. Viene da chiedersi se ci sarebbe permesso, oggi, di risanare le paludi pontine e ferraresi, come fu fatto nell'800 e all'inizio del secolo scorso, oppure se l'esigenza di proteggere la flora, la fauna e le zanzare, lo impedirebbe con una selva di divieti ambientalisti?

Per i pessimisti, San Francesco d'Assisi oggi sarebbe iscritto al WWF (*World Wildlife Fund*). Un spot pubblicitario del WWF, la più grande e ricca associazione ambientalista del mondo, cercava di appropriarsi di san Francesco e di farne il capostipite degli ecologisti. Questo spot ha tutti gli ingredienti tipici dei linguaggio «New Age»: una dolce musica, l'accostamento di idee e religioni diverse, immagini rassicuranti, ed una tenera voce che dice: «Ci sono uomini e donne che in ogni tempo hanno amato il mondo più di loro stessi» e si conclude con l'immagine di San

---
23. Papa B. Giovanni Paolo II, *Laborem Exercens*, 4.

Francesco che bacia un uccellino, accompagnata dalla scritta: Oggi sarebbe uno di noi; oggi sarebbe un socio WWF. A questo punto, una domanda sorge spontanea: San Francesco d'Assisi, se fosse vissuto nel duemila si sarebbe veramente iscritto al WWF? Sarebbe stato uno di loro? Gli uomini dei WWF sono convinti che la questione demografica sia il punto centrale di qualunque progetto sulla sostenibilità dello sviluppo sociale ed economico. L'Italia è il paese con il tasso di fertilità più basso del mondo. Eppure, il WWF continua a proporre la sua campagna in favore delle culle vuote. Su *Panda*, rivista ufficiale dell'organizzazione, si possono trovare affermazioni dei tipo: Crescita zero? Sempre troppi. L'Italia resta un paese sovrappopolato e ad elevato rischio ambientale.[24]

È mai possibile immaginare un San Francesco che vede i bambini come una calamità che attenta allo stato della natura? Gli insegnamenti francescani non quadrano con il pensiero del presidente del WWF, il principe Filippo d'Edimburgo che nel 1988 dichiarò: «Nel caso io rinasca mi piacerebbe essere un virus letale, cosi da contribuire a risolvere il problema della sovrappopolazione.»[25] Occorre dirlo che l'immagine dell'uomo pestilenza, colpevole di riprodursi senza riguardi per «l'ambiente» è un immagine anti-cristiana, ma perfettamente coerente con il buddismo e l'induismo, per i quali la massima aspirazione dell'uomo è quella di fuggire dalla vita e riuscire a non rinascere, per annullare la propria individualità e diventare un insensibile tutt'uno con la natura. San Francesco parlava si alle creature, ma si portò fino in Terrasanta e in Spagna per ricostruire la Chiesa di Cristo, in un attivismo positivo, che è agli antipodi con la passività nichilista della vita contemplativa panteista del buddhista. Si assiste così ad una sorta di paradossale umanesimo anti-umano, dove le stesse persone che esaltano la

---

24. Cfr. C. CLIMATI, «Ma oggi san Francesco non sarebbe del Wwf» in *Avvenire* (29 luglio 2000).

25. F. ADESSA, *Onu, Gioco al massacro?* Editrice Civiltà, Brescia, 1996, p. 73.

Tra il pessimismo e l'ottimismo 95

razionalità umana per contrapporla alla fede di chi crede che l'uomo debba piegare il proprio ingegno all'obbedienza alla parola di Dio, sono quelle che insistono che questo stesso uomo razionale deve piegarsi ad essere non il centro del creato, ma soltanto una delle tante diverse specie che lo popolano. Il punto è ancora una volta il controllo, la volontà di sottomettere l'umanità ai dettami arbitrari degli ambientalisti, di cui l'espressione più nota è il WWF, organizzazione ricchissima e finanziata da grosse fondazioni americane come la Rockefeller e la Ford sotto l'ombrello dell'istituzione che prefigura ormai da assai vicino il governo mondiale di un non lontano futuro: l'Organizzazione delle Nazioni Unite.[26]

Fin dalla fine degli anni Sessanta i Verdi per decenni hanno sostenuto che la crescita della popolazione era più minacciosa di una bomba atomica. Hanno previsto che saremmo stati 8 miliardi nel 2000. Non era vero, e oggi abbiamo le culle vuote e l'inverno demografico. Hanno anche detto che le foreste stanno scomparendo, ma tutti i rapporti nazionali e le più recenti rilevazioni satellitari mostrano che stanno crescendo. Hanno detto che i mari si sarebbero innalzati, che l'Adriatico sarebbe arrivato fino a Mantova; ma il Mediterraneo sta calando. Hanno detto che le specie stanno scomparendo, ma sono molte di più quelle che si scoprono ogni giorno; e molte che si consideravano estinte sono state ritrovate. Hanno detto che l'energia nucleare era l'apocalisse; oggi il nostro Paese vive con l'energia nucleare prodotta in Francia e l'Enel acquista impianti nucleari in Slovacchia. Hanno detto che il processo di urbanizzazione e industrializzazione cancella il verde, ma la superficie boschiva nei Paesi più sviluppati non è mai stata così vasta e florida. Hanno detto che gli inverni sono troppo miti, che avanzano siccità e desertificazione. Ma ha nevicato in Sicilia e anche a Gerusalemme; i rilevamenti satellitari indicano un arretramento del deserto del Sahara. Hanno

---

26. Cf. A. Nucci, «Ambientalisti o panteisti?». Si veda anche A. Gaspari, *Profeti di Sventura?*

detto che la società moderna è troppo inquinata, ma la popolazione non è mai vissuta così a lungo. L'unica industria che i Verdi ammettono e sostengono è quella delle «paure».[27]

In un rapporto del 1987 intitolato *Il nostro comune futuro* l'ONU stabiliva che: «Per raggiungere lo sviluppo sostenibile, le abitudini degli stili di vita dovevano essere alterati in maniera radicale e regolamentati da vicino dal governo a tutti i livelli. La pianificazione centralizzata era necessaria sotto la burocrazia ambientalista dell'ONU.»[28] Sotto la bandiera dello «sviluppo sostenibile» si raccolgono le circa 20.000 organizzazioni non governative accreditate e finanziate dall'ONU (le più famose: l'Unesco, l'Unicef e l'UNFPA) il cui credo ambientalista, radicato nell'imperativo del controllo demografico, strumentalizza le istanze femministe. Questo legame tra ambientalismo, antiproliferazione umana e femminismo emerge in maniera sempre più netta man mano che si esplicitano e si polarizzano le piattaforme delle donne nei convegni mondiali promossi dal palazzo di vetro. È evidente infatti che fattore fondamentale per la riduzione e il contenimento della popolazione umano è lo sviamento dell'interesse femminile dalla famiglia e dalla maternità, ridotte ad essere considerate come elementi d'inciampo alla piena realizzazione della donna moderna.

> Se negli anni 70 il movimento per il controllo delle nascite usava come argomento fondamentale l'incubo della sovrappopolazione e negli anni 80 la salvaguardia dell'ambiente, negli anni 90 l'argomento forte è la promozione della salute della donna.[29]

Era inevitabile che il tentativo di codificare questa visione del mondo in «diritti riproduttivi» che prevedono una crescente

---

27. Cfr. A. GASPARI, «Se crollasse la diga delle bufale» in *Il Domenicale* 6/5 (3 febbraio 2007), pp. 6–7.
28. FLYNN, *Hope of the Wicked*, p. 315.
29. CASCIOLI, *Il complotto demografico*, p. 180.

intrusione delle organizzazioni non governative (in realtà più statadliste delle altre) nell'orientamento delle scelte private, provocasse la reazione della Santa Sede. Il Vaticano infatti partecipa a una coalizione di stati che hanno impedito numerose iniziative radicali presso l'ONU, compreso il tentativo di fare dell'aborto un diritto umano riconosciuto universalmente. La sua influenza in questo campo ha scatenato le reazioni delle lobby abortiste. Così nel 1999 un'associazione di nome *Catholics for a Free Choice* («Cattolici per una libera scelta») ha lanciato una campagna a tutto campo per cacciare il Vaticano dall'ONU.[30] Adesso l'organizzazione si chiama *Catholics for Choice*. Partita in grande stile, con una pubblicità a pagamento sul *New York Times*, questi cattolici per una «scelta libera» erano riusciti a raccogliere il sostegno di quasi 500 gruppi, comprendenti associazioni abortiste, ambientaliste, femministe e contro la famiglia. Nel giro di meno di un anno, però, la coalizione contro lo status di osservatore permanente alle Nazioni Unite della Santa Sede (che si è sempre rifiutata peraltro di far parte dell'ONU a pieno titolo e con diritto di voto) ha dovuto ammettere la sconfitta. I gruppi scesi in campo per difendere il Vaticano sono stati oltre 2000, in rappresentanza di più di 50 paesi. Quello che ha unito nel giro di pochi mesi tutte queste associazioni, compresi dei gruppi protestanti evangelici e dei gruppi musulmani, nella difesa della Santa Sede è il fatto che l'attacco ha lo scopo di rimuovere il principale ostacolo alla politica del controllo e del contenimento della popolazione, perseguiti con ogni metodo possibile, compresa la sterilizzazione forzata e l'aborto forzato.[31]

La linea di demarcazione fra i due schieramenti, corrispondenti grosso modo ai paesi moderni dell'occidente secolarizzato da una parte e i paesi in via di sviluppo, insieme alla Santa Sede, dall'altra, è emersa in particolare alla Conferenza del Cairo

---

30. La Conferenza Episcopale degli Stati Uniti ha fatto notare che questa associazione non si può considerare cattolica: si veda S. E. R. Mons. J. A. FIORENZA, Presidente della Conferenza Episcopale degli Stati Uniti, *Dichiarazione sull'orgazizzazione Catholics for a Free Choice* (10 maggio 2000).

31. CASCIOLI, *Il complotto demografico*, pp. 180–194.

(1994) e a quella di Bejing (1995). La prima trattava di popolazione e sviluppo e quest'ultima aveva per tema la donna, ma in pratica entrambe si sono concentrate, non a caso, sul tema della crescita demografica. Chi ha una qualche familiarità con i metodi coercitivi adottati dal governo della Repubblica Popolare Cinese per perseguire la politica del «figlio unico»:

> L'aver svolto la Conferenze Mondiale sulla donna proprio a Pechino appare come il frutto, più che di un macabro senso dell'umorismo, di un progetto ben definito: indicare come esempio per tutto il Terzo mondo il «modello cinese». Un sinistro avvertimento per tutte le donne.[32]

Il collegamento fra femminismo e lotta all'incremento demografico si delinea fin dal 1915 con la fondazione della «International Planned Parenthood Federation» (IPPF) oggi la più potente delle circa 20.000 ONG accreditate dall'ONU e impegnate nella promozione del famoso «sviluppo sostenibile».[33] La IPPF ha avuto un successo progressivo incredibile nell'influenzare la cultura moderna in direzione della svalutazione della famiglia, la promozione e la legalizzazione dell'aborto, l'avanzamento dei metodi contraccettivi, la diffusione dell'uso del profilattico e l'introduzione dell'educazione sessuale a scuola, fin dalle elementari. La fondatrice dell'IPPF, Margaret Sanger, è celebrata come impavida pioniera della liberazione della donna. In pochi però sanno o, se lo sanno, rimarcano che fra i suoi scritti ci sono affermazioni degne di un epigono di Hitler. La Sanger ha scritto infatti dell'opportunità di «eliminare le erbacce umane», di avere «più bambini dagli esseri adatti e meno da quelli inadatti» e di segregare «i deficienti, i diversi e i disadattati».[34] La Sanger invocò anche la sterilizzazione delle «razze inferiori» predicò

---

32. *Ibid.*, p. 194.

33. Accreditata come Organizzazione non governativa dall'ONU nel 1964, oggi conta sedi in oltre 150 paesi.

34. M. SANGER, *The Pivot of Civilization in Historical Perspective*, Inkling Books, Seattle WA 2001, p. 189.

l'opportunità di metterli in campi di concentramento e appoggiò entusiasticamente l'infanticidio sostenendo che: «la cosa più misericordiosa che una famiglia numerosa possa fare per uno dei suoi piccoli è di ucciderlo».[35]

A molte di queste posizioni pessimiste manca un risvolto su un livello trascendente. Molti pensano che la fine dell'umanità o del mondo intero si verificherà a causa di fattori meramente umani o puramente fisici. Manca l'idea della provvidenza e della consumazione della storia, manca la nozione dell'intervento divino per chiudere la storia. Manca la virtù della speranza.[36] Spesso si riscontra, invece, un influsso filosofico nichilista (Nietszche) nel pessimismo, molte volte è la nozione di caso o di caos, qualche volta nella forma della legge della giungla (la sopravvivenza dei più forti) di matrice Darwinista o neo-Darwinista.

3.2 L'ottimismo

Mentre il pessimismo commette il peccato di disperazione, l'ottimismo pecca di presunzione e di superbia. A favore degli ottimisti sta il fatto che la maggior parte delle prognosi pessimiste sono state smentite dallo sviluppo stesso. Si possono citare due esempi. Prima di tutto, in occasione dell'invenzione della ferrovia, i biologi e i medici pronosticarono che il corpo umano non avrebbe potuto sostenere tale velocità. In secondo luogo, quando fu progettato il viaggio sulla luna, nuovamente i medici e biologi affermarono che l'uomo non avrebbe potuto vivere nello spazio senza la forza di gravità e che dopo 8 giorni al massimo sarebbe sopraggiunta la morte!

La posizione degli ottimisti è spesso ingenua. Credono in un'utopia futura che può essere costruita solo dalla scienza e dalla tecnologia. Per esempio, l'idea di congelare il corpo umano

---

35. IDEM, *Woman and the New Race*, Truth Publishing Company, New York 1920, p. 63.
36. Si veda: capitolo 6, sottosezione 6.3.10.

dopo la morte per scongelarlo in seguito. Spesso sotto l'influsso di Hegel e Teilhard de Chardin, credono in un progresso illimitato della scienza. Ma, in un cosmo limitato, lo sviluppo illimitato è impossibile; si tratta di un assioma fisico. Pretendere di superare la crisi con la fuga in avanti, significa trasferire alla vita quella vecchia immagine nel film dei fratelli Marx che bruciano il legno dei vagoni del treno per alimentare la caldaia della locomotrice.

Mentre molti pessimisti sostengono che il potere di distruzione è immanente nell'umanità, dall'altra parte gli ottimisti credono che ci sia una forza utopica di crescita dentro il cosmo, una mèta che arriverà nonostante la crisi. Il fattore che unisce molti pessimisti e molti ottimisti è la negazione del Creatore, la negazione di qualsiasi causa trascendente nel cosmo, e la negazione della finalità. Ambedue le posizioni sono legate alle spiegazioni neo-deterministe basate sul caso. La speranza cristiana è diversa.

Si può fare la distinzione fra l'utopismo progressista (che prevede un paradiso terrestre nel futuro) e quello conservatore (che vuole ricostruire un paradiso perduto nel passato). Sono entrambe posizioni illusorie. Mentre il pessimismo spesso prevede la distruzione finale del cosmo e della vita umana come processo immanente alla storia e l'ottimismo prevede l'utopia come processo immanente alla scienza, la visione cristiana concepisce un compimento del cosmo contingente su una scelta divina.[37]

3.3 Prognosi realistiche

Il realismo in questo senso, è da distinguere dal realismo filosofico trattato in dettaglio più ampio in altre mie opere.[38] Esiste, però, un nesso, perché il realismo nel vedere il futuro della Terra riguardo all'ecologia deve essere basato sul realismo metafisico. Le prognosi

---

37. Si veda: capitolo 6, sezione 6.3.10 sotto.
38. Cfr. P. HAFFNER, *Il fascino della ragione*, Gracewing, Leominster 2007, pp.17–36.

realistiche, a differenza di quelle ottimistiche, si distinguono per il fatto che esse tengono conto, nei limiti del possibile, delle eventuali conseguenze negative nei diversi ambiti interdipendenti e sollecitano un decisivo cambiamento dell'atteggiamento di fondo da parte dell'uomo. I veri pericoli sono quelli che dipendono dall'uomo e dalle sue scelte. L'attuale progetto di sviluppo quantitativo deve essere completato mediante un progetto di sviluppo qualitativo.

Contro il pessimismo sta il fatto che alcune soluzioni si trovano nell'ambito della scienza e della tecnologia, per esempio il riciclaggio efficace dei rifiuti. Una affermazione interessante fu fatta in riguardo da S. L. Jaki:

> Non dovremmo dimenticare che molti problemi ecologici che hanno origine nella scienza, o meglio nell'atteggiamento del pubblico che acquista i prodotti, possono trovare la loro soluzione proprio in un maggior sviluppo della medesima scienza.[39]

Un esempio di tale progetto è la ricerca delle possibilità di stoccare le scorie radioattive formate nella produzione nucleare di energia elettrica. Un'altro approccio è la ricerca sulla produzione di energia elettrica col processo di fusione nucleare che sarà molto più «pulito». Questo, però, presuppone la buona volontà da parte dell'uomo. Il criterio non deve essere solo il profitto, ma il bene comune in una prospettiva realista.

Dobbiamo tener conto della nozione cristiana della creazione, del peccato originale ed attuale, della Redenzione e della vita morale per risolvere questi problemi ecologici. C'è bisogno di una rinnovata cultura cristiana. Si tratta del rapporto dell'uomo con la creazione (intesa come cosmo visibile: animale, vegetale, minerale), delle sue relazioni con gli altri uomini e con Dio. Prima di tutto fondiamo il nostro pensiero sull'insegnamento della Chiesa che sarà l'argomento del prossimo capitolo.

---

39. S. L. Jaki, Intervento al Meeting per l'amicizia fra i popoli del 1988 in *Meeting '88. Cercatori di Infinito. Costruttori di Storia*, Rimini 1989, p. 204.

4

Il Magistero dei Papi

> La Chiesa invita ad impostare la questione in modo equilibrato, nel rispetto della «grammatica» che il Creatore ha inscritto nella sua opera, affidando all'uomo il ruolo di custode e amministratore responsabile del creato, ruolo di cui non deve certo abusare, ma da cui non può nemmeno abdicare.
>
> Papa Benedetto XVI, *Messaggio per la Giornata della Pace*, 2010

4.1 Papa Pio XII

Pio XII, indirizzandosi ad un gruppo di agricoltori italiani, già nel lontano 1946, si è mostrato difensore di una vera «ecologia cristiana». Citando Plinio, parlando delle terre d'Italia, esaltava la vitale e perenne salubrità, i fertili campi, i colli aprichi, i boschi ombrosi, la feracità delle viti e degli olivi ed i pingui armenti.[1] Il Papa lodava il fatto che gli agricoltori vivevano in contatto permanente con la natura, che la loro vita si svolgeva in luoghi ancora lontani dagli eccessi di una civiltà artificiale ed era tutta volta a far sorgere dalle profondità del suolo, sotto il sole del Padre divino, le ricchezze abbondanti che la sua mano ha nascoste.[2] Pio XII indicava anche gli effetti negativi che il peccato ha

---

1. Cfr. Papa Pio XII, *Ad agrorum Cultores ob Conventum Confoederationis nationalis Italicae Romae coadunatos* (15 novembre 1946) in *AAS* 38 (1946), p.432. Veda anche Plinio, *Naturalis Historia*, Libro III, 5, n.41.
2. Cfr. Papa Pio XII, *Ad agrorum Cultores ob Conventum Confoederationis nationalis Italicae Romae coadunatos* in *AAS* 38 (1946), p.432.

portato nel mondo. Prima del peccato, Dio aveva dato all'uomo la terra affinché la coltivasse, come l'occupazione più bella e più onorevole nell'ordine naturale. Continuando l'opera di peccato dei nostri primi genitori, i peccati attuali di tutta l'umanità hanno fatto pesare sempre più la maledizione sulla terra: «Colpito successivamente da tutti i flagelli, diluvi, cataclismi tellurici, miasmi pestilenziali, guerre devastatrici, il suolo in alcune parti deserto, sterile, malsano, ... si è rifiutato di elargire spontaneamente all'uomo i suoi tesori. La terra è la grande ferita, la grande malata. Chinato su di lei, non come lo schiavo sulla gleba, ma come il clinico sul letto del paziente, il coltivatore le prodiga le sue cure con amore».[3] Ma, aggiungeva il Papa, l'amore non basta; occorrono anche vaste e varie cognizioni.[4]

Un altro messaggio di papa Pio XII è un esempio di come la Chiesa ha anticipato le preoccupazioni della società in materia di ambiente. Lungi dall'essere indietro rispetto al mondo in tale questione, la Chiesa si è preoccupata per prima, ma in un contesto di fede:

> Non con ansia e trepidazione abbiamo osservato i recenti progressi che, dopo alcuni impianti fissi (di produzione di energia elettro-nucleare), hanno condotto a buon termine il primo tentativo di muovere una nave con energia ricavata da trasmutazioni nucleari, mettendo finalmente queste forze a servizio, non a distruzione dell'uomo... Con pari fiducia ed attesa seguiamo quelle molte ricerche le quali, volte a studiare gli effetti che i numerosi tipi di radiazione ora disponibili hanno sui vegetali, sulla loro possibilità di conservazione... Tuttavia a riguardo di ciò che la ricerca può fare nel dominio geloso della vita, dobbiamo ancora una volta ammonire dei pericoli, che la genetica prevede come possibili, quando il mistero, che giace in fondo a ciò che è vivo, viene manomesso da incauti interventi o da un violento mutamento dell'habitat, per esempio a causa di

---

3. *Ibid.*, 1 in *AAS* 38 (1946), p.434.
4. Cfr. *ibid.*

Il Magistero dei Papi 105

agenti, come un'accresciuta radioattività nei confronti di un'ancora ignota soglia di sicurezza biologica.[5]

4.2 Papa Paolo VI

Il Papa Paolo VI ha ulteriormente approfondito la visione della Chiesa in materia di ecologia. Durante la prima parte del suo Pontificato si è concluso il Concilio Vaticano II, che ha fatto una considerazione di base molto importante a riguardo:

> L'uomo, infatti, creato a immagine di Dio, ha ricevuto il comando di sottomettere a sé la terra con tutto quanto essa contiene, e di governare il mondo nella giustizia e nella santità, e così pure di riportare a Dio se stesso e l'universo intero, riconoscendo in Lui il Creatore di tutte le cose; in modo che, nella subordinazione di tutte le realtà all'uomo, sia glorificato il nome di Dio su tutta la terra.[6]

Questo brano parla della ricapitolazione in Cristo delle cose terrene e afferma che la sottomissione della terra all'uomo non è arbitraria, ma deve essere realizzata in accordo con la legge naturale e la legge rivelata. Attraverso l'opera dell'uomo si realizza il creato. Più esplicitamente, Paolo VI ha affrontato il discorso ecologico, anche in senso più ampio, legato al problema morale:

> Oggi ci si occupa di ecologia, cioè di purificazione dell'ambiente fisico dove si svolge la vita dell'uomo: perché non ci preoccuperemo anche d'un'ecologia morale dove l'uomo vive da uomo e da figlio di Dio?[7]

---

5. Papa Pio XII, *Radiomessaggio Pasquale* (10 aprile 1955) in *AAS* 47 (1955), pp.284–285.
6. Vaticano II, *Gaudium et spes*, 34.1.
7. Papa Paolo VI, *Discorso all'udienza generale* (31 marzo 1971) in *IP* 9 (1971), p.242.

In un suo documento sociale importante, il Papa ha affrontato l'aspetto sociale di tale problema:

> Mentre l'orizzonte dell'uomo si modifica, in tale modo, tramite le immagini che sono scelte per lui, un'altra trasformazione si avverte, conseguenza tanto drammatica quanto inattesa dell'attività umana. L'uomo ne prende coscienza bruscamente: attraverso uno sfruttamento sconsiderato della natura, egli rischia di distruggerla e di essere a sua volta vittima di siffatta degradazione. Non soltanto l'ambiente naturale diventa una minaccia permanente: inquinamenti e rifiuti, nuove malattie, potere distruttivo totale; ma è il contesto umano che l'uomo non padroneggia più, creandosi così per il domani un ambiente che potrà essergli intollerabile: problema sociale di vaste dimensioni che riguarda l'intera famiglia umana. A queste nuove prospettive il cristiano deve dedicare la sua attenzione per assumere, insieme con gli altri uomini, la responsabilità di un destino ormai comune.[8]

Paolo VI ha anche discusso i problemi concreti dell'ambiente:

> Come si può ignorare gli squilibri provocati nella biosfera dallo sfruttamento disordinato delle riserve fisiche del pianeta, nello stesso processo di produrre l'utile, come il danno alle risorse naturali non rinnovabili. Poi l'inquinamento della terra, dell'acqua, dell'aria e dello spazio, come danno alla vita vegetale e animale... Tutto questo danneggia l'ambiente dell'uomo e minaccia la sua sopravvivenza. Il problema dell'ambiente non sarà affrontato solo con le misure tecniche... Ci vuole un cambiamento di mentalità. Seguire l'esempio di san Francesco di Assisi e altri.[9]

La primaria preoccupazione della Chiesa per l'uomo nei problemi ambientali si estende ugualmente ai problemi della fami-

---

8. Papa PAOLO VI, *Octogesima Adveniens*, 21 in *IP* 9 (1971), pp. 1182–1183.
9. Papa PAOLO VI, *Messaggio alla Conferenza di Stoccolma sull'Ambiente* (5 giugno 1972) in *IP* 10 (1972), pp. 606–610.

glia, della casa e dell'alloggio: «La casa, vale a dire il luogo caldo e accogliente in cui la famiglia è unita e i figli crescono nell'amore, deve costituire la prima preoccupazione di qualsivoglia programma relativo all'ambiente umano.»[10]

La nozione dell'equilibrio ecologico è alla base poi del sano pensiero ambientale, come ha proposto il Papa alla Pontificia Accademia delle Scienze:

> Voi sentite profondamente in voi stessi la solidarietà che vi lega all'umanità di oggi e di domani, ed è per questo che vi ponete nell'atteggiamento di assoluta serietà scientifica, l'atteggiamento di chi deve porsi lealmente la questione dell'avvenire terrestre dell'umanità e, da uomo responsabile, concorrere a prepararlo, preservarlo, a eliminare i rischi. Il tema scelto per la presente Settimana di Studio riflette in modo evidente tale sollecitudine: di fronte agli agenti nocivi che minacciano le piante, i cui frutti costituiscono direttamente o indirettamente la principale fonte di sussistenza per l'uomo, la protezione si realizza oggi soprattutto grazie ai prodotti chimici di sintesi; ma questi ultimi suscitano delle preoccupazioni sempre più gravi, a causa dei loro possibili effetti tossici a lungo termine sull'uomo, a causa anche delle modificazioni che apportano all'ambiente naturale, con conseguenti perturbazioni dell'equilibrio ecologico.[11]

Tutti questi problemi ecologici esigono una nuova solidarietà anche con le generazioni future ed anche un generoso senso di condivisione fra ricchi e poveri.[12]

---

10. Papa PAOLO VI, *Epistula ad Exc. mum Virum Berney Danson Canadensem Administrum pro Urbanis Negotiis eundemque Praesidem Conferentiae Unitarum Nationum in urbe Vancuverio instructae ad dignas hominum fovendas habitationes* (24 maggio 1976) in *IP* 14 (1976), pp. 401ss.

11. Papa PAOLO VI, *Discorso alla Pontificia Accademia delle Scienze* (23 ottobre 1976) in *IP* 14 (1976), p. 868. Traduzione italiana da M. GARGANTINI, *I Papi e la scienza*, Jaca Book, Milano 1985, pp. 236–237.

12. Si veda: Papa PAOLO VI, *Messaggio in occasione della V Giornata Mondiale dell'Ambiente* (5 giugno 1977) in *IP* 15 (1977), pp. 561–562.

4.3 Papa Giovanni Paolo II

Già dalla prima enciclica, papa Giovanni Paolo II ha sottolineato i principi che debbono stare, fra l'altro, alla base di ogni sano discorso ecologico:

> L'uomo di oggi sembra essere minacciato da ciò che produce [...] in questo sembra consistere l'atto principale del dramma dell'esistenza umana contemporanea. Questo stato di minaccia per l'uomo, da parte dei suoi prodotti, ha varie direzioni e vari gradi di intensità. Sembra che siamo sempre più consapevoli del fatto che lo sfruttamento della terra, del pianeta su cui viviamo, esiga una razionale ed onesta pianificazione. Nello stesso tempo tale sfruttamento per scopi non soltanto industriali, ma anche militari, lo sviluppo della tecnica non controllato né inquadrato in un piano a raggio universale ed autenticamente umanistico, portano spesso con sé la minaccia all'ambiente naturale dell'uomo, lo alienano nei suoi rapporti con la natura, lo distolgono da essa. L'uomo sembra spesso non percepire altri significati del suo ambiente naturale, ma solamente quelli che servono ai fini di un immediato uso e consumo. Invece era volontà del Creatore che l'uomo comunicasse con la natura come «padrone» e custode intelligente e nobile, e non come «sfruttatore» e «distruttore» senza alcun riguardo.[13]

Il Papa si è dichiarato contro il pragmatismo sia nell'ecologia, sia negli altri settori della vita umana:

> Il senso essenziale della regalità, del dominio dell'uomo sul mondo visibile, a lui assegnato come compito dallo stesso Creatore, consiste nella priorità dell'etica sulla tecnica, nel primato della persona sulle cose, nella superiorità dello spirito sulla materia.[14]

---

13. Papa GIOVANNI PAOLO II, *Redemptor Hominis* (1979), 15.
14. *Ibid.*, 16.

Il Magistero dei Papi

Lo stesso anno, il Papa ha ripetuto questo brano della *Redemptor hominis* 16, e ha precisato ancora questo senso essenziale della regalità umana, anche contro il cosmocentrismo neo-pagano:

> Questa triplice superiorità si mantiene in quanto si conservi il senso della trascendenza dell'uomo sul mondo e di Dio sull'uomo... L'uomo deve uscire vittorioso da questo dramma che minaccia di degenerare in tragedia, e deve ritrovare la sua autentica regalità sul mondo e il pieno dominio sulle cose che produce.[15]

Giovanni Paolo II ha insistito sull'importanza dell'ecologia per la Chiesa, ma sempre nel suo contesto umano:

> La Chiesa cattolica si avvicina al problema della protezione dell'ambiente dal punto di vista della persona umana... I problemi ambientali dovrebbero essere visti in relazione alle necessità di uomini e donne concreti, delle loro famiglie, dei loro valori, delle loro inestimabili eredità sociali e culturali. Perché lo scopo ultimo dei programmi ambientali è di elevare la qualità della vita umana, di mettere nel miglior modo possibile il creato al servizio dell'umana famiglia.[16]

Durante il Pontificato di Giovanni Paolo II, san Francesco di Assisi fu dichiarato patrono dei cultori dell'ecologia. Questa dichiarazione riconosce di doverlo

> meritatamente annoverare tra i santi e illustri uomini che ebbero una singolare venerazione per la natura, quale magnifico dono fatto da Dio all'umanità... Egli infatti, ebbe una particolare percezione di tutte le opere del Creatore, e quasi superbamente ispirato compose quel bellissimo Cantico delle creature, attraverso le quali, in partico-

---

15. Papa GIOVANNI PAOLO II, *Discorso alla commemorazione di Albert Einstein* (10 novembre 1979) in *IG* 2/2 (1979), p. 1109 in francese. Traduzione italiana in *DP* p. 148.
16. Papa GIOVANNI PAOLO II, *Discorso al Centro per l'ambiente dell'ONU a Nairobi* (18 agosto 1985), 4.

lare fratello sole, sorella luna e le stelle, diede all'altissimo, onnipotente e buon Signore la debita lode, onore, gloria e ogni benedizione.[17]

Il Papa ha anche affrontato la questione delle risorse in rapporto alla questione ecologica, nel contesto di considerare l'ambiente come eredità. Ha anche citato la sua propria esperienza di lavoro:

> Nel corso della sua storia, l'uomo ha sviluppato le forme di energia di cui aveva bisogno, passando dalla scoperta del fuoco a forme di energia sempre più ricche, arrivando infine all'energia nucleare, sconvolgente sotto tanti punti di vista. Nello stesso tempo, il progresso dell'industrializzazione ha dato luogo, soprattutto in questi ultimi tempi, ad un consumo sempre più crescente cosicché certe risorse naturali sono in via di esaurimento. La nostra civiltà—prima di tutto i suoi scienziati e i suoi tecnici—, deve cercare metodi nuovi per utilizzare le risorse di energia che la Provvidenza divina ha messo a disposizione degli uomini. È necessario inoltre che gli stessi governi conducano una politica energetica unificata, in tal modo che l'energia prodotta in una regione possa essere utilizzata in altre regioni... Il legno prende posto tra le risorse di energia più antiche. Nei paesi in via di sviluppo, resterà senza dubbio per molto tempo la principale fonte di energia. Ma è necessario che l'uso di questa forma di energia tradizionale e importante non dia luogo a disboscamenti e a distruzioni di foreste che creano gravi squilibri ecologici. Bisognerebbe dunque prevedere un rimboschimento attivo, che deve essere condotto a compimento da botanici, ecologi, pedologi, e la sua realizzazione dovrebbe essere oggetto di attente cure da parte di pianificatori e di uomini politici. Ho potuto constatare i danni causati alla bellezza della natura da impianti industriali che avrebbero potuto essere posti altrove o concepiti in altro modo. Ho conosciuto soprattutto per esperienza personale le sofferenze dei minatori di carbone, i cui polmoni sono impregnati della polvere che riempie le

---

17. Papa GIOVANNI PAOLO II, Lettera Apostolica *Inter sanctis* (29 novembre 1979) in *AAS* 71 (1979), pp. 1509–1510.

gallerie delle miniere. Voglio sperare che siano fin da ora già adottati, in nome dei diritti dell'uomo e per il miglioramento della qualità della vita, nuovi metodi efficaci per l'utilizzazione di fonti convenzionali di energia, e che non si metterà più in pericolo, oltre all'ambiente naturale, i lavoratori e la popolazione. L'energia è un bene universale che la divina Provvidenza ha messo a servizio dell'uomo, di tutti gli uomini, a qualsiasi parte del mondo essi appartengono, e dobbiamo pensare anche agli uomini di domani, perché il Creatore ha affidato la terra e la moltiplicazione dei suoi abitanti alla responsabilità dell'uomo. Penso che si possa considerare come un dovere di giustizia e di carità lo sforzo risoluto e perseverante compiuto per amministrare le fonti di energia e di rispettare la natura, non solamente perché tutta l'umanità possa usufruirne, ma anche le generazioni future.[18]

Il papa Giovanni Paolo II ha anche collocato un discorso sugli animali nel contesto della teologia della creazione:

> San Francesco sta dinanzi a noi anche come esempio di inalterabile mitezza e di sincero amore nei confronti degli esseri irragionevoli, che fanno parte del creato. In lui riecheggia quell'armonia che è illustrata con parole suggestive dalle prime pagine della Bibbia: «Dio pose l'uomo nel giardino di Eden, perché lo coltivasse e lo custodisse» (Gen 2,15), e «condusse» gli animali «all'uomo, per vedere come li avrebbe chiamati» (Gen 2,19).[19]

Il Papa ha notato che in san Francesco si intravede quasi un'anticipazione di quella pace, prospettata dalla Sacra Scrittura, quando «il lupo dimorerà insieme con l'agnello, la pantera si sdraierà accanto al capretto; il vitello ed il leoncello pascole-

---

18. Papa GIOVANNI PAOLO II, *Discorso alla Pontificia Accademia delle Scienze* (14 novembre 1980) in *IG* 3/2 (1980), pp. 1175–1178. Traduzione italiana da *DP*, pp. 154–156.

19. Papa GIOVANNI PAOLO II, *Allocuzione al popolo di Assisi* (12 marzo 1982) in *IG* 5/1 (1982), pp. 852–853. Per la nozione cristiana del dominio, si veda: capitolo 6, sezione 6.3.3 sotto.

ranno insieme e un fanciullo li guiderà» (Is 11,6). Egli guardava il creato con gli occhi di chi sa riconoscere in esso l'opera meravigliosa della mano di Dio. La sua voce, il suo sguardo, le sue cure premurose, non solo verso gli uomini ma anche verso gli animali e la natura in genere sono un'eco fedele dell'amore con cui Dio ha pronunciato all'inizio il «fiat» che li ha fatti esistere. Come non sentire vibrare nel «Cantico delle Creature» qualcosa della gioia trascendente di Dio Creatore del Quale è scritto che «vide quanto aveva fatto ed, ecco, era cosa molto buona» (Gen 1,31)? Non sta forse qui la spiegazione del dolce appellativo di «fratello» e «sorella», con cui il Poverello si rivolge ad ogni essere creato? Ad un simile atteggiamento siamo chiamati anche noi. Creati ad immagine di Dio, dobbiamo renderlo presente in mezzo alle creature «come padroni e custodi intelligenti e nobili» della natura e «non come sfruttatori e distruttori senza alcun riguardo».[20]

Un pilastro nella comprensione della teologia dell'ambiente è il concetto della bellezza. Il Papa effettivamente ha insegnato che si trova una gerarchia della bellezza nel creato, basata sulla metafisica, che si mostra al livello estetico, naturale o artificiale, ed anche al livello funzionale:

> L'educazione al rispetto per gli animali ed, in genere, per l'armonia del creato ha, del resto, un benefico effetto sull'essere umano come tale, contribuendo a sviluppare in lui sentimenti di equilibrio, di moderazione, di nobiltà ed abituandolo a risalire «dalla grandezza e bellezza delle creature» alla trascendente bellezza e grandezza del loro Autore (cfr. Sap 13,5).[21]

---

20. Si veda: Papa GIOVANNI PAOLO II, *Allocuzione al popolo di Assisi*, 12 marzo 1982 in *IG* 5/1 (1982), pp. 852–853 ed anche IDEM, *Redemptor Hominis*, 15.

21. Papa GIOVANNI PAOLO II, *Allocuzione al popolo di Assisi* (12 marzo 1982) in IG 5/1 (1982), pp. 852–853.

Il Papa ha proposto che l'uomo e il suo mondo (la nostra Terra, che nel primo viaggio spaziale si è presentata come una «stella» di colore verde e azzurro), devono essere tutelati e aiutati a progredire. Questo significa usare con cautela la vita, anche la vita animale e tutta la natura animata e inanimata. La terra, nell'orizzonte della fede, non è una riserva da saccheggiare senza limiti, ma è una parte del mistero della creazione della quale non ci si deve soltanto servire, ma davanti alla quale si deve rimanere stupiti e alla quale si deve venerazione.[22]

Una novità portata dal Papa è stata la sua dichiarazione su come si dovrebbe trattare gli animali:

> È certo che l'animale è al servizio dell'uomo e può quindi essere oggetto di sperimentazione, ma tuttavia dev'essere trattato come una creatura di Dio, destinata sì a cooperare al bene dell'uomo, non però ai suoi abusi; pertanto la diminuzione di sperimentazioni su animali, progressivamente resesi sempre meno necessarie, corrisponde al disegno e al bene dell'intera creazione.[23]

Allo stesso tempo, il Papa ha respinto il grave errore del cosmocentrismo che rende gli animali uguali alla persona umana:

> in nome di una concezione ispirata all'ecocentrismo e al biocentrismo, si propone di eliminare la differenza ontologica e assiologica tra l'uomo e gli altri esseri viventi, considerando la biosfera come un'unità biotica di valore indifferenziato. Si viene così ad eliminare la superiore responsabilità dell'uomo in favore di una considerazione egualitaristica della «dignità» di tutti gli esseri viventi.[24]

---

22. Cfr. Papa GIOVANNI PAOLO II, *Omelia a Vienna* (12 settembre 1983).
23. Papa GIOVANNI PAOLO II, *Discorso alla Pontificia Accademia delle Scienze* (23 ottobre 1982), in *IG* 5/3 (1982) p. 892 in inglese. Traduzione italiana da *DP* pp. 162 ss. Cfr. *CCC* 2418.
24. Papa GIOVANNI PAOLO II, *Discorso ad un convegno su ambiente e salute* (24 marzo 1997), 5.

La dimensione cosmica del discorso ecologico è stata spiegata dal Papa, insistendo sulla specificità dell'Incarnazione:

> L'Incarnazione di Dio-Figlio significa l'assunzione all'unità con Dio non solo della natura umana, ma in essa, in un certo senso, di tutto ciò che è «carne»: di tutta l'umanità, di tutto il mondo visibile e materiale. L'Incarnazione, dunque, ha anche un suo significato cosmico, una sua cosmica dimensione. Il «generato prima di ogni creatura», incarnandosi nell'umanità individuale di Cristo, si unisce in qualche modo con l'intera realtà dell'uomo, il quale è anche «carne»—in essa con ogni «carne», con tutta la creazione.[25]

Il Papa ha considerato anche la nozione della qualità di vita, ma in una chiave umana e cristiana, in contrasto con la visione meramente materialista e edonista:

> Il rapporto armonioso tra l'uomo e la natura è un elemento fondamentale della civiltà, e si intuisce facilmente tutto il contributo che la scienza può apportare nel campo dell'ecologia, per la difesa contro le alterazioni violente dell'ambiente e per la crescita della qualità di vita mediante l'umanizzazione della natura.[26]

Giovanni Paolo II ha proclamato che la scienza deve essere sempre indirizzata al bene dell'umanità e non ridotta al solo utile in una chiave pragmatista. In particolare, una visione che prende in considerazione solo il profitto ha causato danni nell'ambiente.[27]

---

25. Papa GIOVANNI PAOLO II, Lettera Enciclica *Dominum et vivificantem*, 50.

26. Papa GIOVANNI PAOLO II, *Discorso alla Pontificia Accademia delle Scienze* (28 ottobre 1986), 8.6 in *IG* 9/2 (1986), p.1282 in francese. Traduzione italiana da *DP*, p.196.

27. Papa GIOVANNI PAOLO II, *Discorso alla Pontificia Accademia delle Scienze* (6 novembre 1987) in *IG* 10/3 (1987), p. 1018: «Science is a human work and must be directed solely to the good of humanity. Technology, as the transfer of science to practical applications, must seek the good of

In altre parole, ci sono limiti al dominio umano, come il Papa ha affermato:

> Il carattere morale dello sviluppo non può prescindere neppure dal rispetto per gli esseri che formano la natura visibile... Anche tali realtà esigono rispetto, in virtù di una triplice considerazione, su cui giova attentamente riflettere. La prima consiste nella convenienza di prendere crescente consapevolezza che non si può fare impunemente uso delle diverse categorie di esseri, viventi o inanimati— animali, piante, elementi naturali—come si vuole, a seconda delle proprie esigenze economiche. Al contrario, occorre tener conto della natura di ciascun essere e della sua mutua connessione in un sistema ordinato, ch'è appunto il cosmo. La seconda considerazione, invece, si fonda sulla constatazione, si direbbe più pressante, della limitazione delle risorse naturali, alcune delle quali non sono, come si dice, rinnovabili. Usarle come se fossero inesauribili, con assoluto dominio, mette seriamente in pericolo la loro disponibilità non solo per la generazione presente, ma soprattutto per quelle future. La terza considerazione si riferisce direttamente alle conseguenze che un certo tipo di sviluppo ha sulla qualità della vita nelle zone industrializzate. Sappiamo tutti che risultato diretto o indiretto dell'industrializzazione è, sempre più di frequente, la contaminazione dell'ambiente, con gravi conseguenze per la salute della popolazione. Il dominio accordato dal Creatore all'uomo non è potere assoluto, né si può parlare di libertà di «usare e abusare», o di disporre delle cose come meglio aggrada. La limitazione imposta dallo stesso Creatore fin dal principio, ed espressa simbolicamente con la proibizione di «mangiare il frutto dell'albero» (cf. Gen 2,16s), mostra con sufficiente chiarezza che, nei confronti della natura

---

> humanity and never work against it. Therefore science and technology must be governed by ethical and moral principles. Theory aimed only at profit has produced in the last century a technology that has not always respected the environment, that has led to situations causing great concern by reason of the irreversible damage done, both locally and worldwide.»

visibile, siamo sottomessi a leggi non solo biologiche, ma anche morali, che non si possono impunemente trasgredire.[28]

Significativa qui è l'affermazione della nozione del cosmo e delle sue leggi come basi per la riflessione ecologica. Si deve anche intendere la nozione di legge ai suoi diversi livelli: le leggi nella fisica e nella biologia, la legge giuridica e poi quella morale. La visione cristiana risulta contraria alla nozione positivista della legge, perché la legge trascende il visibile. Si dovrebbe, inoltre, tener conto del discorso sulla nozione di equilibrio ecologico e della rinnovabilità delle risorse. Si può considerare l'acqua come rinnovabile, mentre i minerali non sono rinnovabili. Ci sono però dei limiti di rinnovabilità, che può essere qualificata come parziale o totale.

Poi, il documento veramente chiave per il nostro argomento è il principale documento Pontificio sull'ambiente, il messaggio per la giornata mondiale per la pace del 1 gennaio 1990, *Pace con Dio Creatore: pace con tutto il creato*. Il documento completo si trova nell'Appendice 1. Qui ci limitiamo a un breve sommario:

1. L'egoismo collettivo, l'insicurezza, la mancanza di rispetto per la natura minacciano oggi la pace nel mondo. È, dunque, necessario favorire il formarsi di una coscienza ecologica.

2. Con la questione ambientale si trovano correlati parecchi valori etici, che hanno a che fare con la pace. Per risolvere o, per lo meno, per cercare di risolvere la questione ambientale è necessario trovare soluzioni che abbiano alla base una coerente visione morale del mondo. Il cristiano trova questa coerente visione morale attingendo alla rivelazione.

3. Adamo ed Eva sono stati chiamati da Dio a partecipare all'attuazione del suo piano sulla creazione, ponendo in atto un rapporto ordinato tra di loro e con l'intero creato. Ma l'uomo

---

28. Papa Giovanni Paolo II, *Sollecitudo rei socialis* (30 dicembre 1987), 34.

è caduto nel peccato andando contro il disegno di Dio Creatore e provocando la sottomissione del creato alla caducità.

4. In Cristo tutto il creato è stato riconciliato.

5. Quando l'uomo si allontana dal disegno del proprio Creatore, provoca disordini che si ripercuotono sull'intera creazione. Questo fatto mette in risalto la relazione che intercorre tra l'agire dell'uomo e l'integrità del creato. Tutti, non solo i cristiani, vedono la devastazione causata da coloro che non riconoscono l'ordine e l'armonia del cosmo. Ma, per porre rimedio a questa devastazione bisogna risalire alla causa di tutto: la profonda crisi morale.

6. La crisi ecologica ha un carattere morale. Si deve tener conto del benessere delle generazioni future e della totalità dell'ecosistema nella gestione dei progressi scientifici e tecnologici.

7. Oggi si fa tutto in nome del progresso. Questo provoca la mancanza di rispetto per la vita e per la dignità dell'uomo, mentre la norma del progresso dovrebbe proprio essere il rispetto per la vita della persona e della sua dignità.

8. La terra è un'eredità comune. Proprio per questo non è giusto che solo in pochi la possano gestire, soprattutto quando il dissesto ecologico dipende da queste poche persone.

9. Si dovrebbe inserire in una futura carta dei diritti anche il diritto ad un ambiente sicuro. Ci sarebbe la necessità di un coordinamento internazionale per quanto riguarda le questioni ecologiche. Questo non deve togliere la responsabilità ai singoli Stati, i quali devono controllare il proprio territorio e prestare maggiore attenzione ai settori più vulnerabili della società.

10. Si riscontra l'urgenza morale di una nuova solidarietà tra gli Stati, sia perché i Paesi poveri non ripetano gli stessi errori commessi dai Paesi ricchi, sia per consolidare le relazioni pacifiche tra gli Stati stessi.

11. Non si potrà ottenere un sano equilibrio nell'ecosistema, se non intervenendo sulle forme strutturali di povertà.
12. Ogni guerra è causa di incalcolabili danni ecologici.
13. Per trovare una soluzione è necessario rivedere il proprio stile di vita, educando alla responsabilità ecologica verso se stessi, gli altri, e l'ambiente.
14. Il creato ha anche un valore estetico.
15. L'uomo, ogni uomo è responsabile dell'ordine del cosmo, ma il cristiano lo è in virtù della propria fede in Dio Creatore.
16. Il rispetto per la vita e per la dignità della persona umana include necessariamente il rispetto e la cura del creato. San Francesco d'Assisi ci mostra come la pace con Dio porti con sé la pace con il creato e con tutti gli uomini.

In un'altra grande enciclica sociale, Giovanni Paolo II ha parlato della responsabilità riguardo alla creazione come dono originario da Dio all'uomo:

> Del pari preoccupante, accanto al problema del consumismo e con esso strettamente connessa, è la questione ecologica. L'uomo, preso dal desiderio di avere e di godere, più che di essere e di crescere, consuma in maniera eccessiva e disordinata le risorse della terra e la sua stessa vita. Alla radice dell'insensata distruzione dell'ambiente naturale c'è un errore antropologico, purtroppo diffuso nel nostro tempo. L'uomo, che scopre la sua capacità di trasformare e, in un certo senso, di creare il mondo col proprio lavoro, dimentica che questo si svolge sempre sulla base della prima originaria donazione delle cose da parte di Dio. Egli pensa di poter disporre arbitrariamente della terra, assoggettandola senza riserve alla sua volontà, come se essa non avesse una propria forma ed una destinazione anteriore datale da Dio, che l'uomo può, sì, sviluppare, ma non deve tradire. Invece di svolgere il suo ruolo di collaboratore di Dio nell'opera della creazione, l'uomo si sostituisce a Dio e

Il Magistero dei Papi

così finisce col provocare la ribellione della natura, piuttosto tiranneggiata che governata da lui.²⁹

Il papa Giovanni Paolo II ha ribadito spesso che il problema ecologico è connesso con quello etico e morale:

> I beni della terra, che nel piano divino debbono essere patrimonio comune, rischiano talora di diventare monopolio soltanto di pochi. Essi vengono utilizzati ad esclusivo beneficio di alcuni, che non di rado li manomettono e, talora, li distruggono, arrecando così un danno all'intera umanità. Occorre frenare la corsa all'uso egoistico dei beni della terra. Bisogna impedirne la distruzione e l'alterazione perché subiamo tutti le conseguenze negative di scelte ecologiche sconsiderate.³⁰

Il Catechismo della Chiesa Cattolica, promulgato da Giovanni Paolo II nel 1992, ha parlato spesso della creazione e in particolare della questione ambientale. La creazione è voluta da Dio come un dono fatto all'uomo, come un'eredità a lui destinata e affidata.³¹ L'essere umano è come sacerdote o vicegerente della creazione perché Dio ha creato tutto per l'uomo, ma l'uomo è stato creato per servire e amare Dio e per offrirGli tutta la creazione.³² Nel disegno di Dio, l'uomo e la donna sono chiamati ad essere «amministratori di Dio», chiamati a partecipare alla Provvidenza divina verso le altre creature. Questa sovranità però non deve essere un dominio arbitrario e distruttivo.³³ Il dominio del mondo che Dio, fin dagli inizi, aveva concesso all'uomo, si

---

29. Papa GIOVANNI PAOLO II, Lettera enciclica *Centesimus Annus* (1 maggio 1991), 37.
30. Papa GIOVANNI PAOLO II, *Discorso ai partecipanti al Premio internazionale per l'Ambiente San Francesco «Cantico delle Creature»* (25 ottobre 1991).
31. Cfr. *CCC* 299.
32. Cfr. *CCC* 358.
33. Cfr. *CCC* 373.

realizzava innanzi tutto nell'uomo stesso come padronanza di sé.[34]

La creazione è poi gerarchica a differenza di quello che propone il cosmocentrismo neo-pagano:

> La gerarchia delle creature è espressa dall'ordine dei «sei giorni», che va dal meno perfetto al più perfetto. Dio ama tutte le sue creature, si prende cura di ognuna, perfino dei passeri. Tuttavia, Gesù dice: «Voi valete più di molti passeri» (Lc 12,6–7), o ancora: «Quanto è più prezioso un uomo di una pecora!» (Mt 12,12).[35]

Il rispetto dell'integrità della creazione viene inserito nel contesto della catechesi sul settimo comandamento:

> Il settimo comandamento esige il rispetto dell'integrità della creazione. Gli animali, come le piante e gli esseri inanimati, sono naturalmente destinati al bene comune dell'umanità passata, presente e futura. L'uso delle risorse minerali, vegetali e animali dell'universo non può essere separato dal rispetto delle esigenze morali. La signoria sugli esseri inanimati e sugli altri viventi accordata dal Creatore all'uomo non è assoluta; deve misurarsi con la sollecitudine per la qualità della vita del prossimo, compresa quella delle generazioni future; esige un religioso rispetto dell'integrità della creazione.[36]

Afferma anche l'importanza del rispetto per gli animali, che non è da confondersi però con i cosiddetti diritti degli animali:

> Gli animali sono creature di Dio. Egli li circonda della sua provvida cura. Con la loro semplice esistenza lo benedicono e gli rendono gloria. Anche gli uomini devono essere benevoli verso di loro. Ci si ricorderà con quale delicatezza i santi, come san Francesco d'Assisi o san Filippo Neri, trat-

---

34. Cfr. *CCC* 377.
35. *CCC* 342.
36. *CCC* 2415.

Il Magistero dei Papi

tassero gli animali. Dio ha consegnato gli animali a colui che egli ha creato a sua immagine. È dunque legittimo servirsi degli animali per provvedere al nutrimento o per confezionare indumenti. Possono essere addomesticati, perché aiutino l'uomo nei suoi lavori e anche a ricrearsi negli svaghi. Le sperimentazioni mediche e scientifiche sugli animali, se rimangono entro limiti ragionevoli, sono pratiche moralmente accettabili, perché contribuiscono a curare o salvare vite umane. È contrario alla dignità umana far soffrire inutilmente gli animali e disporre indiscriminatamente della loro vita. È pure indegno dell'uomo spendere per gli animali somme che andrebbero destinate, prioritariamente, a sollevare la miseria degli uomini. Si possono amare gli animali; ma non si devono far oggetto di quell'affetto che è dovuto soltanto alle persone.[37]

Le basi morali per l'agire ecologico erano trattate dal Papa nell'enciclica *Veritatis splendor*. Qui l'uomo è visto come vicegerente del cosmo: «Già il governare il mondo costituisce per l'uomo un compito grande e colmo di responsabilità, che impegna la sua libertà in obbedienza al Creatore: «Riempite la terra; soggiogatela» (Gen 1,28).»[38]

Il documento precisa che l'essere umano dev'essere anche padrone di sé, non solo del cosmo:

Non solo il mondo però, ma anche l'uomo stesso è stato affidato alla sua propria cura e responsabilità. Dio l'ha lasciato «in mano al suo consiglio» (Sir 15,14), perché cercasse il suo Creatore e giungesse liberamente alla perfezione.[39]

Questa padronanza di sé si traduce in termini della solidarietà con gli altri, per superare il pragmatismo così diffuso oggi giorno:

---

37. *CCC* 2416-2418.
38. Papa GIOVANNI PAOLO II, *Veritatis splendor* (6 agosto 1993), 38.
39. *Ibid.*, 39.

> È un grave abuso e un'offesa contro la solidarietà umana se le imprese industriali dei Paesi più ricchi si approfittano delle carenze economiche e legislative dei Paesi più poveri per insediarvi impianti produttivi o scaricarvi rifiuti che hanno effetti degradanti per l'ambiente e per la salute della gente. Considerazioni meramente utilitaristiche o un approccio estetico alla natura non possono costituire base sufficiente per una genuina educazione in ecologia. Dobbiamo tutti accostarci al problema ambientale con solide convinzioni etiche, implicanti responsabilità, autocontrollo, giustizia e amore fraterno.[40]

Il discorso ecologico può essere considerato anche alla luce della bioetica, e le basi per questo sono gettate nell'enciclica *Evangelium vitae*. Il documento nota gli sviluppi positivi nell'ecologia: «È da salutare con favore anche l'accresciuta attenzione alla qualità della vita e all'ecologia...»[41] Ma allo stesso tempo, l'enciclica parla «della seminagione di morte che si opera con l'inconsulto dissesto degli equilibri ecologici.»[42]

Questa cultura della morte proviene proprio dal dimenticare Dio:

> Del resto, una volta escluso il riferimento a Dio, non sorprende che il senso di tutte le cose ne esca profondamente deformato, e la stessa natura, non più «mater», sia ridotta a «materiale» aperto a tutte le manipolazioni. A ciò sembra condurre una certa razionalità tecnico-scientifica, dominante nella cultura contemporanea, che nega l'idea stessa di una verità del creato da riconoscere o di un disegno di Dio sulla vita da rispettare. E ciò non è meno vero, quando l'angoscia per gli esiti di tale «libertà senza legge» induce alcuni all'opposta istanza di una «legge senza libertà», come avviene, ad esempio, in ideologie che contestano la legittimità di qualunque intervento sulla natura, quasi in

---

40. Papa Giovanni Paolo II, *Discorso alla Pontificia Accademia delle Scienze* (22 ottobre 1993) in *OR* 23 ottobre 1993.
41. Papa Giovanni Paolo II, *Evangelium vitae* (25 marzo 1995), 27.
42. *Ibid.*, 10.

nome di una sua «divinizzazione», che ancora una volta ne misconosce la dipendenza dal disegno del Creatore. In realtà, vivendo «come se Dio non esistesse», l'uomo smarrisce non solo il mistero di Dio, ma anche quello del mondo e il mistero del suo stesso essere.[43]

Il documento propone il giardino del mondo come l'oggetto dell'ecologia:

> Chiamato a coltivare e custodire il giardino del mondo (cfr. Gen 2,15), l'uomo ha una specifica responsabilità sull'ambiente della vita, ossia sul creato che Dio ha posto al servizio della sua dignità personale, della sua vita: in rapporto non solo al presente, ma anche alle generazioni future. È la questione ecologica—dalla preservazione degli «habitat» naturali delle diverse specie animali e delle varie forme di vita, alla «ecologia umana» propriamente detta—che trova nella pagina biblica una luminosa e forte indicazione etica per una soluzione rispettosa del grande bene della vita, di ogni vita.[44]

Il testo ripete che la signoria dell'uomo sul cosmo non è assoluta, ma ministeriale:

> Chiamato ad essere fecondo e a moltiplicarsi, a soggiogare la terra e a dominare sugli esseri infraumani (cfr. Gen 1,28), l'uomo è re e signore non solo delle cose, ma anche ed anzitutto di se stesso e, in un certo senso, della vita che gli è donata e che egli può trasmettere mediante l'opera generatrice compiuta nell'amore e nel rispetto del disegno di Dio. La sua, tuttavia, non è una signoria assoluta, ma ministeriale; è riflesso reale della signoria unica e infinita di Dio.[45]

---

43. *Ibid.*, 22.3.
44. *Ibid.*, 42.3.
45. *Ibid.*, 52.

Il Papa insegna che un discorso equilibrato sull'ecologia deve considerare il cosmo sia come casa che come risorsa:

> L'antropologia biblica ha considerato l'uomo creato ad immagine e somiglianza di Dio, come creatura capace di trascendere la realtà mondana in virtù della sua spiritualità, e perciò come custode responsabile dell'ambiente in cui è posto a vivere. Esso gli è offerto dal Creatore sia come casa che come risorsa.[46]

Il Papa ha insistito che dev'essere il rapporto con Dio a condizionare i rapporti dell'essere umano con l'ambiente:

> È ben chiara la conseguenza che discende da tale dottrina: è il rapporto che l'uomo ha con Dio a determinare il rapporto dell'uomo con i suoi simili e con il suo ambiente. Ecco perché la cultura cristiana ha sempre riconosciuto nelle creature che circondano l'uomo altrettanti doni di Dio da coltivare e da custodire con senso di gratitudine verso il Creatore. In particolare, la spiritualità benedettina e francescana hanno testimoniato questa sorta di parentela dell'uomo con l'ambiente creaturale, alimentando in lui un atteggiamento di rispetto verso ogni realtà del mondo circostante.[47]

Se, invece, si segue solo il pragmatismo, le conseguenze sono drammatiche:

> Nell'età moderna secolarizzata si assiste all'insorgere di una duplice tentazione: una concezione del sapere inteso non più come sapienza e contemplazione, ma come potere sulla natura, che viene considerata come oggetto di conquista. L'altra tentazione è costituita dallo sfruttamento sfrenato delle risorse, sotto la spinta della ricerca del pro-

---

46. Papa GIOVANNI PAOLO II, *Discorso ad un convegno su ambiente e salute* (24 marzo 1997), 3.3 in OR 24–25 marzo 1997.
47. *Ibid.*, 4.1.

fitto senza limiti, secondo la mentalità propria delle società moderne di tipo capitalistico.[48]

Si vede spesso la soluzione ai problemi proprio nel campo scientifico e tecnologico. In effetti, la tecnologia che inquina può anche disinquinare, la produzione che accumula può distribuire equamente, a condizione che prevalga l'etica del rispetto per la vita e la dignità dell'uomo, per i diritti delle generazioni umane presenti e di quelle che verranno.[49]

Giovanni Paolo II ha anche fatto notare che tra i fattori che danneggiano gli equilibri dell'ambiente, ci sono anche i conflitti armati ed una corsa sfrenata alla crescita economica. Quest'ultima dovrebbe essere moderata da interventi realizzati nell'ottica del bene comune e non solo della redditività e di profitti personali. Il tema ecologico viene impostato nel quadro di uno sviluppo umano armonico, che contempli la crescita culturale oltre che scientifica dei popoli, e la creazione di una mentalità di rispetto e di solidarietà nei Paesi più industrializzati. Ad esserne coinvolti sono tutti, scienziati e politici. Affinché il pianeta sia abitabile in futuro e ognuno abbia il suo posto, il Papa ha incoraggiato le Autorità pubbliche e tutti gli uomini di buona volontà a interrogarsi sui loro atteggiamenti quotidiani e sulle decisioni da prendere, che non possono essere una ricerca infinita e sfrenata dei beni materiali che non tenga conto dell'ambiente nel quale viviamo, ma devono essere atte a provvedere ai bisogni fondamentali delle generazioni presenti e future.[50]

---

48. *Ibid.*, 4.2.
49. Cfr. *ibid.*, 5.4.
50. Papa GIOVANNI PAOLO II, *Discorso all'Incontro promosso dalla Pontificia Accademia delle Scienze* (12 marzo 1999), 2-3: «2. Dans le monde actuel, de plus en plus de voix s'élèvent pour dénoncer les dommages croissants causés par la civilisation moderne aux personnes, à l'habitat, aux conditions climatiques et à l'agriculture. Certes, il existe des éléments liés à la nature et à son autonomie propre, contre lesquels il est difficile, voire impossible, de lutter. On peut cependant affirmer que des comportements humains sont parfois à l'origine de déséquilibres écologiques graves, avec des conséquences particulièrement néfastes

Un tale approccio all'ambiente richiede anche la grazia di conversione.⁵¹

Il Pontificio Consiglio della Cultura ha indicato che la divulgazione delle conoscenze scientifiche conduce spesso l'uomo a collocarsi nell'immensità del cosmo e ad estasiarsi davanti alle proprie capacità e davanti all'universo, senza pensare minima-

---

et désastreuses dans les différents pays et sur l'ensemble du globe. Il suffit de citer les conflits armés, la course effrénée à la croissance économique, l'utilisation immodérée des ressources, la pollution de l'air et de l'eau. 3. Il est de la responsabilité de l'homme de limiter les risques sur la création, par une attention particulière au milieu naturel, par des interventions appropriées et par des systèmes de protection avant tout envisagés dans la perspective du bien commun et non seulement de la rentabilité ou de profits particuliers. Le développement durable des peuples impose que tous se mettent «au service des hommes pour les aider à saisir toutes les dimensions de ce grave problème, et pour les convaincre de l'urgence d'une action solidaire.» Cfr. Papa PAOLO VI, Enciclica *Populorum progressio*, 1.

51. Papa GIOVANNI PAOLO II, *Discorso all'Incontro promosso dalla Pontificia Accademia delle Scienze* (12 marzo 1999), 7: «Les individus ont parfois l'impression que leurs décisions singulières sont sans effet à l'échelle d'un pays, de la planète ou du cosmos, ce qui risque d'engendrer chez eux une certaine indifférence en raison du comportement irresponsable d'individus. Cependant, nous devons nous rappeler que le Créateur a placé l'homme dans la création, lui ordonnant de la gérer en vue du bien de tous, grâce à son intelligence et à sa raison. De là, nous pouvons être assurés que la moindre bonne action d'une personne a une incidence mystérieuse sur la transformation sociale et participe à la croissance de tous. C'est à partir de l'alliance avec le Créateur, vers lequel l'homme est appelé à se tourner sans cesse, que chacun est invité à une profonde conversion personnelle dans le rapport aux autres et à la nature. Cela permettra une conversion collective et une vie harmonieuse avec la création. Des gestes prophétiques même modestes sont pour un grand nombre une occasion de s'interroger et de s'engager sur des voies nouvelles. De ce fait, il est nécessaire de donner à tous, en particulier aux jeunes qui aspirent à une vie sociale meilleure au sein de la création, une éducation aux valeurs humaines et morales; il est nécessaire également de développer leur sens civique et leur attention aux autres, afin que tous prennent conscience des enjeux de leurs attitudes quotidiennes pour l'avenir de leur pays et de la planète.»

mente che Dio ne è l'autore. Allo stesso tempo, una nuova presa di coscienza si sta affermando con lo sviluppo dell'ecologia. Questa non è una novità per la Chiesa: la luce della fede illumina il senso della creazione e i rapporti tra l'uomo e la natura. San Francesco d'Assisi e san Filippo Neri sono i testimoni-simbolo del rispetto della natura iscritto nella visione cristiana del mondo creato. Questo rispetto trova la sua origine nel fatto che la natura non è proprietà dell'uomo; essa appartiene a Dio, suo Creatore, che gliene ha affidato il governo (cfr. Gen 1,28), perché la rispetti e vi trovi il suo legittimo sostentamento.[52]

Quest'idea di una conversione è stata ripresa altre volte dal Papa, indicando che l'essere umano riceve una missione di governo sul creato per farne brillare tutte le potenzialità. È una delega attribuita dal Re divino alle origini stesse della creazione quando l'uomo e la donna, che sono «immagine di Dio» (Gen 1,27), ricevono l'ordine di essere fecondi, moltiplicarsi, riempire la terra, soggiogarla e dominare sui pesci del mare, sugli uccelli del cielo e su ogni essere vivente che striscia sulla terra (cfr. Gen 1,28).[53] San Gregorio di Nissa, uno dei tre grandi Padri cappadoci, commentava:

> Dio ha fatto l'uomo in modo tale che potesse svolgere la sua funzione di re della terra... L'uomo è stato creato a immagine di colui che governa l'universo. Tutto dimostra che fin dal principio la sua natura è contrassegnata dalla regalità... Egli è l'immagine viva che partecipa nella sua dignità alla perfezione del divino modello.[54]

Giovanni Paolo II ha ribadito che la signoria dell'uomo non è assoluta, ma ministeriale, ed è riflesso reale della signoria unica

---

52. Cfr. PONTIFICIO CONSIGLIO DELLA CULTURA, *Per una Pastorale della Cultura* (1999), 11.
53. Papa GIOVANNI PAOLO II, *Discorso all'Udienza Generale* (17 gennaio 2001), 2.
54. San GREGORIO DI NISSA, *De hominis opificio*, 4 in PG 44, 136.

e infinita di Dio.⁵⁵ Nel linguaggio biblico «dare il nome» alle creature (cfr. Gen 2,19-20) è il segno di questa missione di conoscenza e di trasformazione della realtà creata. È la missione non di un padrone assoluto e insindacabile, ma di un ministro del Regno di Dio, chiamato a continuare l'opera del Creatore, un'opera di vita e di pace. Il suo compito, definito nel Libro della Sapienza, è quello di governare «il mondo con santità e giustizia» (Sap 9,3). Purtroppo, se lo sguardo percorre le regioni del nostro pianeta, ci si accorge subito che l'umanità ha deluso l'attesa divina. Soprattutto nel nostro tempo, l'uomo ha devastato senza controllo pianure e valli boscose, inquinato le acque, deformato l'habitat della terra, reso irrespirabile l'aria, sconvolto i sistemi idrogeologici e atmosferici, desertificato spazi verdeggianti, compiuto forme di industrializzazione selvaggia, umiliando la nostra dimora che è la terra.⁵⁶

Proprio in questo contesto è urgente stimolare e sostenere la «conversione ecologica», che in questi ultimi decenni ha reso l'umanità più sensibile nei confronti della catastrofe verso la quale si stava incamminando. L'uomo non sembra più «ministro» del Creatore, ma autonomo despota. Finalmente inizia a comprendere la necessità di doversi arrestare davanti al baratro.

Non è in gioco, quindi, solo un'ecologia «fisica», attenta a tutelare l'habitat dei vari esseri viventi, ma anche un'ecologia 'umana' che renda più dignitosa l'esistenza delle creature, proteggendone il bene radicale della vita in tutte le sue manifestazioni e preparando alle future generazioni un ambiente che si avvicini di più al progetto del Creatore.⁵⁷ La conversione stimolerà una ritrovata armonia con la natura e con se stessi e, proprio come suggeriva il Giubileo biblico (cfr. Lv 25,8-13.23), gli uomini e le donne ritorneranno a passeggiare nel giardino della creazione,

---

55. Papa GIOVANNI PAOLO II, *Discorso all'Udienza Generale* (17 gennaio 2001), 3. Cfr. IDEM, *Evangelium vitae*, 52.
56. Cfr. Papa GIOVANNI PAOLO II, *Discorso all'Udienza Generale* (17 gennaio 2001), 3.
57. Cfr. *ibid.*, 4.

Il Magistero dei Papi

cercando di far sì che i beni della terra siano disponibili a tutti e non solo ad alcuni privilegiati.

In mezzo a queste meraviglie, scopriamo la voce del Creatore, che ci perviene dal cielo e dalla terra, di giorno e di notte: un linguaggio «senza parole di cui si oda il suono», capace di varcare tutte le frontiere (cfr. Sal 18,2-5).[58]

Il Papa ha anche trattato di situazioni particolari in alcune zone, come, per esempio, nell'Oceania:

> L'Oceania è una parte del mondo di grande bellezza naturale, ed è riuscita a conservare aree che rimangono inviolate. La regione offre a tutt'oggi ai popoli indigeni un luogo per vivere in armonia con la natura e vicendevolmente tra di loro. Poiché la creazione fu affidata alla gestione dell'uomo, il mondo naturale non è semplicemente una risorsa da essere sfruttata, ma anche una realtà da essere rispettata ed anche venerata quale dono a lui affidato da Dio. È compito degli esseri umani curare, preservare e coltivare i tesori della creazione... Tuttavia, la bellezza naturale dell'Oceania non è sfuggita ai danni dello sfruttamento umano... Il buono stato di salute di questo e di altri oceani è cruciale per il benessere dei popoli, non soltanto in Oceania ma anche in ogni parte del mondo. Le risorse naturali dell'Oceania devono essere protette contro politiche dannose di alcune nazioni industrializzate e di società multinazionali sempre più potenti, che possono portare alla deforestazione, alla spoliazione della terra, all'inquinamento dei fiumi mediante attività minerarie, la pesca oltre misura di specie redditizie, o la contaminazione dei fondali marini con scorie industriali o nucleari. Lo scarico di rifiuti nucleari nell'area costituisce un ulteriore pericolo per la salute della popolazione indigena. È importante, però, riconoscere che l'industria può recare grandi benefici quando è intrapresa nel dovuto rispetto per i diritti e la cultura della popolazione locale e per l'integrità dell'ambiente.[59]

---

58. Cfr. *ibid.*, 5.
59. Papa GIOVANNI PAOLO II, Esortazione Apostolica, *Ecclesia in Oceania* (22 novembre 2001), 31.

Un momento di particolare significato per l'aspetto ecumenico dell'istanza ecologica è stata la *Dichiarazione di Venezia* con Sua Santità Bartolomeo I, Patriarca Ecumenico, dell'11 giugno 2002. Il documento ribadisce che il rispetto della creazione deriva dal rispetto per la vita e della dignità umana. Soltanto se riconosciamo che il mondo è creato da Dio possiamo discernere un ordine morale oggettivo entro il quale articolare un codice di condotta ambientale. In questa prospettiva, i cristiani e tutti gli altri credenti hanno una funzione specifica nel proclamare i valori morali e nell'educare le persone ad una consapevolezza ecologica, la quale non è altro che la responsabilità assunta nei confronti di se stessi, degli altri e della creazione.

Il problema non è meramente economico e tecnologico; esso è di ordine morale e spirituale. Si può trovare una soluzione, a livello economico e tecnologico, soltanto se nell'intimo del nostro cuore si verificherà un cambiamento quanto più possibile radicale, che potrà indurci a cambiare il nostro stile di vita, ed i nostri modelli insostenibili di consumo e produzione. Una genuina conversione in Cristo ci permetterà di cambiare i nostri modi di pensare e di agire. La dichiarazione propone prima di tutto l'importanza di riacquistare l'umiltà e riconoscere i limiti delle nostre forze e, ciò che è più importante, i limiti della nostra conoscenza e della nostra capacità di giudizio. In secondo luogo, dobbiamo ammettere con franchezza che l'umanità ha diritto a qualcosa di più di ciò che vediamo intorno a noi. Al centro sta il valore della preghiera, che implora da Dio Creatore che egli illumini tutte le genti, ovunque esse siano, affinché esse sentano il dovere di rispettare e salvaguardare con cura la creazione. La dichiarazione propone, in una chiave di ottimismo cristiano, che non è troppo tardi. Il mondo di Dio ha un incredibile potere di guarigione. Nell'arco di una sola generazione, potremmo imprimere alla terra il giusto orientamento per il futuro dei nostri figli, con l'aiuto e con la benedizione di Dio.[60]

---

60. Cfr. Papa GIOVANNI PAOLO II, *Dichiarazione di Venezia con Sua Santità Bartolomeo I* (11 giugno 2002), come riportata nell'Appendice 5 sotto.

Il Magistero dei Papi

Il problema dell'ideologia New Age è stato a sua volta trattato dal Magistero in un'importante documento interdicasteriale del Vaticano. Le implicazioni più ovvie del New Age sono:

> un processo di trasformazione della coscienza e lo sviluppo dell'ecologia. La nuova visione, che è lo scopo della trasformazione della coscienza, ha impiegato del tempo per essere formulata e il suo consolidarsi è avversato da forme più antiche di pensiero, protette dallo status quo. Ad avere successo è stata la generalizzazione dell'ecologia come fascino della natura e risacralizzazione della Terra, della Madre Terra, o Gaia, con lo zelo missionario tipico della politica dei Verdi. L'agente esecutivo della Terra è tutta la razza umana.[61]

Il grande pericolo del cosmocentrismo è da rilevare come parte integrante di questa ideologia New Age:

> È il caso, in particolare, dell'ecologia. L'enfasi posta all'ecologia radicale sul biocentrismo nega la visione antropologica della Bibbia, nella quale gli esseri umani sono al centro del mondo perché sono considerati qualitativamente superiori ad altre forme naturali. Ciò è molto presente oggi nella legislazione e nell'educazione, nonostante il fatto che in tal modo si sminuisce l'umanità. La stessa matrice culturale esoterica si ritrova nell'ideologia che sottostà alle politiche demografiche e agli esperimenti di ingegneria genetica, che sembrano esprimere il sogno degli esseri umani di crearsi di nuovo da sé. Come si spera di farlo? Decifrando il codice genetico, alterando le regole naturali della sessualità, sconfiggendo i limiti della morte.[62]

Si deve rispondere con la visione integrale cristiana che promuove l'attenzione per la Terra in quanto creazione di Dio.

---

61. PONTIFICIO CONSIGLIO DELLA CULTURA e PONTIFICIO CONSIGLIO PER IL DIALOGO INTERRELIGIOSO, *Gesù Cristo Portatore dell'Acqua Viva. Una riflessione cristiana sul «New Age»* (30 gennaio 2003), 2.3.1.
62. *Ibid.*, 2.3.4.1.

La questione del rispetto per il creato può essere affrontata in maniera creativa dai cattolici. Tuttavia molto di quanto proposto dagli elementi più radicali del movimento ecologico non si concilia facilmente con la fede cattolica. In generale, la sollecitudine per l'ambiente è un segno opportuno di rinnovata attenzione per ciò che Dio ci ha offerto, forse un segno necessario della gestione cristiana del creato, ma la cosiddetta ecologia profonda è spesso basata su principi panteistici e a volte gnostici.[63]

Il Compendio della dottrina sociale della Chiesa dedica un capitolo alle tematiche dell'ambiente, riconoscendo la crescente importanza che rivestono questi argomenti. Il documento chiama tutti ad un atteggiamento di gratitudine e di riconoscenza nei confronti del creato. Il mondo, infatti, rivela il mistero di Dio che lo ha creato e lo sostiene, afferma il testo. Riscoprire questo profondo significato della natura ci aiuta non solo a riscoprire Dio, ma anche ad agire in modo responsabile nei confronti dell'ambiente. Il Compendio invita i cristiani a considerare l'ambiente con un atteggiamento positivo, evitando una visione catastrofica e riconoscendo la presenza di Dio nella natura. Dobbiamo guardare al futuro con speranza, esorta il Compendio, «grazie alla promessa e all'alleanza che Dio rinnova continuamente».[64] Nell'Antico Testamento vediamo come Israele abbia vissuto la fede in un ambiente percepito come dono di Dio. Inoltre, «la natura, opera dell'azione creatrice divina, non è una pericolosa concorrente». Il Compendio richiama l'inizio del Libro della Genesi, in cui l'uomo è posto al vertice di tutte le creature ed ha il compito affidatogli da Dio di curare l'intero creato. «La relazione dell'uomo con il mondo è un elemento costitutivo dell'identità umana. Si tratta di una relazione che nasce come frutto del rapporto, ancora più profondo, dell'uomo con Dio.»[65]

---

63. Cfr. *ibid.*, 6.2.
64. PONTIFICIO CONSIGLIO «IUSTITIA ET PAX», *Compendio della dottrina sociale della Chiesa* (2004), 451.
65. *Ibid.*, 452.

Nel Nuovo Testamento, Gesù adopera gli elementi naturali in alcuni dei suoi miracoli, ricordando ai discepoli la Provvidenza del Padre. Poi, con la sua morte e resurrezione, «Gesù inaugura un mondo nuovo in cui tutto è sottomesso a lui e ristabilisce quei rapporti di ordine ed armonia che il peccato aveva distrutto.»[66]

La tradizione cattolica ha riconosciuto il progresso compiuto dalla scienza e dalla tecnologia nell'aver ampliato le nostre possibilità di gestione del creato. Migliorare la nostra condizione di vita in questo mondo è in linea con la volontà di Dio. La Chiesa non si oppone al progresso scientifico, il quale è parte della creatività umana donata da Dio. Il Compendio aggiunge tuttavia che: «punto di riferimento centrale per ogni applicazione scientifica e tecnica è il rispetto dell'uomo, che deve accompagnarsi ad un doveroso atteggiamento di rispetto nei confronti delle altre creature viventi».[67] Pertanto, il nostro utilizzo della terra non può essere arbitrario ma deve essere ordinato ad uno spirito di collaborazione con Dio. L'assenza di questo principio è ciò che spesso si pone alla radice di azioni che danneggiano l'ambiente. Una concezione riduttiva che legge il mondo naturale in «chiave meccanicistica», unitamente al presupposto errato dell'esistenza di risorse illimitate, conduce ad una visione dello sviluppo in una dimensione puramente materiale, in cui il primato è «attribuito al fare e all'avere piuttosto che all'essere».[68] Se vogliamo evitare l'errore di ridurre la natura a termini puramente utilitaristici, in cui essa è considerata solo come qualcosa da sfruttare, dobbiamo anche evitare di passare all'estremo opposto di farne un valore assoluto. Una visione ecocentrica o biocentrica dell'ambiente cade nell'errore di considerare tutte le creature allo stesso livello, ignorando le differenze qualitative tra gli esseri umani – fondate sulla dignità della persona umana – e le altre creature. La chiave per evitare questi errori è

---

66. Ibid., 454.
67. Ibid., 459.
68. Ibid., 460.

di mantenere una visione cristiana. Agire in modo responsabile rispetto all'ambiente è più facile se ci ricordiamo di come Dio si è comportato nella creazione, spiega il Compendio. La cultura cristiana considera le creature come un dono di Dio, da curare e proteggere. Prendersi cura dell'ambiente fa parte anche della responsabilità di assicurare il bene comune, che comprende anche il creato. Una responsabilità, osserva il Compendio, che abbiamo anche nei confronti delle future generazioni.

Il Compendio si sofferma inoltre sulla questione della condivisione delle risorse della terra. Dio ha creato i beni della terra per essere usati da tutti, osserva il Compendio, e «tali beni vanno equamente condivisi, secondo giustizia e carità».[69] La cooperazione internazionale sui temi ecologici è necessaria, in quanto spesso i problemi sono di carattere planetario. Le questioni ecologiche sono spesso anche legate alla povertà, per esempio laddove i poveri non hanno la possibilità di affrontare problemi come l'erosione del suolo agricolo a causa di scarsità di mezzi economici e tecnologici. Moltissimi di questi poveri vivono nei sobborghi inquinati delle città in alloggiamenti di fortuna o in agglomerati di case fatiscenti e pericolose. «In questi casi la fame e la povertà rendono quasi inevitabile uno sfruttamento intensivo ed eccessivo dell'ambiente.»[70] La risposta a questi problemi non sono, tuttavia, le politiche di controllo demografico che non rispettano la dignità della persona umana. Secondo il Compendio, la crescita demografica è «pienamente compatibile con uno sviluppo integrale e solidale».[71] Lo sviluppo deve essere completo, prosegue il testo, ed essere rivolto al bene autentico di ogni persona e dell'intera persona. Il principio della destinazione universale dei beni deve essere applicato a tutte le risorse naturali e naturalmente anche all'acqua. Un gran numero di persone non dispone di un accesso adeguato all'acqua potabile, cosa che è

---

69. *Ibid.*, 481.
70. *Ibid.*, 482.
71. *Ibid.*, 483.

spesso fonte di malattie e di morte. Il Compendio offre infine alcune considerazioni sugli stili di vita che possono aiutare il mondo in via di sviluppo. A livello individuale e sociale, si raccomandano le virtù della sobrietà, della temperanza e dell'autodisciplina. È necessario uscire dalla logica del mero consumo e rendersi consapevoli delle conseguenze ecologiche delle nostre scelte, esorta il testo.

4.4 Papa Benedetto XVI

Una chiave di lettura per il pensiero del Papa Benedetto XVI, riguardo alle questioni ecologiche, fu data proprio all'inizio del suo Pontificato:

> I deserti esteriori si moltiplicano nel mondo, perché i deserti interiori sono diventati così ampi. Perciò i tesori della terra non sono più al servizio dell'edificazione del giardino di Dio, nel quale tutti possano vivere, ma sono asserviti alle potenze dello sfruttamento e della distruzione. La Chiesa nel suo insieme, ed i Pastori in essa, come Cristo devono mettersi in cammino, per condurre gli uomini fuori dal deserto, verso il luogo della vita, verso l'amicizia con il Figlio di Dio, verso Colui che ci dona la vita, la vita in pienezza.[72]

La dimensione estetica illustra il contrasto fra il deserto e il giardino in questo contesto: «La bellezza della natura ci ricorda che siamo stati posti da Dio a «coltivare e custodire» questo «giardino» che è la Terra (cfr Gn 2,8–17). Se gli uomini vivessero in pace con Dio e tra di loro, la Terra assomiglierebbe veramente a un «paradiso». Il peccato purtroppo ha rovinato questo progetto divino, generando divisioni e facendo entrare nel mondo la morte. Avviene così che gli uomini cedono alle tentazioni del

---

72. Papa BENEDETTO XVI, *Omelia alla Santa Messa per l'inizio del Ministero Petrino del Vescovo di Roma* (24 aprile 2005).

Maligno e si fanno guerra gli uni gli altri. La conseguenza è che, in questo stupendo «giardino» che è il mondo, si aprono spazi di «inferno»».[73] Il Papa ha ancora adoperato il tema del giardino nel contesto della celebrazione della Pentecoste. Il grande inno *Veni, Creator Spiritus* accenna ai primi versetti della Bibbia che esprimono con il ricorso ad immagini la creazione dell'universo. Là si dice innanzitutto che sopra il caos, sulle acque dell'abisso, aleggiava lo Spirito di Dio. Il mondo in cui viviamo è opera dello Spirito Creatore. La Pentecoste è anche una festa della creazione. Il mondo non esiste da sé; proviene dallo Spirito creativo di Dio, dalla Parola creativa di Dio, e per questo rispecchia anche la sapienza di Dio.

Essa, nella sua ampiezza e nella logica onnicomprensiva delle sue leggi lascia intravedere qualcosa dello Spirito Creatore di Dio. Essa ci chiama al timore riverenziale. Proprio chi, come cristiano, crede nello Spirito Creatore, prende coscienza del fatto che non possiamo usare ed abusare del mondo e della materia come di semplice materiale del nostro fare e volere; che dobbiamo considerare la creazione come un dono affidatoci non per la distruzione, ma perché diventi il giardino di Dio e così un giardino dell'uomo. Di fronte alle molteplici forme di abuso della terra che oggi vediamo, udiamo quasi il gemito della creazione di cui parla san Paolo (Rm 8, 22); cominciamo a comprendere le parole dell'Apostolo, che cioè la creazione attende con impazienza la rivelazione dei figli di Dio, per essere resa libera e raggiungere il suo splendore. Cari amici, noi vogliamo essere tali figli di Dio che la creazione attende, e possiamo esserlo, perché nel battesimo il Signore ci ha resi tali. Sì, la creazione e la storia—esse ci attendono, aspettano uomini e donne che realmente siano figli di Dio e si comportino di conseguenza. Se guardiamo la storia, vediamo come intorno ai monasteri la creazione ha potuto prosperare, come con il ridestarsi dello Spirito di Dio nei cuori degli uomini è tornato il fulgore dello Spirito Creatore

---

73. Papa BENEDETTO XVI, *Angelus* (22 luglio 2007).

anche sulla terra—uno splendore che dalla barbarie dell'umana smania di potere era stato oscurato e a volte addirittura quasi spento. E di nuovo, intorno a Francesco di Assisi avviene la stessa cosa—avviene dovunque lo Spirito di Dio arriva nelle anime, questo Spirito che il nostro inno qualifica come luce, amore e vigore. Abbiamo così trovato una prima risposta alla domanda che cosa sia lo Spirito Santo, che cosa operi e come possiamo riconoscerlo. Egli ci viene incontro attraverso la creazione e la sua bellezza. Tuttavia, la creazione buona di Dio, nel corso della storia degli uomini, è stata ricoperta con uno strato massiccio di sporcizia che rende, se non impossibile, comunque difficile riconoscere in essa il riflesso del Creatore—anche se di fronte a un tramonto al mare, durante un'escursione in montagna o davanti ad un fiore sbocciato si risveglia in noi sempre di nuovo, quasi spontaneamente, la consapevolezza dell'esistenza del Creatore.[74]

Il Papa ha poi approfondito la dimensione eucaristica del discorso ambientale, l'Eucaristia che guarisce il deserto interiore dell'essere umano. La Santissima Eucaristia stessa getta una luce potente sulla storia umana e su tutto il cosmo. In questa prospettiva sacramentale impariamo, giorno per giorno, che ogni evento ecclesiale possiede il carattere di segno, attraverso il quale Dio comunica se stesso e ci interpella. In tal maniera, la forma eucaristica dell'esistenza può davvero favorire un autentico cambiamento di mentalità nel modo con cui leggiamo la storia ed il mondo. La liturgia stessa ci educa a tutto questo, quando, durante la presentazione dei doni, il sacerdote rivolge a Dio una preghiera di benedizione e di richiesta in relazione al pane e al vino, «frutto della terra», «della vite» e del «lavoro dell'uomo». Con queste parole, oltre che coinvolgere nell'offerta a Dio tutta l'attività e la fatica umana, il rito ci spinge a considerare la terra come creazione di Dio, che produce per noi ciò di cui abbiamo bisogno per il nostro sostentamento. Essa non è una realtà neutrale, mera materia da utilizzare indifferentemente

---

74. Cfr. Papa BENEDETTO XVI, Esortazione Apostolica *Sacramentum Caritatis* (22 febbraio 2007), 92.

secondo l'umano istinto. Piuttosto si colloca all'interno del disegno buono di Dio, per il quale tutti noi siamo chiamati ad essere figli e figlie nell'unico Figlio di Dio, Gesù Cristo (cfr Ef 1,4–12). Le giuste preoccupazioni per le condizioni ecologiche in cui versa il creato in tante parti del mondo trovano conforto nella prospettiva della speranza cristiana, che ci impegna ad operare responsabilmente per la salvaguardia del creato. Nel rapporto tra l'Eucaristia e il cosmo, infatti, scopriamo l'unità del disegno di Dio e siamo portati a cogliere la profonda relazione tra la creazione e la «nuova creazione», inaugurata nella risurrezione di Cristo, nuovo Adamo. Ad essa noi partecipiamo già ora in forza del Battesimo (cfr. Col 2,12s) e così alla nostra vita cristiana, nutrita dall'Eucaristia, si apre la prospettiva del mondo nuovo, del nuovo cielo e della nuova terra, dove la nuova Gerusalemme scende dal cielo, da Dio, «pronta come una sposa adorna per il suo sposo» (Ap 21,2).[75]

Il Papa Benedetto XVI, seguendo l'enciclica *Centesimus Annus* di Papa Giovanni Paolo II, ha sollevato l'importanza di una ecologia umana, una ecologia della pace, andando oltre una mera ecologia fisica. Di fatto fra le due ecologie si riscontra un nesso stretto illustrato dal problema ogni giorno più grave dei rifornimenti energetici.

> In questi anni nuove Nazioni sono entrate con slancio nella produzione industriale, incrementando i bisogni energetici. Ciò sta provocando una corsa alle risorse disponibili che non ha confronti con situazioni precedenti. Nel frattempo, in alcune regioni del pianeta si vivono ancora condizioni di grande arretratezza, in cui lo sviluppo è praticamente inceppato anche a motivo del rialzo dei prezzi dell'energia. Che ne sarà di quelle popolazioni? Quale genere di sviluppo o di non-sviluppo sarà loro imposto dalla scarsità di rifornimenti energetici? Quali ingiustizie e antagonismi provocherà la corsa alle fonti di ener-

---

75. Papa Benedetto XVI, *Omelia nella celebrazione dei primi vespri nella Vigilia di Pentecoste* (3 giugno 2006).

Il Magistero dei Papi 139

gia? E come reagiranno gli esclusi da questa corsa? Sono domande che pongono in evidenza come il rispetto della natura sia strettamente legato alla necessità di tessere tra gli uomini e tra le Nazioni rapporti attenti alla dignità della persona e capaci di soddisfare ai suoi autentici bisogni. La distruzione dell'ambiente, un suo uso improprio o egoistico e l'accaparramento violento delle risorse della terra generano lacerazioni, conflitti e guerre, proprio perché sono frutto di un concetto disumano di sviluppo. Uno sviluppo infatti che si limitasse all'aspetto tecnico-economico, trascurando la dimensione morale-religiosa, non sarebbe uno sviluppo umano integrale e finirebbe, in quanto unilaterale, per incentivare le capacità distruttive dell'uomo.[76]

Il Papa Benedetto XVI ha anche affrontato aspetti particolari del problema ambientali, per esempio, il buco dell'ozono nella ricorrenza del ventesimo anniversario dell'adozione del Protocollo di Montreal sulle sostanze che impoveriscono lo strato di ozono provocando gravi danni all'essere umano e all'ecosistema:

> Negli ultimi due decenni, grazie ad una esemplare collaborazione nella comunità internazionale tra politica, scienza ed economia, si sono ottenuti importanti risultati, con positive ripercussioni sulle generazioni presenti e future. Auspico che, da parte di tutti, si intensifichi la cooperazione, al fine di promuovere il bene comune, lo sviluppo e la salvaguardia del creato, rinsaldando l'alleanza tra l'uomo e l'ambiente, che dev'essere specchio dell'amore creatore di Dio, dal quale proveniamo e verso il quale siamo in cammino.[77]

---

76. Papa BENEDETTO XVI, *Messaggio per la Celebrazione della Giornata Mondiale della Pace* (1 gennaio 2007), 9. Poi in una sua *Lettera alla Professoressa Mary Ann Glendon, Presidente della Pontificia Accademia delle Scienze Sociali in occasione della XIII Sessione Plenaria* (28 aprile 2007) ha accennato che particolare attenzione deve essere rivolta al fatto che i Paesi più poveri sono quelli che sembrano destinati a pagare il prezzo più pesante per il deterioramento ecologico.

77. Papa BENEDETTO XVI, *Angelus* (16 settembre 2007). Il Protocollo di Montreal, in attuazione della Convenzione di Vienna del 1985, ha stabi-

Benedetto XVI ha lanciato spesso un accorato appello alla difesa della creazione, in particolare dell'acqua, e ha affermato che l'attenzione ai cambiamenti climatici è molto importante.

Il Papa ha inviato un saluto ai partecipanti a un simposio intitolato «The Arctic: Mirror of Life» («L'Artico: specchio di vita»). Questo simposio ha avuto luogo costa occidentale della Groenlandia sotto il patrocinio di Sua Santità Bartolomeo I, Patriarca ecumenico di Costantinopoli. Nella lettera indirizzata dal Papa al Patriarca Ecumenico, Benedetto XVI ha incoraggiato le nazioni prospere di condividere la loro tecnologia a favore dell'ambiente con i paesi più poveri.[78]

L'aspetto ecumenico del discorso ecologico è stato anche trattato. Il Papa Benedetto XVI ha affermato quanto mai importante l'opera congiunta di sensibilizzazione da parte dei cristiani di ogni Confessione per mostrare «l'intrinseco legame tra lo sviluppo, i bisogni umani e la salvaguardia della creazione».[79] Il compito di porre l'accento su un'opportuna catechesi a riguardo della creazione, per richiamare il senso ed il significato religioso della sua salvaguardia, è intimamente connesso all'opera di Pastori e può avere un importante impatto sulla percezione del

---

lito gli obiettivi e le misure per la riduzione della produzione e dell'uso delle sostanze pericolose per la fascia di ozono stratosferico. Il Protocollo stabilisce i termini di scadenza entro cui le parti firmatarie si impegnano a contenere i livelli di produzione e di consumo delle sostanze dannose, disciplinando inoltre gli scambi commerciali, la comunicazione dei dati di monitoraggio, l'attività di ricerca, lo scambio di informazioni e l'assistenza tecnica.

78. Cfr. Papa BENEDETTO XVI, *Lettera al Patriarca Ecumenico, Sua Santità Bartolomeo I in occasione del VII Simposio su «Religion, Science and the Environment» dedicato all'Artico in Groenlandia* (1 settembre 2007).

79. Cfr. Papa BENEDETTO XVI, *Lettera al Patriarca Ecumenico, Sua Santità Bartolomeo I in occasione del VI Simposio su «Religion, Science and the Environment» dedicato al Rio delle Amazzoni* (6 luglio 2006). Cfr. PONTIFICIO CONSIGLIO PER L'UNITÀ DEI CRISTIANI, *Direttorio per l'Applicazione dei Principi e delle Norme sull'Ecumenismo*, 1994, 215.

Il Magistero dei Papi

valore stesso della vita e sull'adeguata soluzione dei conseguenti ineludibili problemi sociali. In particolare, il Papa ha scritto:

> Vedo nel nostro comune impegno un esempio di quella collaborazione che ortodossi e cattolici debbono ricercare con costanza per rispondere all'appello di una testimonianza comune. Ciò suppone che tutti i cristiani coltivino nel loro intimo quell'apertura d'animo che è dettata dalla carità ed ha la sua radice nella fede. In questo modo essi potranno insieme offrire al mondo una testimonianza credibile del loro senso di responsabilità per la tutela della creazione.[80]

Anche ai giovani il Papa ha ricordato l'importanza dell'impegno ambientale:

> Uno dei campi, nei quali appare urgente operare, è senz'altro quello della salvaguardia del creato. Alle nuove generazioni è affidato il futuro del pianeta, in cui sono evidenti i segni di uno sviluppo che non sempre ha saputo tutelare i delicati equilibri della natura. Prima che sia troppo tardi, occorre adottare scelte coraggiose, che sappiano ricreare una forte alleanza tra l'uomo e la terra. Serve un sì deciso alla tutela del creato e un impegno forte per invertire quelle tendenze che rischiano di portare a situazioni di degrado irreversibile. Per questo ho apprezzato l'iniziativa della Chiesa italiana di promuovere la sensibilità sulle problematiche della salvaguardia del creato fissando una Giornata nazionale che cade proprio il 1° settembre. Quest'anno l'attenzione è puntata soprattutto sull'acqua, un bene preziosissimo che, se non viene condiviso in modo equo e pacifico, diventerà purtroppo motivo di dure tensioni e aspri conflitti.[81]

---

80. Papa BENEDETTO XVI, *Lettera al Patriarca Ecumenico, Sua Santità Bartolomeo I in occasione del VI Simposio su «Religion, Science and the Environment» dedicato al Rio delle Amazzoni* (6 luglio 2006).

81. Papa BENEDETTO XVI, *Omelia a Loreto in occasione dell'Agorà dei giovani italiani* (2 settembre 2007).

In questo contesto, purtroppo si deve constatare che molti giovani che si impegnano per la tutela dell'ambiente sono inconsistenti in quanto non si sforzano a favore della vita umana dalla sua concezione fino alla morte.[82]

Nell'Omelia durante la Messa di Pentecoste del 2009, il Papa Benedetto XVI ha collegato l'ecologia ambientale con l'ecologia spirituale. Egli ha parlato della tempesta e del vento, come simbolo dello Spirito Santo. Quello che è l'aria per la vita biologica—ha detto—è lo Spirito Santo per la vita spirituale e «come esiste un inquinamento atmosferico, che avvelena l'ambiente e gli esseri viventi, così esiste un inquinamento del cuore e dello spirito, che mortifica ed avvelena l'esistenza spirituale». Anche questo è libertà, si dice, ma tutto ciò che intossica ed inquina l'animo finisce anche per limitare la libertà. Ecco il nesso tra ecologia spirituale, ecologia umana ed ecologia ambientale. Senza il «vento impetuoso» dello Spirito, gli animi umani si intossicano e così la libertà dell'uomo anche nel gestire la natura si indebolisce. Governare la natura è un compito spirituale e morale, prima che tecnico e materiale, e come potrà governarla un uomo che non sa governare se stesso? «La metafora del vento impetuoso— ha continuato il papa—fa pensare invece a quanto sia prezioso respirare aria pulita, sia con i polmoni, quella fisica, sia con il cuore, quella spirituale, l'aria salubre dello spirito che è l'amore!»[83] Con questo intervento sullo Spirito Santo, Benedetto XVI ha come chiuso il cerchio dell'ecologia: l'ecologia

---

82. Si veda Papa BENEDETTO XVI, *Address to H.E. Mr Noel Fahey new Ambassador of Ireland to the Holy See* (15 settembre 2007): «How disturbing it is that not infrequently the very social and political groups that, admirably, are most attuned to the awe of God's creation pay scant attention to the marvel of life in the womb. Let us hope that, especially among young people, emerging interest in the environment will deepen their understanding of the proper order and magnificence of God's creation of which man and woman stand at the centre and summit.»

83. Papa BENEDETTO XVI, *Omelia nella solennità di Pentecoste* (31 maggio 2009).

ambientale dipende dall'ecologia umana, ma l'ecologia umana dipende dall'ecologia spirituale.

Il rapporto dell'uomo con l'ambiente e l'uso delle risorse naturali riceve nell'enciclica *Caritas in veritate* una trattazione sistematica. Le indicazioni di questo documento sono molto chiare e sono sintetizzabili in queste brevi proposizioni: coniugare le esigenze dell'ambiente con quelle dello sviluppo non significa assolutizzare la natura né ritenerla più importante della stessa persona; significa rispettare la «grammatica» sapienzale che il Creatore ha inscritto nella sua opera, affidando all'uomo il ruolo di custode e amministratore responsabile del creato.[84]

L'ambiente è stato donato da Dio a tutti, e il suo uso rappresenta per noi una responsabilità verso i poveri, le generazioni future e l'umanità intera.

> Se la natura, e per primo l'essere umano, vengono considerati come frutto del caso o del determinismo evolutivo, la consapevolezza della responsabilità si attenua nelle coscienze. Nella natura il credente riconosce il meraviglioso risultato dell'intervento creativo di Dio, che l'uomo può responsabilmente utilizzare per soddisfare i suoi legittimi bisogni—materiali e immateriali—nel rispetto degli intrinseci equilibri del creato stesso. Se tale visione viene meno, l'uomo finisce o per considerare la natura un tabù intoccabile o, al contrario, per abusarne. Ambedue questi atteggiamenti non sono conformi alla visione cristiana della natura, frutto della creazione di Dio.[85]

La natura è espressione di un disegno di amore e di verità. Essa ci precede e ci è donata da Dio come ambiente di vita. Ci parla del Creatore (cfr. Rm 1, 20) e del suo amore per l'umanità ed è destinata ad essere «ricapitolata» in Cristo alla fine dei tempi (cfr. Ef 1, 9-10; Col 1, 19-20). La natura è a nostra disposi-

---

84. Papa BENEDETTO XVI, *Caritas in veritate* (29 giugno 2009), 48.
85. *Ibid.*, 48.

zione non come «un mucchio di rifiuti sparsi a caso»,[86] bensì come un dono del Creatore che ne ha disegnato gli ordinamenti intrinseci, affinché l'uomo ne tragga gli orientamenti doverosi per «custodirla e coltivarla» (Gn 2,15).

> Ma bisogna anche sottolineare che è contrario al vero sviluppo considerare la natura più importante della stessa persona umana. Questa posizione induce ad atteggiamenti neopagani o di nuovo panteismo: dalla sola natura, intesa in senso puramente naturalistico, non può derivare la salvezza per l'uomo. Peraltro, bisogna anche rifiutare la posizione contraria, che mira alla sua completa tecnicizzazione, perché l'ambiente naturale non è solo materia di cui disporre a nostro piacimento, ma opera mirabile del Creatore.[87]

Le questioni legate alla cura e alla salvaguardia dell'ambiente devono oggi tenere in debita considerazione le problematiche energetiche. Le società tecnologicamente avanzate possono e devono diminuire il proprio fabbisogno energetico sia perché le attività manifatturiere evolvono, sia perché tra i loro cittadini si diffonde una sensibilità ecologica maggiore. Si deve inoltre aggiungere che oggi è realizzabile un miglioramento dell'efficienza energetica ed è al tempo stesso possibile far avanzare la ricerca di energie alternative. È però anche necessaria una ridistribuzione planetaria delle risorse energetiche, in modo che anche i Paesi che ne sono privi possano accedervi.[88]

In questo documento di Benedetto XVI emerge con chiarezza lo sforzo ulteriore di dare una visione di sintesi tra la fede e la vita, sulla quale si fonda lo sviluppo integrale dell'uomo che trova espressione compiuta nell'uso oculato delle risorse naturali così come nella «procreazione responsabile». «È una necessità sociale, e perfino economica... la rispondenza [delle

---

86. Eraclito di Efeso, *Frammento* 22B124.
87. Papa Benedetto XVI, *Caritas in veritate*, 48.
88. *Ibid.*, 49.

Il Magistero dei Papi

istituzioni chiamate] a varare politiche che promuovano la centralità e l'integrità della famiglia, fondata sul matrimonio tra un uomo e una donna, prima e vitale cellula della società, facendosi carico anche dei suoi problemi economici e fiscali, nel rispetto della sua natura relazionale.»[89] Sul tema della procreazione il Pontefice richiama il principio del rispetto della vita ed esprime preoccupazione per il fatto che «perdurano in varie parti del mondo pratiche di controllo demografico, ... che spesso... giungono a imporre anche l'aborto.»[90]

Benedetto XVI ci mette in guardia contro «l'assolutismo della tecnica» tanto più pericoloso perché le biotecnologie, essendo figlie di una «concezione materiale e meccanicistica della vita umana», consentono all'uomo di «manipolare la vita».[91] E aggiunse:

> Le modalità con cui l'uomo tratta l'ambiente influiscono sulle modalità con cui tratta se stesso e, viceversa... La Chiesa ha una responsabilità per il creato e deve far valere questa responsabilità anche in pubblico. E facendolo deve difendere non solo la terra, l'acqua e l'aria come doni della creazione appartenenti a tutti. Deve proteggere soprattutto l'uomo contro la distruzione di se stesso. È necessario che ci sia qualcosa come un'ecologia dell'uomo, intesa in senso giusto. Il degrado della natura è infatti strettamente connesso alla cultura che modella la convivenza umana: quando l'ecologia umana è rispettata dentro la società, anche l'ecologia ambientale ne trae beneficio. [Ciò significa] che il libro della natura è uno e indivisibile, sul versante dell'ambiente come sul versante della vita, della sessualità, del matrimonio, della famiglia, delle relazioni sociali, in una parola dello sviluppo umano integrale.[92]

---

89. *Ibid.*, 44.
90. *Ibid.*, 28.
91. *Ibid.*, 75.
92. *Ibid.*, 51.

C'è spazio per tutti su questa nostra terra: su di essa l'intera famiglia umana deve trovare le risorse necessarie per vivere dignitosamente, con l'aiuto della natura stessa, dono di Dio ai suoi figli, e con l'impegno del proprio lavoro e della propria inventiva.[93]

Quasi venti anni dopo il Messaggio per la Pace del beato Giovanni Paolo II, il papa Benedetto XVI ha egli stesso dedicato un tale Messaggio al tema ecologico.[94] Il Papa ha prima di tutto indicato alcune problematiche di fronte alle quali non si possono rimanere indifferenti: «i cambiamenti climatici, la desertificazione, il degrado e la perdita di produttività di vaste aree agricole, l'inquinamento dei fiumi e delle falde acquifere, la perdita della biodiversità, l'aumento di eventi naturali estremi, il disboscamento delle aree equatoriali e tropicali.»[95] Il Papa Bendetto XVI ha anche considerato altri problemi e ha mostrato anche il legame fra le questioni dell'ambienti e quelle della pace:

> Come trascurare il crescente fenomeno dei cosiddetti «profughi ambientali»: persone che, a causa del degrado dell'ambiente in cui vivono, lo devono lasciare—spesso insieme ai loro beni—per affrontare i pericoli e le incognite di uno spostamento forzato? Come non reagire di fronte ai conflitti già in atto e a quelli potenziali legati all'accesso alle risorse naturali? Sono tutte questioni che hanno un profondo impatto sull'esercizio dei diritti umani, come ad esempio il diritto alla vita, all'alimentazione, alla salute, allo sviluppo.[96]

Il Papa ammonisce contro le false ideologie, spesso basate sull'evoluzionismo: «Quando la natura e, in primo luogo, l'essere umano vengono considerati semplicemente frutto del caso o del determinismo evolutivo, rischia di attenuarsi nelle

---

93. *Ibid.*, 50.
94. Papa BENEDETTO XVI, Messaggio per la Giornata Mondiale della Pace 2010, *Se vuoi coltivare la pace, custodisci il creato* (15 dicembre 2009).
95. *Ibid.*, 4.
96. *Ibid.*

coscienze la consapevolezza della responsabilità.»[97] In questo senso, il Papa ha affermato che il rispetto dell'ambiente non può andare contro quello per la persona umana, la sua vita e la sua dignità. Al contrario, l'uomo è superiore al resto della creazione, e per questo deve curarla e difenderla. Benedetto XVI ha spiegato che «una corretta concezione del rapporto dell'uomo con l'ambiente non porta ad assolutizzare la natura né a ritenerla più importante della stessa persona».[98]

Il Papa aggiunse: «Se il Magistero della Chiesa esprime perplessità dinanzi ad una concezione dell'ambiente ispirata all'ecocentrismo e al biocentrismo, lo fa perché tale concezione elimina la differenza ontologica e assiologica tra la persona umana e gli altri esseri viventi».[99] In questo modo, avverte, si viene di fatto ad eliminare l'identità e il ruolo superiore dell'uomo, favorendo una visione egalitaristica della «dignità» di tutti gli esseri viventi. Questa falsa «visione egalitaristica» fa parte, osserva, di «un nuovo panteismo con accenti neopagani che fanno derivare dalla sola natura, intesa in senso puramente naturalistico».[100] Il Papa aggiunge:

> La Chiesa invita, invece, ad impostare la questione in modo equilibrato, nel rispetto della «grammatica» che il Creatore ha inscritto nella sua opera, affidando all'uomo il ruolo di custode e amministratore responsabile del creato, ruolo di cui non deve certo abusare, ma da cui non può nemmeno abdicare.[101]

Il Papa ha adoperato l'argomento dalla bellezza per fondare la cura del creato. Tanti trovano tranquillità e pace, si sentono rin-

---

97. *Ibid.*, 2; cfr. Papa BENEDETTO XVI, *Messaggio del Papa per la Giornata Mondiale della Pace 2008*, 48.
98. Papa BENEDETTO XVI, *Messaggio per la Giornata Mondiale della Pace 2010*, 13.
99. *Ibid.*
100. *Ibid.*
101. *Ibid.*

novati e rinvigoriti quando sono a stretto contatto con la bellezza e l'armonia della natura: «Vi è pertanto una sorta di reciprocità: nel prenderci cura del creato, noi constatiamo che Dio, tramite il creato, si prende cura di noi.»[102]

Il Pontefice sottolinea che la vera protezione della natura è collegata al rispetto della dignità della persona, la cosiddetta «ecologia umana» dove i doveri verso l'ambiente derivano da quelli verso la persona considerata in se stessa e in relazione agli altri.[103] È dunque necessario affermare «con rinnovata convinzione l'inviolabilità della vita umana in ogni sua fase e in ogni sua condizione, la dignità della persona e l'insostituibile missione della famiglia, nella quale si educa all'amore per il prossimo e al rispetto della natura».[104]

Una gran parte del discorso nel 2010 di Benedetto XVI al Corpo Diplomatico accreditato presso la Santa Sede è stato incentrato sulla «salvaguardia del creato», espressione con cui la Chiesa preferisce chiamare il cosiddetto problema ecologico. Nel discorso Il papa sottrae l'ecologia all'ecologismo, nel modo con cui sempre si superano le ideologie: allargando la prospettiva. Ogni ideologia è infatti una riduzione di prospettiva: l'ideologia è la parte che pretende di valere per il tutto. Per questo la si combatte allargando la prospettiva e recuperando il quadro del tutto. Il Papa attua questo allargamento stabilendo i collegamenti del problema ambientale con altri aspetti di una ecologia intesa in senso ampio.

> La problematica dell'ambiente è complessa. Si potrebbe dire che è un prisma dalle molte sfaccettature. Le creature sono differenti le une dalle altre e possono essere protette, o, al contrario, messe in pericolo, in modi diversi, come ci mostra l'esperienza quotidiana. Uno di tali attacchi proviene da leggi o progetti, che, in nome della lotta contro la

---

102. *Ibid.*
103. *Ibid.*, 12.
104. *Ibid.*

discriminazione, colpiscono il fondamento biologico della differenza fra i sessi.[105]

Con il diritto alla vita, prima di tutto «come sarebbe possibile separare, o addirittura contrapporre la salvaguardia dell'ambiente a quella della vita umana, compresa la vita prima della nascita?»[106] È nel rispetto che la persona umana nutre per se stessa che si manifesta il suo senso di responsabilità verso il creato. Perché, come insegna S. Tommaso d'Aquino, l'uomo rappresenta quanto c'è di più nobile nell'universo.[107] La salvaguardia della creazione implica una corretta gestione delle risorse naturali dei paesi, in primo luogo, di quelli economicamente svantaggiati. Le gravi violenze che ho appena evocato, unite ai flagelli della povertà e della fame, come pure alle catastrofi naturali ed al degrado ambientale, contribuiscono ad ingrossare le fila di quanti abbandonano la propria terra.

Le radici della situazione che è sotto gli occhi di tutti, sono di ordine morale e la questione deve essere affrontata nel quadro di un grande sforzo educativo, per promuovere un effettivo cambiamento di mentalità ed instaurare nuovi stili di vita. Di ciò può e vuole essere partecipe la comunità dei credenti, ma perché ciò sia possibile, bisogna che se ne riconosca il ruolo pubblico. Allora la Chiesa può dare il proprio contributo alla salvaguardia del creato se gode della necessaria libertà religiosa. Questo è quanto collega, secondo Benedetto XVI, il problema ambientale con la questione antropologica e, al fondo, con la stessa questione teologica:

> La negazione di Dio sfigura la libertà della persona umana, ma devasta anche la creazione! Ne consegue che la salvaguardia del creato non risponde in primo luogo ad un'esigenza estetica, ma anzitutto a un'esigenza morale, perché

---

105. Papa BENEDETTO XVI, *Discorso al Corpo diplomatico* (11 gennaio 2010).
106. *Ibid.*
107. Si veda S. TOMMASO D'AQUINO, *Summa Theologiae*, I, q.29, a.3.

la natura esprime un disegno di amore e di verità che ci precede e che viene da Dio.[108]

In questo contesto si inseriscono anche le raccomandazioni sul cambiamenti degli stili di vita. «Che la luce e la forza di Gesù ci aiutino a rispettare l'*ecologia umana*, consapevoli che anche l'ecologia ambientale ne trarrà beneficio, poiché il libro della natura è uno ed indivisibile», si è augurato il papa. Ha quindi auspicato «un grande sforzo educativo, per promuovere un effettivo cambiamento di mentalità ed instaurare nuovi stili di vita».[109] È evidente che questi «nuovi stili di vita» richiamano qualcosa di più profondo che non riciclare la plastica, rifornirsi di detersivi dai dispenser ecologici, mangiare biologico e non consumare troppa acqua quanto ci si lava i denti.

Mercoledì delle Ceneri 2011, Benedetto XVI ha inviato un Messaggio alla Chiesa in Brasile quando inizia nel Paese la tradizionale *Campagna di Fraternità*, che ogni anno mira a risvegliare la solidarietà dei cattolici e della società in relazione a un problema concreto; il tema in questione è *Fraternità e Vita sul Pianeta*. Citando il motto della Campagna, «La creazione geme nelle doglie del parto», Il Papa ha affermato che si può includere fra i motivi di tali gemiti il danno provocato al creato dall'egoismo umano. Poi ha aggiunto:

> È però anche vero che la creazione stessa attende con impazienza la rivelazione dei figli di Dio. Così come il peccato distrugge la creazione, quest'ultima viene restaurata quando si rendono presenti i figli di Dio prendendosi cura del mondo affinché Dio sia tutto in tutti.[110]

Il Pontefice ha indicato che il primo passo per una corretta relazione con il mondo che ci circonda è proprio il riconoscimento,

---

108. Papa BENEDETTO XVI, *Discorso al Corpo diplomatico* (11 gennaio 2010).
109. *Ibid*.
110. Papa BENEDETTO XVI, *Messaggio a monsignor Geraldo Lyrio Rocha in occasione della Campagna di Fraternità* (16 febbraio 2011).

da parte dell'uomo, della sua condizione di creatura: «L'uomo non è Dio, ma è la Sua immagine. Per questo, deve cercare di diventare più sensibile alla presenza di Dio in ciò che gli sta attorno: in tutte le creature, e specialmente nella persona umana, c'è una sorta di epifania di Dio.»[111]

L'uomo, ha aggiunto, «sarà capace di rispettare le creature nella misura in cui avrà nel suo spirito un senso pieno della vita; in caso contrario, sarà portato a disprezzare se stesso e ciò che lo circonda, a non avere rispetto per l'ambiente in cui vive, per la creazione». Per Benedetto XVI, allora, la prima ecologia che va difesa è l'*ecologia umana*. Secondo il Papa, non si potrà mai parlare di un'autentica difesa dell'ambiente

> senza una chiara difesa della vita umana, dal concepimento fino alla morte naturale, senza una difesa della famiglia basata sul matrimonio fra un uomo e una donna, senza una vera difesa di quanti sono esclusi ed emarginati dalla società, senza dimenticare, in questo contesto, coloro che hanno perso tutto, vittime di disastri naturali.[112]

Il dovere di aver cura dell'ambiente, ha sottolineato, «è un imperativo che nasce dalla consapevolezza che Dio affida la Sua creazione all'uomo non perché eserciti su di essa un dominio arbitrario, ma perché la conservi e la curi come un figlio cura l'eredità di suo padre, e una grande eredità».[113]

Il Papa ha di nuovo insistito sull'importanza dell'ecologia umana nella visita in Germania in settembre 2011:

> L'importanza dell'ecologia è ormai indiscussa. Dobbiamo ascoltare il linguaggio della natura e rispondervi coerentemente. Vorrei però affrontare con forza ancora un punto che oggi come ieri viene largamente trascurato: esiste anche un'ecologia dell'uomo. Anche l'uomo possiede una

---

111. *Ibid.*
112. *Ibid.*
113. *Ibid.*

natura che deve rispettare e che non può manipolare a piacere. L'uomo non è soltanto una libertà che si crea da sé. L'uomo non crea se stesso. Egli è spirito e volontà, ma è anche natura, e la sua volontà è giusta quando egli ascolta la natura, la rispetta e quando accetta se stesso per quello che è, e che non si è creato da sé. Proprio così e soltanto così si realizza la vera libertà umana.[114]

Benedetto XVI ha proposto poi l'armonia fra la base teologica e la ricerca scientifica per l'impegno ambientale. La Chiesa, considerando con apprezzamento le più importanti ricerche e scoperte scientifiche, non ha mai smesso di ricordare che rispettando l'impronta del Creatore in tutto il creato, si comprende meglio la nostra vera e profonda identità umana. Il Papa ha sottolineato l'importanza della parola «creato», perché il grande e meraviglioso albero della vita non è frutto di un'evoluzione cieca e irrazionale, ma questa evoluzione riflette la volontà creatrice del Creatore e la sua bellezza e bontà. Se infatti l'uomo dimentica di essere collaboratore di Dio, può fare violenza al creato e provocare danni che hanno sempre conseguenze negative anche sull'uomo, come vediamo, purtroppo, in varie occasioni. Oggi più che mai ci appare chiaro che il rispetto per l'ambiente non può dimenticare il riconoscimento del valore della persona umana e della sua inviolabilità, in ogni fase della vita e in ogni condizione. Il rispetto per l'essere umano e il rispetto per la natura sono un tutt'uno, ma entrambi possono crescere ed avere la loro giusta misura se rispettiamo nella creatura umana e nella natura il Creatore e la sua creazione.[115]

---

114. Papa BENEDETTO XVI, *Discorso al Bundestag* (22 settembre 2011).

115. Papa BENEDETTO XVI, *Discorso agli studenti partecipanti all'incontro promosso dalla Fondazione Sorella Natura* (28 novembre 2011).

5

L'INSEGNAMENTO CRISTIANO

Come sei splendido nel tempo della primavera, quando ogni creatura risorge e in mille tonalità gioiosamente Ti invoca: Tu sei la fonte della vita, il vincitore della morte. Al chiarore della luna e al canto dell'usignolo si stendono valli e monti nei loro abiti nuziali bianchi come la neve: tutta la terra è Tua promessa sposa, attende lo sposo incorruttibile. Se vesti così l'erba del campo come trasfigurerai noi nel secolo avvenire dopo la resurrezione! Come splenderanno i nostri corpi, come brilleranno le nostre anime!
Gloria a Te che fai emergere dall'oscurità della terra la varietà dei colori, dei sapori e dei profumi;
Gloria a Te per la cordialità e tenerezza di tutta la natura;
Gloria a Te per le mille creature che stanno attorno a noi;
Gloria a Te per la profondità del Tuo intelletto di cui il mondo intero porta l'impronta;
Gloria a Te: bacio devotamente le tracce del Tuo passaggio invisibile;
Gloria a Te che hai acceso davanti a noi la chiara luce della vita eterna;
Gloria a Te per la speranza della bellezza sublime e incorruttibile dell'immortalità;
Gloria a Te, o Dio, nei secoli.

Protoierej Grigorij Petrov, *Inno akatistos di ringraziamento*, Ode 2.

5.1 Il magistero dei vescovi

5.1.1 Conferenza Episcopale Tedesca

Già nel 1980, la Conferenza Episcopale Tedesca aveva pubblicato un testo importante, dal titolo particolarmente significativo: *Futuro della creazione—futuro dell'umanità*.[1] Si metteva in chiaro da dove provengono i problemi ecologici:

> Non è lecito per l'uomo fare tutto ciò di cui ha potere. Quanto più grande è questo potere, tanto maggiore diventa la sua responsabilità. Insieme alle possibilità di accrescere e promuovere la vita crescono anche le possibilità di danneggiarla e distruggerla. La crescita della produzione e dei consumi non significa senz'altro una crescita di umanità. Dove non si rispetta la priorità dei beni spirituali su quelli materiali, la priorità della persona sulle cose, si mette in pericolo l'equilibrio della pace, sia interna che esterna, ed anche l'equilibrio di un giusto ordine sociale a livello mondiale.[2]

L'uomo vede se stesso come il vertice della creazione terrestre e il mondo come la sua casa, che sistema a propria utilità e vantaggio. Ma pensando di fare il proprio giusto interesse, corre il rischio di servirsi di questa casa in modo che essa crolli su di lui, lasciandolo solo e privo di aiuto. Solo nella solidarietà con il resto della creazione, solo nel comportamento responsabile verso il mondo degli animali, delle piante e delle cose, può, a lungo andare, vivere come signore della creazione, senza diventare schiavo delle sue manie di grandezza, uno schiavo respinto dalla creazione. Per questa situazione si potrebbe anche adoperare l'espressione di «crisi della creazione».[3]

Nel programmare delle soluzioni ai problemi ecologici si dovrebbero evitare gli approcci sbagliati. Il sogno romantico di un mondo sano e di una natura che non può essere intaccata ignora la storia e sottovaluta le richieste che ci pone il diritto alla vita dell'odierna popolazione mondiale. E, invece, la nostra preoccupazione dominante deve essere la possibilità di vivere

---

1. Conferenza Episcopale Tedesca, *Futuro della Creazione—futuro dell'umanità* (1980).
2. *Ibid.*, I, 1.
3. *Ibid.*

per tutti, in particolare per coloro che sono più poveri di noi. Chiudere gli occhi dinanzi al fatto che non possiamo più continuare a produrre e consumare indefinitamente come avviene tuttora, conduce alle medesime conseguenze: derubiamo i nostri simili, derubiamo di possibilità di vita le generazioni che verranno dopo di noi. Un atteggiamento di panico verso il cambiamento, ormai imprescindibile, del nostro stile di vita e il rifiuto di costruire attivamente il nostro futuro attirano quella catastrofe che uno sguardo più freddo potrebbe limitare allo strettamente necessario e possibile. Scuotere le spalle dinanzi ad una situazione che si suppone poco chiara ritarda solo l'imprescindibile decisione, senza peraltro poter ritardare le sue conseguenze; far ricadere sempre la responsabilità sulle competenze di altri fa sì che domini il caso. In ultimo, non si tratta di progettare e decretare un futuro sicuro soltanto per una parte dell'umanità, chi ha il diritto di vivere domani e chi no, per non dovere così moderare le nostre esigenze. Soprattutto le questioni dell'ambiente e dell'energia non possono essere risolte mediante il postulato di un controllo delle nascite su scala mondiale.[4]

Il Dio dell'Alleanza si manifesta come il Creatore del cielo e della terra, il Padre onnipotente. Se noi vediamo il mondo come una creazione di Dio esso ci appare diversamente e diventa nuovo. È il dono di un Dio che ama e fa crescere per il mondo la sua preziosità. Colui che dona è più grande del dono e quindi il mondo diventa relativo. Il dono è nello stesso tempo anche un compito di cui dobbiamo rendere conto, perciò la nostra responsabilità diventa maggiore.[5] L'uomo e il mondo non si trovano in uno stato paradisiaco. Dacché il rapporto con Dio è turbato dal peccato dell'uomo, una frattura percorre anche il rapporto dell'uomo col resto della creazione. Tuttavia, Dio mantiene il duplice compito dell'uomo nei riguardi della creazione: dominare e custodire il mondo. Ma l'uomo rimane con la sua espe-

---

4. Cfr. *ibid.*, I, 3.
5. Cfr. *ibid.*, II, 1.

rienza dolorosa: plasmare il mondo riesce solo in forma provvisoria, tra fatiche e rischi. Accettare questo peso può preservare l'uomo dalle strade sbagliate di utopie idealistiche, da stanca rassegnazione e violenza disperata.[6]

La concezione cristiana della creazione e il rapporto del cristiano con essa hanno il loro centro in Gesù Cristo. Egli è la Parola per mezzo della quale tutto è stato creato, l'originario modello divino della creazione. Ma egli non rimane un'idea eterna collocata al di sopra della storia, bensì si pone all'interno di essa. In lui Dio fa propria la creazione. A partire dall'incarnazione del Figlio di Dio, il mondo fa parte per l'eternità della vita di Dio. Certamente il Figlio di Dio ha assunto la nostra natura umana per salvarci, ma non la depone dopo aver compiuto l'opera della salvezza. Vuole essere e vuole restare ciò che noi siamo, il suo corpo e la sua anima non sono solo uno strumento. Con le sue fatiche e sofferenze si è sottoposto alle stesse nostre condizioni di vita: operare e patire in questo mondo. Nei suoi prodigi e miracoli, principalmente nella risurrezione, ci ha rivelato a quale gloria è chiamata la creazione. Nella sua croce la caducità e la finitezza trovano la loro trasformazione e riconciliazione; nella sua esaltazione è già iniziato il compimento dell'uomo e del cosmo. Il lieto messaggio della creazione di Dio è mantenuto, ricapitolato e superato nel lieto messaggio di Gesù Cristo. Non c'è motivo più profondo, misura più radicale e fiducia più grande per il compito dell'uomo sulla creazione che Gesù Cristo stesso.[7]

In seguito, nel 1998, la Conferenza Episcopale Tedesca ha pubblicato un altro documento, *Operare per il futuro della creazione*, trattando anche la questione ambientale. Il documento rileva le cause della crisi ambientale. Una delle cause principali del fallimento umano a proposito della crisi ambientale è una concezione della scienza e della tecnica che punta unilateralmente sull'ampliamento della forza discrezionale umana sulla

---

6. Cfr. *ibid.*, II, 4.
7. Cfr. *ibid.*, II, 7.

natura e che non fa rientrare nel calcolo tecnico-economico la tutela dell'ambiente. Di fronte a tutto ciò si trova il complesso problema del «benessere da spreco» delle nazioni ricche. La crisi ecologica ha quindi un'altra causa principale in quello stile di vita orientato al consumo, per il quale la felicità dell'uomo sta nella costante soddisfazione di bisogni in continuo aumento. Nella loro comprensione della qualità della vita gli uomini nella società moderna si orientano maggiormente verso i beni materiali, verso il possesso e il consumo. La loro filosofia di vita è contrassegnata dall'opinione secondo cui l'essere è possedere e l'avere cose è una forma di esistenza riuscita.[8]

Ad aumentare la crisi sono fattori che compromettono la percezione delle conseguenze dell'agire umano. Per la problematica ecologica ciò ha validità in virtù della sua caratteristica strutturale: i danni ambientali nascono spesso indirettamente come effetti non previsti, che gradatamente si accentuano, dell'agire tecnico-economico. Questo rende complesso un calcolo a priori dei pericoli e rende spesso impossibile l'individuazione monocausale di un danno secondo il principio di causalità. Si aggiunga che molte minacce della biosfera sono determinate da effetti di reazione e sinergia di sostanze e procedimenti, che valutati di per sé sono minimi e modesti ed appaiono perciò trascurabili. Ingannati dall'apparenza e disconoscendo il significato del minimale, si giunge ad uno stacco tra percezione e realtà.[9] Si riscontra anche un'esagerazione emotivamente carica ed allarmista dei pericoli ambientali. Talvolta i temi ambientali vengono legati ad un generale «stato d'animo da fine del mondo». La difficoltà di una valutazione obiettiva dei potenziali ecologici di pericolo ha reso controversa l'intesa sociale sulla necessaria coerenza

---

8. CONFERENZA EPISCOPALE TEDESCA, *Operare per il futuro della creazione* (1998), 29, 35.
9. Cfr. *ibid.*, 36.

dell'agire, intesa che è stata spesso bloccata, e lo è tuttora, da lotte ideologiche di trincea.[10]

La Conferenza Episcopale Tedesca propone che un agire ecclesiale, che si debba ritenere risposta stabile alla crisi ecologica, necessita una riflessione sulla base teologica ed etica di un rapporto responsabile con la creazione. Il punto di partenza biblico è, in proposito, la dottrina della creazione, sulla quale si fonda la via cristiana verso la possibilità di comprendere e dare valore alla natura. In tal caso si presentano—come verrà di seguito brevemente spiegato—molteplici stimoli reciproci tra discorso ambientale e teologia della creazione. Oltre ai testi teologici, è inevitabile, anche nell'ambito dell'etica cristiana, un riferimento ai modelli etico-filosofici presenti, nel frattempo divenuti numerosi, per motivare le rivendicazioni etico-ambientali. Questi mettono a disposizione una serie di concetti, per mezzo dei quali si può inserire la comunicazione della Chiesa nel dibattito sull'ambiente, sia scientifico che sociale. Al contempo, la traduzione di fondamentali varianti bibliche in concetti etico-filosofici offre una buona possibilità per poter rendere conto del carattere specifico del contributo cristiano. In un terzo momento si deve porre la riflessione etico-teologica di fondo nel contesto dell'idea portante di uno sviluppo sostenibile. In questo modo diventano chiare numerose connessioni con la discussione attuale sull'ambiente relativamente alla politica, all'economia e all'opinione pubblica. Infine, il principio della sostenibilità viene posto in relazione con l'etica sociale cristiana e viene riassunto nella forma dei generali criteri decisionali etici.[11]

---

10. Cfr. *ibid.*, 37.
11. Cfr. *ibid.*, 56–58.

5.1.2 Conferenza Episcopale Lombarda

La Conferenza Episcopale Lombarda ha pubblicato nel 1988 il testo *La questione ambientale*.[12] Prima di tutto il documento rileva il problema delle ideologie:

> In ogni caso occorre operare un'attenta distinzione tra il consenso che può e deve essere accordato a molte delle singole istanze sociali e politiche avanzate dai diversi movimenti ambientalisti, e il dissenso che invece dev'essere dichiarato nei confronti di chi pretenda trasformare una presunta istanza ecologica nell'equivalente di un progetto civile e politico complessivo e globale.[13]

Viene evidenziato anche il contrasto fra la terra benedetta da Dio e il suolo maledetto a causa del peccato originale. Propone come «la semplice soddisfazione dei bisogni non basta a realizzare la vita dell'uomo; di pane soltanto l'uomo non vive; per vivere egli ha bisogno di una parola».[14] I vescovi sottolineano che: «I beni cosiddetti «materiali» possono e debbono essere riconosciuti quali veri beni soltanto a condizione che essi diventino per la coscienza dell'uomo segno e pegno dei beni sperati».[15] Tre criteri etici sono indicati come quelli che devono guidare l'intervento dell'uomo sull'ambiente: il rispetto e la gratitudine verso Dio, la moderazione e l'attenzione alla qualità della vita.[16]

---

12. CONFERENZA EPISCOPALE LOMBARDIA, *La questione ambientale*, Centro Ambrosiano, Milano 1988.
13. *Ibid.*, p. 20.
14. *Ibid.*, p. 1.
15. *Ibid.*, p. 20.
16. *Ibid.*, pp. 24–26.

5.1.3 Conferenza Episcopale Portoghese

Il documento della Conferenza Episcopale Portoghese dell'11 febbraio 1988, intitolato *Nota pastoral sobre a preservação do meio ambiente*, parla soprattutto di ecologia come un problema della cultura. In seguito, la Conferenza ha trattato la questione ambientale nel contesto del bene comune. Ha affermato che la natura si trova nella logica del dono e della ricezione, un dono che dev'essere trasmesso alle generazioni future, che hanno il diritto di ricevere un ambiente in condizioni migliori di prima.[17]

5.1.4 Vescovo di Talca, Cile

Un bell'esempio di una lettera pastorale da un vescovo è quella di Mons. Carlos Gonzalez, Vescovo di Talca, Cile, del 4 ottobre 1989. La questione è presentata legando il problema ecologico e la cultura della morte. In contrasto, il Vangelo ci propone la cultura della vita. C'è allora la necessità di una spiritualità di vita e celebrazione, che caratterizza il cammino delle Beatitudini. La creazione e il peccato sono come il contrasto fra l'armonia e la disarmonia. L'essere umano è la più eccelsa creazione di Dio, e Gesù Cristo ci mostra il volto di Dio. Il vescovo rileva che l'uomo è «uno» con la natura, però allo stesso tempo è altro per la cultura. L'uomo è un essere naturale, ma anche un «essere culturale». È necessario riscoprire la solidarietà iniziale con la natura e con Dio. La natura e la vita hanno ritmi che debbono essere rispettati. L'uomo è responsabile dell'armonia del suo mondo,

---

17. Conferenza Episcopale Portoghese, Lettera pastorale *Responsabilidade solidária pelo bem comum* (2003), 20: «O meio ambiente é um dos bens comuns essenciais à vida da humanidade, é uma condição absolutamente necessária para a vida social... O ambiente situa-se na lógica da recepção: é um empréstimo que cada geração recebe e deve transmitir à geração seguinte. Daí a enorme responsabilidade quanto ao uso e usufruto dos bens comuns ambientais em cada presente histórico. As gerações futuras têm o direito de receber o ambiente em melhores condições do que as situações em que as gerações anteriores o viveram.»

e questa responsabilità presuppone la libertà e la coscienza. La violenza della natura e la violenza dell'uomo, invece, risultano in un mondo distrutto. Nella dinamica della bontà e del peccato si riscontra la necessità dell'armonia. Il destino del mondo naturale e culturale è la responsabilità della Chiesa e dei cristiani.

Gesù Cristo comprende, esprime e costruisce il mondo, e rivela Dio Creatore e Signore dell'uomo. Gesù accetta la condizione di essere umano in contatto con la natura, e istituisce la Santissima Eucaristia, un sacramento della terra e del lavoro, che è anche pegno di un mondo nuovo. La cultura è una realtà integrale, e sintetizza la storicità dell'uomo. La complessità della cultura ci porta anche all'esigenza dell'evangelizzazione. Il Vangelo di Gesù, esigenza di una vita più autenticamente umana, ci fa entrare nel Regno con un cuore puro. Il Regno cresce lentamente ma potentemente, e le beatitudini, la strada del Regno, gettano una sua luce profonda sui grandi problemi di oggi. La vita odierna, d'altra parte, è segnata dalle contro-beatitudini, segni di morte che viviamo oggi. Invece noi dobbiamo seguire i segni della Vita, una vita autentica nella giustizia. Tre punti essenziali, giustizia, misericordia, e purezza di cuore sono alle radici di una soluzione al problema ambientale verso il quale nessuno può rimanere indifferente.

5.1.5 Conferenza Episcopale Brasiliana

Nel 1992, la Conferenza Episcopale Brasiliana ha redatto un documento dal titolo Chiesa e questione ecologica. Il documento inquadra la questione ecologica nell'ambito della sfida del diritto alla vita, criticando alcune politiche dello sviluppo, e rivedendo il rapporto dell'uomo con l'ambiente. Nella visione teologica dei vescovi brasiliani, si afferma che nella tradizione cristiana lo Spirito Santo ci fa comprendere la realtà come energia e come vita. Egli è il creatore e il datore di vita. Agisce in tutto ciò che si muove, fa espandere la vita, infiamma i profeti, ispira i poeti, suscita i carismatici e colma tutti noi di vigore, mediante il quale continuiamo a vivere e ad agire. Lo Spirito riempie l'universo e rinnova la struttura del cosmo. Con questa visione dello Spirito, che penetra l'universo intero ed è in esso presente, è possibile ripensare e dare rinnovata dimensione alla comprensione del rapporto tra Dio e la creazione. Dio non è distante, totalmente trascendente nei confronti di questa sua creazione. Egli abita in essa, nella forma dello Spirito vivificante. Lo Spirito ha preso dimora nella creazione e resta sempre in rapporto con essa. Non si tratta di risacralizzare la natura. La natura, a partire da qui, deve essere percepita anche come luogo della presenza di Dio stesso.[18] Il documento afferma che la crisi ecologica attuale ci interpella, come «visita di Dio» e momento di grazia, per l'esercizio della nostra solidarietà verso le creature. Accogliere questo appello che ci giunge da Dio attraverso il pianeta ferito, ci conduce ai fondamenti etici della nostra responsabilità nel mondo creato. Questa responsabilità proviene dalla nostra condizione di creature, esige nuovi rapporti con la natura, ci chiede una nuova spiritualità e l'esercizio di virtù ecologiche.[19]

5.1.6 Federazione delle Conferenze Episcopali Asiatiche

Nel febbraio di 1993, si è tenuto un colloquio della Federazione delle Conferenze Episcopali Asiatiche sulla fede e la scienza, nel corso del quale è stata elaborata una dichiarazione come risposta asiatica alla crisi ecologica.[20] Il documento tratta anche dei problemi attuali dell'ambiente in quella regione e della grave

---

18. Si veda CONFERENZA EPISCOPALE BRASILIANA, *Chiesa e questione ecologica*, 53–54.

19. Cfr. *ibid.*, 61.

20. FEDERATION OF ASIAN BISHOPS CONFERENCES, «Love for creation: An Asian Response to the Ecological Crisis» in *Catholic International* 4/6 (June 1993) pp. 269–272. Cfr. anche CONFERENZA EPISCOPALE DELLE FILIPPINE, Lettera Pastorale sull'Ecologia, *What is Happening to our Beautiful Land?*, 29 gennaio 1988.

alterazione dei cicli dell'intero ecosistema e più specificamente i problemi seguenti. Anzitutto i problemi causati dalla deforestazione, soprattutto l'erosione del terreno, che porta a inondazioni e siccità. In secondo luogo, l'aumento della concentrazione dei gas prodotti soprattutto dalla combustione di carburante, che porta ad un generale innalzamento della temperatura terrestre («effetto serra»). Un altro problema è dato dallo sfruttamento su larga scala di risorse energetiche non rinnovabili, causato dal consumismo, che potrebbe mettere in pericolo la qualità della vita delle future generazioni. Si riscontra, inoltre, un grave sfruttamento delle risorse marine che deriva da pratiche di pesca perniciose, dal disboscamento delle mangrovie, dal danneggiamento delle barriere coralline o dall'uso delle acque costiere come discariche di rifiuti. C'è anche il pericoloso accumulo di materiali tossici nell'atmosfera, nei fiumi, nei laghi e nel mare e perfino nel terreno, causato dall'inadeguato o perfino inesistente trattamento degli effluenti negli impianti chimici. Le radiazioni emanate da fughe e da impianti scadenti nelle centrali nucleari, espongono le popolazioni al rischio di tumori o malformazioni genetiche. C'è la contaminazione di frutta e verdura a causa dell'uso indiscriminato di pesticidi e la distruzione, a lunga scadenza, di terreni fertili a causa dell'uso eccessivo di fertilizzanti chimici. Si evidenzia, inoltre, lo spostamento di popolazioni causato da mega-progetti come la costruzione di dighe, l'escavazione di miniere, la costruzione di strade di grande comunicazione e la posa di nuove linee ferroviarie. Spesso, questi problemi non sono che i sintomi della crisi ecologica a cui oggi ci assistiamo, ma le cause profonde includono la grave miseria di larga parte della popolazione, l'avidità umana che porta a un consumismo sfrenato, l'ignoranza dei problemi ambientali e il mancato riconoscimento dei sistemi di difesa della vita che la terra mette in azione. Il documento, infine, punta sullo sviluppo sostenibile, e insiste sulla priorità dell'«essere sull'avere».

Il documento mette in rilievo che la questione ambientale è un problema morale e propone varie soluzioni anche in termini di una buona educazione. Fra queste si rileva un'integrazione tra scienza e fede. La scienza sta dando dei contributi importanti alla comprensione e alla risoluzione dei problemi ecologici, ma si deve sottolineare la dimensione della fede, che riconosce Dio come Creatore, che crede nella sua attiva presenza e che contempla la bellezza della sua creazione. Il concetto di uomo come signore dell'universo, inoltre, dovrebbe essere sostituito con il concetto di amministratore, responsabile del benessere di questo mondo. Si deve poi passare all'integrazione tra cultura e scienza. La scienza moderna e la tecnologia non devono entrare in conflitto con le culture tradizionali che sono in armonia con la natura, ma si deve reintegrare cultura, scienza e tecnologia. Gli sforzi della scienza e della tecnologia devono essere permeati dagli autentici valori umani e culturali, così da metterli a servizio dell'umanità e a protezione e controllo del nostro fragile ecosistema. Tutto questa va accompagnato da un autentico sviluppo umano. Abbiamo bisogno dello «sviluppo dell'intera persona e di ogni essere umano». L'autentico sviluppo umano si riferisce anche al corretto rapporto di una persona con Dio, con la natura e con la società.

5.1.7 Conferenze Episcopali Europee

A Bad Honnef, in Germania, nel maggio 2000, si è tenuta una consultazione sul tema *La spiritualità della creazione e le politiche ambientali*. La responsabilità verso la creazione deve essere considerata un elemento importante della vita della Chiesa. La spiritualità cristiana della creazione è caratterizzata dal rispetto per i doni della natura e dalla disponibilità a condividerli con tutti gli uomini. Sulla base di una tale spiritualità, la Chiesa può portare un contributo essenziale alla soluzione dei problemi dell'ambiente e dello sviluppo. La bellezza e l'espressività della liturgia cristiana che si sviluppa lungo l'anno liturgico ha come fonte essenziale la simbologia della natura, trasfigurata dal mistero di

Cristo. L'impegno concreto delle Chiese per uno sviluppo sostenibile e giusto si realizza in primo luogo nella formazione delle coscienze attraverso l'annuncio della parola e l'educazione. I progetti modello costituiscono una condizione di credibilità della Chiesa e un incoraggiamento importante da imitare nell'ambito, ad esempio, dell'energia rinnovabile, di una costruzione ecologica o di un'agricoltura rispettosa della natura. La responsabilità cristiana verso la creazione tocca ogni campo d'azione della Chiesa, dall'amministrazione alla pastorale. Anche i movimenti ecclesiali laicali possono manifestare un impegno modello in questo ambito.

5.1.8 Conferenza Episcopale Australiana

Nel 2002, la Conferenza Episcopale Australiana ha pubblicato un documento intitolato Una nuova terra: la sfida ambientale. Vi si afferma anzitutto che i cristiani credono che Dio abbia creato l'universo e che continuamente lo sostenga; Dio si rallegra per tutte le creature delle terra (Pro 8,30–31) e ritenga perfetta l'intera creazione (Gen 1,31). San Bonaventura ha visto l'universo come «un libro che riflette, rappresenta, descrive il suo creatore».[21] Poiché siamo parte della creazione di Dio, noi esseri umani siamo connessi con tutte le creature, col mondo naturale, quindi con tutto l'universo. Purtroppo, l'avidità umana, la violenza e l'egoismo hanno un impatto distruttivo sui popoli e sull'ambiente. Ovunque il peccato e le sue conseguenze sul mondo hanno incrinato la nostra relazione con Dio, con noi stessi, con gli altri e con l'intera creazione. È necessaria una riconciliazione. La vita, la morte e la risurrezione di Gesù Cri-

---

21. CONFERENZA EPISCOPALE AUSTRALIANA, *Una nuova terra: la sfida ambientale*. Cfr. SAN BONAVENTURA, *Breviloquium* 2, 12. Papa Giovanni Paolo II ha adoperato la stessa immagine sostenendo che «il creato (...) è quasi un altro libro sacro, le cui lettere sono rappresentate dalla moltitudine di creature presenti nell'universo» (Cfr. *Discorso all'Udienza Generale*, 30 gennaio 2002, 6).

sto, nostro Signore, portano la salvezza non soltanto al genere umano ma anche, in modo diverso, al resto della creazione. Il documento afferma che oggi è un dovere urgente per i cristiani vivere riconciliati con tutta la creazione e assumere con fede la responsabilità di custodi dei doni di Dio:

> Per realizzare tale riconciliazione dobbiamo esaminare le nostre vite e riconoscere in che modo abbiamo offeso la creazione di Dio con le nostre azioni e la nostra incapacità di agire. Dobbiamo fare l'esperienza di una conversione, un cambiamento nel cuore. Dio ci invita ad allontanarci dalla malvagità e a comportarci in modo nuovo.[22]

5.1.9 Conferenza Episcopale Canadese

Nel 2003, la Commissione per gli Affari Sociali della Conferenza Episcopale Canadese ha pubblicato il documento *L'imperativo ecologico cristiano*. Il punto di partenza è la bellezza del cosmo.

> La bellezza e la grandezza della natura ci toccano tutti e tutte. Dai panorami più ampi alla forma di vita più infima, la natura è una continua sorgente di meraviglia e timore. Essa è pure una continua rivelazione del divino. Gli umani vivono al cuore dell'immensa comunità di vita sulla terra. Le tradizioni religiose ebraica e cristiana descrivono Dio in primo luogo come il Creatore che, contemplando la sua creazione, «vide che era cosa buona» (Gen 1, 26–27). L'amore di Dio per tutto ciò che esiste si manifestava allora in modo meravigliosamente evidente. Quest'amore perdura tuttora e chiama l'umanità a rispondervi in maniera attiva.[23]

Il documento afferma che, mentre la gloria di Dio si rivela nel mondo della natura, noi esseri umani stiamo distruggendo la

---

22. CONFERENZA EPISCOPALE AUSTRALIANA, *Una nuova terra: la sfida ambientale* (2002).

23. CONFERENZA EPISCOPALE CANADESE, *L'imperativo ecologico cristiano* (2003), 1.

creazione. Vista sotto quest'angolatura, la crisi ecologica appare anche come una crisi profondamente religiosa. Si deve dunque proporre una risposta religiosa al problema. Durante l'intero corso della storia, le credenze religiose di ogni popolo hanno condizionato il suo rapporto con l'ambiente. I cristiani hanno sviluppato un grande senso ecologico come quello dei santi. Papa Giovanni Paolo II ha sottolineato la necessità di una «conversione ecologica»[24] ed è incoraggiante vedere che numerose tradizioni cristiane reagiscono attivamente alla crisi ecologica. La tradizione teologica e liturgica cristiana riafferma il messaggio biblico. La creazione e l'incarnazione redentrice del Figlio di Dio sono pienamente legate. Attraverso la sua incarnazione, Gesù Cristo non ha solo preso l'umanità, ma l'ha pienamente assunta. Egli ha pure abbracciato l'intera creazione di Dio. Così tutte le creature, grandi e piccole, sono consacrate nella vita, nella morte e nella risurrezione di Cristo. È per questo che la chiesa non esita a benedire e ad utilizzare in abbondanza le risorse della terra per le celebrazioni liturgiche e i sacramenti. Alcune persone, però, non sono state sufficientemente attente al problema posto da certi aspetti del modello di sviluppo capitalista occidentale che ha portato ad una siffatta rovina ecologica, senza parlare dei disastri ecologici lasciati in eredità dai sistemi comunisti.[25]

---

24. M. Keenan, *From Stockholm to Johannesburg: An Historical Overview of the Concern of the Holy See for the Environment, 1972–2002*, Pontificio Consiglio Justitia et Pax, Città del Vaticano 2002, p. 75.

25. Conferenza Episcopale Canadese, *L'imperativo ecologico cristiano*, 4, 7.

5.2 Aspetto ecumenico

5.2.1 Direttorio Ecumenico

Nel Direttorio ecumenico emesso dal Pontificio Consiglio per l'Unità dei Cristiani del 25 marzo 1993, la questione ecologica viene affrontata in chiave ecumenica.

> C'è un intrinseco legame tra lo sviluppo, i bisogni umani e la salvaguardia della creazione. L'esperienza ci ha insegnato che lo sviluppo che risponde ai bisogni umani non può fare cattivo uso o abusare delle risorse naturali senza gravi conseguenze. La responsabilità della tutela della creazione, la quale ha in se stessa la propria particolare dignità, è stata data dallo stesso Creatore a tutti i popoli in quanto custodi della creazione. A vari livelli, si incoraggiano i cattolici a partecipare a iniziative comuni destinate a studiare e affrontare problemi che minacciano la dignità della creazione e mettono in pericolo l'intera razza umana. Altri ambiti di studio e intervento possono essere, per esempio, certe forme di rapida industrializzazione e di tecnologia non controllate, che causano l'inquinamento dell'ambiente naturale e hanno gravi conseguenze per l'equilibrio ecologico, come la distruzione di foreste, gli esperimenti nucleari e l'uso irrazionale o il cattivo uso delle risorse naturali, rinnovabili e non rinnovabili.[26]

5.2.2 Visione Ortodossa

La Chiesa ortodossa, consapevole della propria responsabilità per il destino del mondo, è profondamente preoccupata per i problemi generati dalla civiltà contemporanea. I problemi ecologici occupano tra essi un posto importante. Oggi la faccia della Terra risulta alterata su scala planetaria. Sono danneggiati

---

26. PONTIFICIO CONSIGLIO PER L'UNITÀ DEI CRISTIANI, *Direttorio Ecumenico*, 215.

il sottosuolo, il suolo, l'acqua, l'aria, la fauna e la flora. La natura che ci circonda è stata di fatto completamente soggiogata per il sostentamento dell'uomo, che però non si accontenta più dei suoi molti doni, ma sfrutta in maniera sfrenata interi ecosistemi. L'attività umana, che ha raggiunto livelli paragonabili ai processi biosferici, aumenta costantemente per l'accelerato sviluppo della scienza e della tecnica. L'inquinamento globale dell'ambiente naturale causato dagli scarti industriali, una cattiva tecnologia agricola, la distruzione delle foreste e del manto vegetale— tutto questo porta al soffocamento dell'attività biologica e alla drastica riduzione delle diversità genetiche della vita. Le risorse minerali del sottosuolo si impoveriscono irrimediabilmente, le riserve d'acqua potabile si riducono. È apparsa una grande quantità di sostanze tossiche, molte delle quali non entrano nel ciclo naturale e si accumulano nella biosfera. L'equilibrio ecologico è stato violato; l'uomo deve affrontare l'emergenza di processi perniciosi irreversibili nella natura, compreso l'indebolimento della sua naturale potenza riproduttiva.

Tutto questo accade sullo sfondo di una crescita senza precedenti e ingiustificata del consumo generalizzato nei paesi altamente sviluppati, dove la ricerca della ricchezza e del lusso è diventata regola di vita. Tale situazione impedisce una distribuzione equa delle risorse naturali, che sono un bene comune dell'umanità. Le conseguenze della crisi ecologica si sono rivelate dolorose non solo per la natura, ma anche per l'uomo, che ne costituisce una parte organicamente integrante. Di conseguenza, la terra si trova sull'orlo di una catastrofe ecologica globale.[27]

I rapporti tra l'uomo e la natura sono stati infranti nei tempi preistorici a causa del peccato originale dell'uomo e della sua alienazione da Dio. Il peccato, nato nell'anima dell'uomo, si rivelò pernicioso non solo per lui stesso, ma anche per tutto il mondo che lo circondava. La creazione, scrive l'apostolo Paolo, è stata

---

27. CHIESA ORTODOSSA RUSSA, *I fondamenti della concezione sociale. Documento del Concilio Giubilare dei Vescovi della Chiesa Ortodossa Russa*: Mosca, 13–16 agosto 2000.

sottomessa alla caducità—non per suo volere, ma per volere di colui che l'ha sottomessa—e nutre la speranza di essere lei pure liberata dalla schiavitù della corruzione, per entrare nella libertà della gloria dei figli di Dio. Sappiamo bene infatti che tutta la creazione geme e soffre fino ad oggi» (Rm 8,20-22). Nella natura come in uno specchio si è riflesso il primo delitto dell'uomo. Il seme del peccato, avendo prodotto un effetto nel cuore umano, ha generato, come testimonia la Sacra Scrittura, «spine e cardi» (Gen 3,18) sulla terra. È diventata impossibile la piena unità organica tra l'uomo e il mondo, che esisteva prima del peccato originale (Gen 2,19-20). Nei loro rapporti con la natura, che ora hanno assunto un carattere consumistico, gli uomini si sono lasciati sempre più spesso guidare da stimoli egoistici. Hanno cominciato a dimenticare che l'unico Signore dell'universo è Dio (Sal 24,1), al quale appartengono «i cieli... la terra e quanto essa contiene»(Dt 10,14), mentre l'uomo, come dice s. Giovanni Crisostomo, è solo un «amministratore», al quale sono affidate le ricchezze del mondo terreno. Queste ricchezze, e cioè, «l'aria, il sole, l'acqua, la terra, il cielo, il mare, la luce, le stelle», come lo stesso santo osserva, Dio le ha «distribuite tra tutti in parti uguali, come tra fratelli». Il «dominio» sulla natura e il «possesso» della terra (Gen 1,28), cui l'uomo è chiamato, secondo il progetto di Dio, non significano che tutto gli è lecito. Significano solo che l'uomo è portatore dell'immagine del padrone e signore celeste e, come tale, deve, secondo il pensiero di s. Gregorio di Nissa, esprimere la propria dignità regale non dominando e violentando il mondo che lo circonda, ma «coltivando» e «custodendo» (Gen 2,15) il grandioso regno della natura del quale egli è responsabile davanti a Dio.[28]

La crisi ecologica ci costringe a rivedere i nostri rapporti con l'ambiente che ci circonda. Oggi sempre più spesso vengono criticati la concezione del dominio dell'uomo sulla natura e il principio consumistico nei rapporti con essa. La consapevolezza

---

28. *Ibid.*, 13, 2.

del fatto che la società contemporanea sta pagando un prezzo troppo alto per i beni della civiltà ha provocato un'opposizione all'egoismo economico. Pertanto, si sta tentando di individuare quelle attività che danneggiano l'ambiente naturale. Nello stesso tempo si sta elaborando un sistema di protezione ambientale, si stanno rivedendo i metodi dell'economia, si fanno tentativi per creare tecnologie che favoriscano il risparmio delle risorse naturali e industrie in grado di riciclare completamente gli scarti, che nello stesso tempo possano «essere inseriti» nel ciclo naturale. Si sviluppa un'etica ecologica. La coscienza sociale che ad essa si ispira condanna il modello di vita consumistico, esige che si accresca la responsabilità morale e giuridica per il danno inflitto alla natura, propone di introdurre una formazione e un'educazione «all'ecologia» ed invita ad unire gli sforzi in difesa dell'ambiente sulla base di una larga cooperazione internazionale.[29]

La Chiesa ortodossa apprezza gli sforzi diretti al superamento della crisi ecologica e invita ogni uomo a collaborare attivamente ai progetti finalizzati a proteggere la creazione di Dio. Nel contempo, essa rileva che tali sforzi saranno più produttivi se i fondamenti sui quali si costruiscono i rapporti dell'uomo con la natura avranno un carattere non puramente umanistico, ma anche cristiano. Uno dei principi basilari della posizione della Chiesa riguardo ai problemi ecologici è il principio dell'unità ed integrità del mondo creato da Dio. L'ortodossia non considera la natura che ci circonda come una struttura isolata e chiusa. Il mondo vegetale, animale e umano sono interconnessi. Dal punto di vista cristiano la natura non è un deposito di risorse destinate ad un consumo egoistico ed irresponsabile, bensì una casa, dove l'uomo non è il padrone, ma un amministratore, e un tempio dove egli è il sacerdote, che però serve non la natura, ma l'unico Creatore. Alla base della concezione della natura come tempio sta il concetto del teocentrismo: Dio che dà «a tutti la vita e il respiro e ogni cosa» (At 17,25) è la fonte dell'essere. Di

---

29. *Ibid.*, 13, 3.

conseguenza, la vita stessa nelle sue molteplici manifestazioni è sacra, essendo un dono di Dio, e ogni sua violazione è una sfida lanciata non solo alla creazione divina, ma anche al Signore stesso.[30]

I problemi ecologici hanno sostanzialmente un carattere antropologico, essendo generati dall'uomo e non dalla natura. Pertanto, le risposte a molti problemi posti dalla crisi ambientale vanno cercate nel cuore dell'uomo, e non nella sfera dell'economia, della biologia, della tecnologia o della politica. La natura si trasforma o muore non da sé, ma sotto l'impatto dell'uomo, la cui condizione spirituale gioca un ruolo determinante, in quanto si ripercuote comunque sull'ambiente, con o senza un impatto evidente. La storia della Chiesa conosce molti esempi in cui l'amore di asceti cristiani per la natura, le loro preghiere per il mondo, la loro compassione per tutte le creature hanno avuto un'influenza assolutamente benefica sugli esseri viventi.

I rapporti tra antropologia ed ecologia si manifestano con particolare chiarezza ai nostri giorni, mentre il mondo sta sperimentando contemporaneamente due crisi: la crisi spirituale e la crisi ecologica. Nella società contemporanea l'uomo spesso smarrisce la consapevolezza della vita come un dono di Dio, e talvolta persino il senso stesso dell'esistenza, riducendola talora solo alla sussistenza fisica. La natura circostante, con questo atteggiamento verso la vita, non viene più percepita come una casa, né tanto meno come un tempio, e diviene semplicemente un «habitat». La persona spiritualmente degradata provoca anche il degrado della natura, perché non è capace di esercitare un impatto trasformante sul mondo. Neppure le enormi risorse tecnologiche riescono ad aiutare l'umanità accecata dal peccato perché, essendo indifferenti al significato, al mistero ed al miracolo della vita, esse non portano un vero vantaggio, ma spesso provocano danni. In un uomo che agisce non guidato dallo Spirito, la potenza tecnologica, di solito, suscita speranze utopisti-

---

30. *Ibid.*, 13, 4.

che nelle possibilità illimitate dell'intelletto umano e nella forza del progresso.

È impensabile superare completamente la crisi ecologica in una situazione di crisi spirituale. Questa affermazione non significa affatto che la Chiesa invita a ridurre l'attività di salvaguardia e preservazione della natura. Piuttosto, essa collega la speranza in un cambiamento positivo dei rapporti uomo-natura all'aspirazione della società a una rinascita spirituale. La base antropogenica dei problemi ecologici dimostra che noi tendiamo a cambiare il mondo che ci circonda in conformità con il nostro mondo interiore, e proprio per questo la trasformazione della natura deve partire da una trasformazione dell'anima. Secondo il pensiero di Massimo il Confessore, l'uomo potrà trasformare tutta la terra in un paradiso solo quando egli avrà portato il paradiso in se stesso.[31]

Nella visione della Chiesa Ortodossa, l'ecologia viene vista nella sua prospettiva ecclesiale proprio con un'ecclesiologia cosmica. Si parte da una nozione biblica della benedizione (ebraico *berekh*—Gen 27,25-30); la nozione è poi legata alla sacramentalità e alla prassi liturgica. Poi mette l'ecologia nel contesto della vocazione sacerdotale dell'umanità. Il dominio dell'uomo sopra la natura è inteso come primo posto liturgico di servizio. Così l'ecologia è vista nel contesto dei riti di benedizione della Chiesa Ortodossa. Nella benedizione delle acque alla festa dell'Epifania, per esempio, la creazione deve essere risanata e pulita. La Chiesa non può pregare che l'acqua sia redentiva se è inquinata. L'ecologia viene considerata nel contesto dell'oikumene: l'oggetto dell'economia divina è l'*oikumene*—tutta la terra abitata. Tutta la creazione è ricapitolata in Cristo. Così si trasforma la casa in tempio. La pratica dell'ecologia deve essere un avvenimento ecclesiale, considerando il modello dell'arca di Noè una prefigurazione della Chiesa come visto in 1Pietro 3,20–

---

31. *Ibid.*, 13, 5.

21.[32] I. Zizioulas anche propone l'ecologia nel contesto liturgico, soprattutto centrato sull'eucaristia.[33] In generale si può affermare che la tradizione Ortodossa sottolinea la vocazione sacerdotale dell'umanità, e parla il linguaggio di dono e benedizione piuttosto che quello di dominio ed amministrazione.

La Chiesa Ortodossa condivide la sensibilità e l'impegno di coloro che sono preoccupati per il crescente danneggiamento dell'ambiente naturale a causa dell'abuso umano che la Chiesa chiama peccato e per il quale invita tutti gli esseri umani al pentimento. C'è una tendenza a cercare un rinnovamento dell'etica, mentre la Chiesa Ortodossa ritiene che la soluzione vada trovata nell'ethos liturgico, eucaristico ed ascetico della tradizione Ortodossa. La Chiesa Ortodossa non va identificata con qualche movimento, partito o organizzazione, né dal punto di vista dell'ideologia e della filosofia né da quello dei metodi o programmi da applicare per la soluzione del problema ecologico. La Chiesa Ortodossa costituisce una presenza ed una testimonianza di un nuovo modo di esistenza che segue il suo specifico approccio teologico per la relazione degli esseri umani con Dio, con gli altri e con la natura. Gli Ortodossi affermano che l'umanità ha bisogno di uno stile di vita più semplice, di un rinnovato ascetismo, per il bene della creazione.[34] Gli ortodossi celebrano il 1 settembre come un giorno di riflessione sul creato.[35]

---

32. Cfr. V. GUROIAN, «Toward ecology as an ecclesial event: Orthodox theology and ecological ethics» in *Communio* 18/1 (Spring 1991) pp. 89–110.
33. Cfr. I. ZIZIOULAS, *Il creato come eucaristia*, Edizioni Qiqajon, Magnano 1994. Cfr. anche pp. 225–226 sotto.
34. CONFERENZA INTERORTODOSSA SULLA PROTEZIONE DELL'AMBIENTE, *Le Chiese Ortodosse e l'ambiente*. Conclusioni e raccomandazioni. Creta novembre 1991.
35. Cfr. *Dichiarazione dei Patriarchi Ortodossi*, 15 marzo 1992.

5.2.3 Cattolici ed evangelici

Nel 1985, fu promossa una dichiarazione comune tra la Chiesa Cattolica e la Federazione Evangelica dal titolo: *Sentire la responsabilità per il creato*. Il documento conclude:

> L'importante comunque è che le chiese e le comunità locali comunichino speranza e mostrino chiaramente come non ci si può lasciar frenare da paure apocalittiche nell'assunzione delle proprie responsabilità per le creature di Dio, ma piuttosto, nella fiducia della parola divina, si lascino scoprire e crescere quelle forze creatrici che sono nell'uomo. Nel Credo i cristiani proclamano: «Credo in Dio Padre onnipotente, Creatore del cielo e della terra». L'intera cristianità crede nel Creatore che ha creato tutto quanto, «cielo e terra» e quindi anche l'uomo con la terra suo «habitat naturale». Con ciò i cristiani riconoscono il diritto di Dio sul mondo e credono nella promessa che il Creatore è anche per sempre conservatore e salvatore. Chi proclama questo enunciato della fede fa distinzione tra Creatore e creatura e, nella sottomissione a Dio, mantiene unite le due realtà. La creazione è soggetta al divenire e ad esser distrutta... Perciò noi preghiamo per la conservazione del mondo e speriamo nella redenzione di tutte le creature. I cristiani pregano con il salmista: «Del Signore è la terra e quanto contiene, l'universo e i suoi abitanti. È lui che l'ha fondata sui mari e sui fiumi l'ha stabilita» (Sal 24,1.2).[36]

Incidentalmente si rammenta che gli anglicani celebrano il cosiddetto Harvest Festival in autunno. Inoltre, la festa del Thanksgiving, celebrata negli Stati Uniti l'ultimo giovedì di novembre è di chiara ispirazione cristiana, come ringraziamento a Dio da parte dei primi Padri Fondatori per i frutti della terra.

---

36. Dichiarazione Comune della Chiesa Cattolica e Evangelica in Germania, *Sentire la responsabilità per il creato* (14 maggio 1985), 99.

5.2.4 Consiglio Ecumenico delle Chiese

Un documento importante del Consiglio Ecumenico delle Chiese fu quello formulato a Seoul, nella Corea del Sud, nel 1990.[37] Esso tratta l'ecologia piuttosto dal punto di vista della giustizia sociale che da una visione della creazione e redenzione. I documenti seguenti hanno trattato la questione nei termini della salvaguardia del creato, la spiritualità del creato e la responsabilità per l'ambiente. Per il Consiglio, l'impegno per la salvaguardia del creato va svolto in correlazione con la critica al dominante modello economico di sviluppo. Secondo loro, l'idea liberista di espansione illimitata per la crescita conflige, in modo strutturale, con le risorse ambientali che sono limitate, non rinnovabili. Gli interessi economici dei Paesi ricchi attentano direttamente alla creazione. Allora, per la salvaguardia del creato e per poterlo rendere «fruibile» anche alle future generazioni, si deve lavorare per un ordine economico internazionale fondato sulla giustizia, sull'equa distribuzione delle risorse, sulla condivisione e sulla solidarietà.

---

[37]. CONSIGLIO ECUMENICO DELLE CHIESE, Documento finale dell'assemblea mondiale, *Giustizia, Pace, Salvaguardia del Creato*. Seoul, 5–12 marzo 1990, Cipax, Roma 1990.

6

Visione teologica dell'ambiente

*Fu chiudendo con la spada del cherubino,
che fu chiuso il cammino dell'albero della vita.
Ma per i popoli, il Signore di quest'albero
si è dato come cibo lui stesso nell'oblazione.
Gli alberi dell'Eden furono dati come alimento al primo Adamo.
Per noi, il giardiniere del Giardino in persona
si è fatto alimento per le nostre anime.
Infatti tutti noi eravamo usciti dal Paradiso assieme con Adamo,
che lo lasciò indietro.
Adesso che la spada è stata tolta laggiù (sulla croce) dalla lancia
noi possiamo ritornarvi»*

Sant'Efrem, *Inno* 49,9–11.

6.1 San Benedetto e San Francesco

L'interesse per l'ecologia non è iniziato solo negli anni Sessanta! Troviamo, infatti, due modelli rispetto all'atteggiamento cristiano verso la natura in san Benedetto e in san Francesco. Il vero e buono spirito ecologico era da secoli presente nella tradizione cristiana.

San Benedetto rappresenta l'aspetto più attivo e pratico. I monaci di Montecassino avevano seguito la regola *ora et labora* e avevano imparato a coltivare la terra facendola produrre in modo intensivo, senza degradare l'ambiente. In un contesto comunitario erano state realizzate le buone idee di conservare e di non sprecare. L'approccio di san Benedetto fu un esempio di un'applicazione del brano del Vangelo: «Cercate prima il regno e la giustizia di Dio, e tutte queste cose vi saranno date in aggiunta» (Mt 6,33).

San Francesco, invece, rappresenta l'aspetto della lode e della contemplazione anche nel Cantico delle Creature: «Laudato si', mi' Signore, per sora nostra matre terra, la quale ne sustena et governa et produce diversi fructi con coloriti fiori et herba». San Francesco sentiva una fratellanza naturale, non panteistica né intellettualista, con ogni creatura e ogni evento dell'ambiente (per esempio il lupo, il fuoco, l'acqua e persino la morte). Questo tipo di percezione non sembra per nulla in contrasto con l'opera dei benedettini. San Francesco, infatti, raccomanda di non tagliare l'albero, ma soltanto una parte dei rami per permettere all'albero di vivere e all'uomo di utilizzarne le legna. Come abbiamo già riferito, nel 1979 san Francesco è stato dichiarato patrono dei cultori di ecologia dal papa Giovanni Paolo II.[1]

La scienza moderna e sperimentale fu resa possibile come risultato dell'atmosfera filosofica cristiana dell'alto Medioevo. La scienza moderna è prodotto genuino di una visione giudeo-cristiana del mondo che ha la sua fonte di ispirazione nella Bibbia e nella dottrina del Logos.[2]

Ciò emerge dal fatto che la visione giudeo-cristiana della creazione è diametralmente opposta alla serie di ritorni eterni che si trovano nei sistemi antichi non-cristiani e precristiani. La caratteristica delle cosmogonie pagane è quella di presentare un ineluttabile ciclo di nascita-morte-rinascita, senza inizio né fine e sostanzialmente privo di senso. In una tale visione ciclica ed eternalista del tempo nel cosmo, la scienza non riusciva a fare progressi.[3] È invece necessaria per la scienza la capacità di inve-

---

1. Cfr. pp. 109–110 sopra.
2. Cfr. Cardinal PAUL POUPARD, *Discorso per la presentazione del Giubileo degli scienziati* (28 febbraio 2000).
3. Si veda S. L. JAKI, *Science and Creation*, Scottish Academic Press, Edinburgh 1986.

stigare l'inizio dei processi nell'universo. Una nozione adeguata del tempo è fondamentale per lo sviluppo del calcolo differenziale ed integrale.

Proprio la cosmovisione lineare progressiva derivante dalla dottrina cristiana ha suscitato la crescita della scienza, nonché altri aspetti dell'impresa umana. La fede cristiana, quindi, seppur primariamente collegata con la vita eterna, ha un vero effetto sul mondo in cui ci troviamo. Il cristianesimo ha provocato effetti sia materiali che spirituali poiché «effettivamente nella storia umana, anche dal punto di vista temporale, il Vangelo ha sempre rappresentato un fermento di libertà e di progresso, e si presenta sempre come fermento di fraternità, di umiltà e di pace».[4]

Sebbene un talento per la scienza fosse sicuramente presente nel mondo antico (per esempio nel disegno e nella costruzione delle piramidi egiziane, e nelle scoperta della polvere da sparo e delle calamite nella Cina antica), tuttavia il clima filosofico e psicologico era ostile ad un processo scientifico autosufficiente. La scienza ha dunque sofferto nascite incomplete nelle culture dell'antica Cina, India, Egitto, Babilonia. Ha anche fallito nella sua realizzazione tra i popoli Maya, Incas e Aztechi delle Americhe. Anche se l'antica Grecia si avvicinò molto al raggiungimento di una continua impresa scientifica più di ogni altra cultura antica, la scienza non nacque neppure lì.

Nonostante gli enormi progressi in fisica, medicina e matematica, la scienza non nacque tra gli eredi musulmani di Aristotele. Questi «aborti» nella scienza possono essere collegati a delle visioni primitive del cosmo, con cicli eterni in un universo necessario. Il clima psicologico di tali culture antiche comportava spesso la mancanza di speranza oppure il compiacimento, ed in entrambi i casi ci fu un fallimento nel credere all'esistenza di Dio Creatore, e un'incapacità a produrre un'impresa scientifica autosufficiente.[5]

---

4. VATICANO II, *Ad gentes divinitus*, 8.
5. Cfr. S. L. JAKI, *Il Salvatore della Scienza*, LEV, Città del Vaticano 1992, p. 45.

È importante, a questo punto, sottolineare che la scienza è cresciuta e nata nel Medioevo, in relazione ad una visione cristiana del cosmo. La scienza e la tecnologia si sono sviluppate da una matrice filosofica che nasceva dalla visione cristiana di un cosmo razionale e contingente creato *ex nihilo* e *cum tempore* da Dio Creatore. La matrice della scienza è stato il Medioevo, durante il quale la teologia, la scienza e la filosofia hanno vissuto armoniosamente insieme. Dopo l'epoca medievale, però,, questa relazione fra scienza e teologia è stata infranta, con Cartesio, Kant e l'Illuminismo.[6] Le scienze hanno perso man mano il riferimento a Dio Creatore. I criteri morali per giudicare le applicazioni tecnologiche della scienza non sono più connaturali alla scienza e alla tecnologia. Per cui la tecnologia si è sviluppata senza l'attrezzatura morale per giudicare le gravi conseguenze dell'abuso della natura. Questa situazione si è verificata praticamente durante la rivoluzione industriale:

> ...il Dio e l'etica della «ragion pratica» erano condannati a diventare una questione di praticità egocentrica in accordo pieno con l'egocentrismo da Kant imposto al pensiero; questa praticità etica soggettiva trovò la propria sanzione suprema nell'immagine che dell'uomo dipinge l'evoluzionismo, nel quale l'etica è ridotta alle reazioni pratiche umane nella lotta per la sopravvivenza.[7]

6.2 La sfida ecologica e le risposte teologiche

Alcuni autori, spesso nell'ambito laicista, danno la colpa al cristianesimo per i problemi ecologici in una società dominata dalla tecnica. Essi affermano che le radici delle nostre difficoltà sono profondamente religiose; per esempio l'idea che la volontà

---

6. Cfr. P. Haffner, *Il fascino della ragione*, Gracewing, Leominster 2007, pp. 147–152.
7. S. L. Jaki, *La strada della scienza e le vie verso Dio*, Jaca Book, Milano 1988, p. 435.

di Dio è che l'uomo deve sfruttare la natura a proprio vantaggio, secondo le parole del libro della Genesi: «Dominate la terra» (Gen 1,28). Lynn White è stato il primo a sostenere questa tesi.[8]

Secondo White, il cristianesimo ha ereditato dal giudaismo il rifiuto del tempo ciclico (questo è vero), ed ha sostituito il tempo ciclico con una concezione lineare della storia e facendo sorgere di conseguenza la fiducia in un progresso crescente ed illimitato; a tutto ciò va aggiunta una cosmovisione vigorosamente antropocentrica, derivata dalla categoria homo come *imago Dei*, che, sempre secondo White, rende l'uomo libero di usare e abusare di un mondo il cui dominio egli ostenta in nome di Dio. In questo contesto nasce la scienza moderna, che è un'estrapolazione della teologia cristiana della natura e che rende effettiva la resa incondizionata della terra alla volontà dell'uomo. Un altro elemento negativo del cristianesimo, secondo White ed altri autori più estremisti, è il dualismo radicale fra un essere (l'uomo), che non si considera più parte integrante della natura, e la natura stessa, la cui oscura vendetta non ha tardato a verificarsi. C'è qui un'eco della dialettica marxista.

Per White, la scienza e la tecnica sono così fortemente impregnate di una cosiddetta «arroganza cristiana» che non si può contare su di esse per mitigare la crisi; dovrà essere la stessa fede cristiana, convenientemente riciclata (per esempio secondo il modello del cristianesimo orientale, assai più soprannaturalista e rispettoso verso la natura di quanto non sia quello occidentale), ad iniziare la riconversione della mentalità. Mentre White esige un cambiamento della mentalità all'interno del cristianesimo, altri esponenti secolaristi più estremi rifiutano la stessa visione cristiana. Va detto che le idee rifiutate da White e altri non sono cristiane. In particolare, la nozione di un progresso crescente ed illimitato è piuttosto di Hegel o Marx, e del neo-

---

8. Cfr. L. WHITE, «The historical roots of our ecological crisis» in *Science* 155 (1967), pp. 1203–1207.

Darwinismo, che, peraltro, non tengono conto della realtà del peccato originale.[9]

La tesi di Lynn White fu rilanciata in modo ancora più unilaterale da Carl Améry[10] e, parzialmente modificata, dall'australiano J. Passmore che vedeva la vera radice dei mali presenti nel connubio fra cultura greca e cristianesimo.[11] In seguito si è passati all'ecologia profonda o Deep Ecology,[12] così detta perché non solo vuole superare l'antropocentrismo della ecologia di superficie, ma vuole andare anche oltre la stessa teoria del valore intrinseco che, alla fine, si riverbera sempre sull'uomo in quanto soggetto di responsabilità etica e che prescinde completamente dal tipo di atteggiamento esistenziale verso certe realtà.

Queste visioni sono lontanissime dal cristianesimo e, anzi, da qualsiasi verità umana, e sboccano fortemente in panteismo, nel quale l'individualità si disperde nell'ebbrezza della totalità. Esse si trovano facilmente in sintonia con alcune religioni orientali, soprattutto con l'induismo, il buddismo, il taoismo, ed incontrano i favori di coloro che, come F. Capra, abbracciano atteggiamenti spirituali di tipo New Age.[13]

Questi tipi di eco-ideologia sono spesso anche mescolati con le politiche di sinistra ed il femminismo estremo ed hanno poi scorto in questo approccio la possibilità di superare in maniera definitiva l'impostazione del problema ecologico data dalla tra-

---

9. Questo tema sarà affrontato in sezione 6.3.6 sotto.
10. C. AMÉRY, *Das Ende der Vorsehung. Die gnadenlosen Folgen des Christentums*, Hamburg 1972.
11. J. PASSMORE, *Man's Responsibility for Nature*, London 1974, 19802 (trad. it. *La nostra responsabilità per la natura*, Milano 1986).
12. La distinzione fra l'ecologismo superficiale (antropocentrico) e l'ecologismo profondo (non antropocentrico) fu proposta nel 1973 da A. NAESS, «The Shallow and the Deep, Long-Range Ecology Movement. A Summary», in *Inquiry* 16 (1973), pp. 95-100.
13. Cfr. F. CAPRA, *The Turning Point. Science, Society and the Rising Culture*, New York 1982 (trad. it. *Il punto di svolta. Scienza, società e cultura emergente*, Milano 1984).

dizione antropocentrica, tipicamente ispirata alla logica patriarcale e quindi autoritaria e violenta, incapace di guidare l'uomo verso un rapporto armonioso ed equilibrato con le realtà naturali.[14]

Le eco-ideologie sono molto critiche verso le tradizioni culturali occidentali ed in particolare verso il cristianesimo storico. Estendono ed esasperano le nozioni di sessismo per i rapporti di dominio degli uomini sulle donne, e di razzismo dei padroni sugli schiavi, sfociando nello specismo, ossia la dominazione della specie umana (in pratica i maschi) sugli animali e sulla terra.

Walter Kasper nota che:

> In effetti la fede biblica della creazione fa parte dei presupposti spirituali delle moderne scienze naturali e dello sviluppo tecnologico che esse hanno reso possibile, poiché è stata la distinzione biblica fra Creatore e creatura a smitologizzare e dedivinizzare il mondo come creazione di Dio. Anche un mondo razionale è creato da Dio razionale. Il movimento ecologico si è allontanato dalla visione giudaico-cristiana. Nel distacco dell'antropocentrismo biblico, il movimento ecologico sostiene non solo un'unità e un'osmosi quasi mistica tra uomo e mondo, ma anche una specie di definizione panteistica del rapporto fra Dio e il mondo. Questa visione di alcuni ecologi presenta una nuova sfida alla teologia.[15]

Va anche affermato, in risposta agli ecologisti, che la coscienza di essere creatura dovrebbe indurre nell'uomo una riverenza reli-

---

14. Per il rapporto fra l'ecologismo e d il femminismo vedi J. CHENEY, «Ecofeminism and Deep Ecology», in *Environmental Ethics* 9 (1987), pp. 115-146; I. DIAMOND, G. F. ORENSTEIN, *Reweaving the World. The Emergence of Ecofeminism*, San Francisco 1990; R. WHELAN, J. KIRWAN, P. HAFFNER, *The Cross and the Rain Forest*, W. B. Eerdmans, Grand Rapids, MI 1996, p. 128.

15. W. KASPER, «La sfida ecologica alla teologia» in A. CAPRIOLI e L. VACCARO, *Questione ecologica e coscienza cristiana*, Morcelliana, Brescia 1988, p. 134.

giosa verso Dio per quanto riguarda l'insieme della creazione. All'uomo, in quanto immagine di Dio (Gen 1,28), viene affidato il destino del creato; egli non è assolutamente il signore arrogante e dispotico: è soltanto intendente e gerente, amministratore e tutore.

L'incarico ricevuto non lo autorizza a saccheggiare, stravolgere e distruggere la realtà che gli viene affidata e con la quale egli è solidale (Gen 2,7), anzi, lo obbliga a promuoverla, tutelarla e condurla alla pienezza; la gerenza a lui affidata comporta saggezza, prudenza e fedeltà ed esclude l'egoismo, l'avarizia e la mancanza di riflessione. Il brano di Genesi 2,15 (forse di tre secoli precedente a Gen 1,28), parlava già della «cura della terra», e non solo del suo sfruttamento, da parte dell'uomo.

Lo stesso contesto di Genesi 1,28 indica molto chiaramente che soltanto Dio è il Signore; in quanto tale, ha fondato la creazione sulla base di alcune leggi naturali che sfuggono alla giurisdizione umana e che l'uomo, come le altre creature, deve rispettare. È la stessa fede nella creazione, notificando all'uomo l'assoluta sovranità del Creatore, a porre limiti al dominio umano sulla terra. Quando l'uomo abusa dell'incarico ricevuto, le conseguenze sono tanto il suo stesso avvilimento quanto quello del suo ambito vitale.

Gli ecologisti, nella maggioranza dei casi, non prendono in considerazione il dogma cristiano del peccato originale che ha effetti secondari sull'intelletto e sulla volontà dell'uomo. Dobbiamo anche tener conto dell'insegnamento cristiano sul peccato personale. È poi notevole la proposta per la quale sono proprio gli antichi Romani, con la loro mentalità affaristica, a tradurre in pratica la concezione antropocentrica del pensiero greco e a porre le basi di quell'atteggiamento di dominio e di possesso ancor così radicato nella cultura occidentale.[16]

---

16. Cfr. E. BARDULLA, «I cristiani di fronte alla questione ambientale» in A. CAPRIOLI e L. VACCARO, *Questione ecologica e coscienza cristiana*, Morcelliana, Brescia 1988, p.119. Vedi anche J. D. HUGHES, *Ecology in Ancient Civilisation*, University of New Mexico Press, Albuquerque 1975.

Altri ancora, come Max Weber, legano il protestantesimo ed il capitalismo liberale.[17] È interessante la differenza nel concetto di rapporto persona-natura (termini usati in senso concreto e non filosofico) tra il protestantesimo della Riforma e la tradizione cattolica. Nell'opinione luterana e anche in quella di molta teologia protestante, il regno di Cristo e il regno del mondo vengono visti in tensione, in un certo tipo di reciproca opposizione o antitesi. Questa posizione è legata all'idea luterana (ed anche giansenista) che la natura umana è totalmente corrotta dal peccato originale. Si riscontra perciò una contrapposizione tra la natura umana e la grazia che ha alcune conseguenze per quanto si riferisce al rapporto fra il genere umano e la natura. Dall'altra parte, quando la natura e la grazia vengono viste in sintesi, come nella tradizione cattolica (specialmente nella tradizione tomista e in quella dei Padri greci), il rapporto fra l'umanità e la natura è inteso in modo più positivo e l'atteggiamento è quello di cooperare con la natura piuttosto che opporsi ad essa.

La tradizione cattolica mette un'enfasi maggiore di quella protestante sul principio dell'Incarnazione e sul principio della sacramentalità. La tradizione protestante (nella teologia dell'ambiente) pone l'accento sul concetto di servizio o quello di un forte senso di responsabilità per la natura e verso gli altri membri del genere umano, presente e futuro. Essa sostiene anche una tendenza all'individualismo.

Questo approccio non è sufficiente. Ci vorrebbe una posizione più cristologica, che concepisca il legame fra la creazione, l'Incarnazione, il mistero pasquale e l'escatologia. Il criterio ecologico deve essere basato sull'amore per Gesù Cristo presente nella natura, e l'amore in Cristo per gli altri uomini presenti e futuri. Nello slancio morale, la posizione cattolica sottolinea una morale basata sull'«essere», cioè con una base ontologica. La visione Protestante, invece, propone una morale a sé stante, senza radici nella metafisica.

---

17. M. WEBER, *The Protestant ethic and the spirit of capitalism*, Dover Publications, Mineola, NY 2003.

6.3 Alcuni princìpi per una teologia dell'ambiente

La teologia cristiana della creazione contribuisce in modo diretto alla risoluzione della crisi ecologica, affermando la verità fondamentale che la creazione visibile è essa stessa un dono divino, il «dono originario», che fissa uno «spazio» di comunione personale. In effetti, una corretta teologia cristiana dell'ecologia è data dall'applicazione della teologia della creazione. Osserviamo come il termine «ecologia» combini le due parole greche *oikos* (casa) e *logos* (parola): l'ambiente fisico dell'esistenza umana potrebbe essere visto come una sorta di «abitazione» per la vita umana. Considerato che la vita interiore della Santissima Trinità è una vita di comunione, l'atto divino della creazione è la produzione gratuita di partner che possano condividere tale comunione. In questo senso si può dire che la divina comunione ha adesso trovato la sua «abitazione» nel cosmo creato. Per questo motivo possiamo parlare del cosmo come di un luogo di comunione personale.[18] Allo stesso tempo è chiaro che, in ultima analisi, la teologia non potrà offrire una soluzione tecnica alla crisi ambientale; tuttavia, la teologia può aiutarci a vedere il nostro ambiente naturale così come lo vede Dio, come lo spazio di una comunione personale in cui gli esseri umani, creati a immagine di Dio, devono ricercare la comunione reciproca e la perfezione finale dell'universo visibile.[19]

La visione cristiana della creazione è il nucleo di questo trattato ed è di un'importanza fondamentale per la fondazione cristiana di una nuova responsabilità nei riguardi dell'ambiente. Il realismo filosofico ha anche il suo posto nella considerazione della teologia dell'ambiente. Il realismo è come uno strumento di dialogo fra scienza e fede.[20] Il realismo ed il linguaggio teologico

---

18. COMMISSIONE TEOLOGICA INTERNAZIONALE, *Comunione e Servizio. La persona umana creata a immagine di Dio* (23 luglio 2004), 74.

19. Cfr. *ibid.*, 78.

20. HAFFNER, *Il fascino della ragione*, pp. 17-26.

Visione teologica dell'ambiente 187

ci servono adesso per dare una corretta visione dell'ambiente. È importante considerare il cosmo da un punto di vista scientifico, filosofico ed anche teologico, vedendo il rapporto con l'antropologia ed evitando così l'errore del cosmocentrismo. La visione realista è anche necessaria per fondare le basi per l'azione morale nei confronti dell'ambiente.

6.3.1 Creazione e Rivelazione

Nella letteratura sapienziale e nei Salmi viene ricordata l'origine della creazione nella parola creativa di Dio (cfr. per esempio Sal 33,9). Il mondo viene esperito come fondato saldamente e durevolmente in Dio. Gli uomini trovano in ciò fiducia e sostegno. La sapienza esalta la bellezza e l'ordine adeguato della creazione come testimonianza della grandezza di Dio. Il mondo creato deve risolversi in gioia e glorificazione del creatore (cfr. Sap 13,1-5; Sir 42,15-43; Gb 12,7-9), poiché in esso la bontà e la saggezza di Dio divengono trasparenti (cfr. Sal 8; 104). È l'alito di Dio, lo spirito della saggezza e della bontà che riempie la terra (Sap 1,7; 8,1) «Tu ami tutto ciò che è e non disprezzi nulla di ciò che hai fatto; perché se tu avessi odiato qualcosa, non l'avresti creato. Come potrebbe sussistere qualcosa senza il tuo volere, oppure come potrebbe venir preservato qualcosa che non fosse stato chiamato in vita da te? Tu hai pietà di tutto perché tutto ti appartiene, Signore, amante della vita» (Sap 11,24). L'amore di Dio per le sue creature ci fa comprendere la creazione come fatto relazionale.[21]

In quest'ultimo secolo, la fede nella creazione si è ridotta per lo più all'affermazione che tutto ciò che è si deve alla causalità divina. C'è stata una tendenza di vedere il contenuto della fede cristiana come risposta alla parola di rivelazione pronunciata attraverso la storia della salvezza.

---

21. Cfr. CONFERENZA EPISCOPALE TEDESCA, *Operare per il futuro della creazione* (1998), 66.

C'è stata sempre, però, una convinzione che non solo la storia della salvezza, ma anche la creazione costituisca un contesto di parola e di evento nel quale Dio si esprime e si rivolge all'uomo. A partire dai primissimi tempi, cominciando da Tertulliano e sant'Agostino, i grandi teologi hanno parlato di un doppio libro della Rivelazione divina, quello della creazione e quello della Sacra Scrittura. Gli Scolastici hanno sviluppato la dottrina circa il mondo delle cose come *imagines et vestigia Dei*, ed hanno utilizzato concetti come quello di sacramento di natura ossia di creazione.[22] Si trovano iscritte nel creato le tracce o impronte metafisiche quali l'unità, la bontà, la verità, la bellezza e la contingenza, così come le «griffes» si trovano sulle «creazioni» dei «designer». Ma solo dalla rivelazione soprannaturale si intuisce il pieno senso della creazione. Come fondamento teoretico di una risposta cristiana alla sfida ecologica dobbiamo perciò ricorrere ad una rinnovata teologia della creazione.

C'è un senso limitato nel quale la creazione porta qualche autorivelazione da parte di Dio. Sant'Anselmo di Canterbury scriveva: «Uno eodemque Verbo dicit seipsum et quaecumque fecit» («Nell'unico e medesimo Verbo, Dio dice se stesso e ciò che ha fatto»).[23] Viste così, le cose create sono «verba in Verbo et de Verbo» cioè «parole nel Verbo divino e originate dal Verbo divino». La creazione e ciò che si trova in essa, è espressione, simbolo, e sacramento di Dio. Perciò anche nella creazione non si devono trovare solo oscuri rimandi a Dio, ma in essa Egli rivela se stesso, come affermato da san Paolo nella sua lettera ai Romani (Rm 1,19). Oppure nelle parole di san Bonaventura: «Tutto ciò che Dio opera, lo fa per manifestarsi».[24] In un certo senso, la creazione è anche dono di sé da parte di Dio. Dio è Colui che, secondo la Sacra Scrittura, dà la vita a tutti, distribuisce cibo e

---

22. Cfr. G. GRESHAKE, «La creazione come autorivelazione e dono di sé da parte di Dio» in CAPRIOLI e VACCARO, *Questione ecologica e coscienza cristiana*, p. 128.
23. SANT'ANSELMO DI CANTERBURY, *Monologion*, 33.
24. SAN BONAVENTURA, *In II sententiarum*, 16, 1, 1.

bevanda, fa piovere e fa brillare il sole sui giusti e sugli ingiusti per dimostrare il suo amore, la sua preoccupazione e la sua donazione agli uomini.

Va sottolineato che ci sono diversi gradi d'intensità in questa donazione. Nel campo umano, una stretta di mano è meno intensa dell'espressione dell'amore sponsale che è forse, a sua volta, a un livello meno intenso del sacrificio della vita per un altro essere umano. L'intensità della manifestazione di Dio si riscontra in una certa misura nella creazione e in ben altra misura nella storia della salvezza, che culmina nell'offerta sacrificale del Figlio di Dio sull'altare della Croce.

La creazione stessa, inoltre, è già una prima modulazione della Parola di Dio. In un certo senso analogo e limitato, la creazione è «sacramento», cioè segno ed efficace mezzo, dell'autorivelazione di Dio e del suo dono di sé. Nella creazione, Dio si manifesta in modo mediato. È necessario fare queste distinzioni chiare per evitare l'ontologismo ed altri passi verso il panteismo. Si deve distinguere fra la rivelazione naturale e quella soprannaturale. Teodoreto, Vescovo di Ciro in Siria, sottolineò la differenza enorme fra la rivelazione di Dio nella natura e poi nel suo Figlio fatto carne:

> L'incarnazione del nostro Salvatore rappresenta il più alto compimento della sollecitudine divina per gli uomini. Infatti né il cielo né la terra né il mare né l'aria né il sole né la luna né gli astri né tutto l'universo visibile e invisibile, creato dalla sua sola parola o piuttosto portato alla luce dalla sua parola conformemente alla sua volontà, indicano la sua incommensurabile bontà quanto il fatto che il Figlio Unigenito di Dio, Colui che sussisteva in natura di Dio, riflesso della sua gloria, impronta della sua sostanza, che era in principio, era presso Dio ed era Dio, attraverso cui sono state fatte tutte le cose, dopo aver assunto la natura di servo, apparve in forma di uomo, per la sua figura umana fu considerato come uomo, fu visto sulla terra, con gli uomini

ebbe rapporti, si caricò delle nostre infermità e prese su di sé le nostre malattie.[25]

La dichiarazione della Conferenza Episcopale Tedesca si esprime su questo tema nella maniera seguente:

> Se consideriamo il mondo come una creazione di Dio, esso ci appare diversamente e diventa nuovo. È il dono di un Dio che ama... Accettare di ricevere in dono il mondo: questo dona anche a noi un nuovo amore per il mondo e per le creature. Esse diventano per noi preziose, diventano un dono da regalare ad altri, un segno e un simbolo della bontà di Dio.[26]

La rivelazione cristiana ci insegna la vera natura della creazione e del suo scopo. Nello svolgimento della storia della salvezza, la creazione è sempre presente.

6.3.2 Creaturalità del mondo

Nel brano Genesi 1,1 troviamo le prime parole della Bibbia: «In principio Dio creò il cielo e la terra». Creare (*bārā*) è un preciso verbo teologico il cui soggetto è quasi esclusivamente Dio. Ci sono delle eccezioni (Giosuè 17,15–18, Ezechiele 23,47), per cui la parola per se stessa non può essere una prova assoluta della creazione *ex nihilo*. La parola esprime, però, in maniera particolarmente intensa la dipendenza da Dio di ogni essere creato. Tutto l'insieme di Genesi 1 indica la creazione *ex nihilo*. Anche la ragione, in base all'analisi logico-semantica del testo biblico (confortata dalle più recenti conclusioni dei filosofi della scienza), può affermare questa verità. Ciò in contrasto alle credenze dei vicini popoli contemporanei del Medio Oriente che seguivano altre (ed erronee) cosmovisioni.

---

25. TEODORETO DI CIRO, *Discorsi sulla provvidenza divina*, 10.
26. CONFERENZA EPISCOPALE TEDESCA, *Futuro della Creazione—futuro dell'umanità* (1980), II,1 e III,1.

Il verbo «creare» viene chiarito mediante il verbo «parlare» («dabar»). Il primo libro della Genesi testimonia non meno di sette volte, cioè prima di ogni singola opera della creazione, che Dio parlò e che in forza di questo dire, il mondo divenne realtà. Questa nozione di «parlare» implica la rivelazione e sottolinea il carattere libero e personale di Dio nell'atto di creazione. Dio prende l'iniziativa. Il verbo «benedire» (*baruk*) aggiunge qualcosa al «creare», che è più di bontà. Benedicendo, Dio promette alle creature fecondità e pienezza. La benedizione rimane e dura nonostante tutti gli errori umani.

Dio è assolutamente libero nella sua creazione. Perciò non crea necessariamente. Con spontaneità creatrice Egli fonda una realtà diversa da Sé e la pone liberamente nella sua specificità. Il cosmo è contingente nella sua esistenza perché Dio fu libero di aver o di non aver creato un cosmo. La forma nella quale Dio ha creato il mondo non è una forma necessaria, ma contingente perché dipende da una scelta particolare (fra molte possibili scelte) che Dio ha fatto.

La creazione, dunque, è distinta da Dio. Se il mondo è il prodotto della parola creatrice di Dio, allora esso è nettamente distinto da Dio per sua stessa natura. La libertà di Dio chiude la porta anche al panteismo. Il cosmo è buono, non c'è pericolo di collasso, come nelle visioni antiche e pagane, dove c'era instabilità inerente. Il cosmo è unico ed è un'unità. Dio è supremamente razionale. Perciò la creazione riflette una razionalità. Non può essere usata arbitrariamente. C'è una logica nelle leggi naturali e rivelate sull'uso della creazione.

Il discorso sulla creaturalità comporta due aspetti. Anzitutto, è un'azione accaduta una volta sola e per sempre, e cioè *creatio ex nihilo* e *cum tempore*. In secondo luogo, si tratta di un inizio che dura e che si sviluppa nella storia, nel disegno della Provvidenza di Dio. Se ignoriamo il momento iniziale, si verifica il pericolo del panteismo; se, invece, ignoriamo la Provvidenza si va incontro al pericolo del deismo. Il cosmo non solo è stato creato ma è creatura.

Molti ecologisti laici che credono solo in un vago tipo di essere supremo ma non nel cristianesimo, cadono nel panteismo (dove la natura diventa oggetto di culto o di adorazione) o cadono nel deismo. La Provvidenza, invece, è la base per concepire l'essere umano come custode, che partecipa della Paternità di Dio e della Provvidenza.

Dio trascende la sua creazione ma la segue da vicino in modo immanente. A questo punto subentra il discorso della *via positiva* (legata all'immanenza), della *via negativa* (legata alla trascendenza) e della *via eminentiae* dove si afferma che le stesse perfezioni dei causati esistono in Dio in un modo eccedente.

6.3.3 Dignità della persona umana

Respingiamo l'antropocentrismo assoluto di Kant dove l'uomo è imprigionato in un soggettivismo ed anche in un agnosticismo rispetto a Dio, al cosmo e all'anima umana.

L'antropocentrismo esagerato porta al cosmocentrismo. L'uomo è parte del cosmo; ma azzerando la distinzione fra l'uomo e il cosmo si arriva al cosmocentrismo. Questo è il pericolo anche nel neo-Darwinismo di R. Dawkins, dove l'uomo risulta essere soltanto il portatore delle ricchezze genetiche.

Torniamo invece alla visione biblica sulla posizione dell'uomo e seguiamo il cristocentrismo cristiano. Nel libro della Genesi, capitolo 2, l'essere umano appare come il centro attorno al quale Dio costruisce il suo mondo. Nel primo capitolo della Genesi egli appare come il punto culminante verso il quale tende, gradino per gradino, la storia della creazione. In ambedue i casi, l'uomo è sempre visto in riferimento a Dio. L'uomo è il sovrintendente o vicegerente della creazione.

a) Autodecisione del Creatore

Secondo Genesi 1,26, la creazione dell'uomo inizia con un'esplicita autodecisione divina. L'espressione «Facciamo l'uomo...»

esprime la maestà di Dio. Tutte le altre creature sono state create attraverso la «parola». In Genesi 1,3, 6, 9, 14, 20, 24 si trova 6 volte l'espressione «Dio disse». Ciò significa che Dio ha posto se stesso come forza dinamica e come senso e fine ultimo del mondo. Però, si riscontra qualcosa di molto più grande quando il Creatore, per formare l'uomo, inizia con una nuova decisione (*quoad nos non quoad Deum*) e, nel realizzarla, adopera per tre volte la parola bārā per creare. In questo modo si intende chiaramente sottolineare, con la maggior forza possibile, il fatto che la creazione dell'uomo dipende, in modo del tutto speciale, direttamente da Dio stesso e che quest'opera porta l'azione creatrice al suo apice e al suo vero fine. La creazione della persona umana è una cosa speciale e particolare, da distinguere da quella degli animali. Il fatto che si utilizzi l'espressione «creò» tre volte in Genesi 1,27, potrebbe avere diversi significati e dar luogo a diverse interpretazioni. In primo luogo, essa indica che l'essere umano è immagine della Santissima Trinità. In secondo luogo, mostra che Dio è responsabile della creazione del corpo dell'essere umano e della sua anima, e della relazione e distinzione fra l'uomo e la donna.

b) L'uomo è immagine di Dio

Nel libro della Genesi 1,26–27 leggiamo: «Dio disse: Facciamo l'uomo a nostra immagine, a nostra somiglianza, e domini sui pesci del mare e sugli uccelli del cielo, sul bestiame, su tutte le bestie selvatiche e su tutti i rettili che strisciano sulla terra. Dio creò l'uomo a sua immagine; a immagine di Dio lo creò; maschio e femmina li creò». Qui troviamo le basi per una considerazione dell'essere umano come immagine di Dio. L'uomo è considerato come custode nella prospettiva del Cristianesimo occidentale, mentre nell'Oriente cristiano viene concepito come sacerdote. Si può riassumere e dire che il primo capitolo della Genesi sta alla base dell'approccio occidentale mentre il secondo capitolo è in relazione con l'approccio orientale.

In quanto creatura, l'uomo è un essere vivente (Gen 2,7) qualità apparentemente in comune con tutti gli animali. Ma la creaturalità umana si differenzia per una dimensione specifica e propria, che gli animali non possiedono: oltre ad avere un «respiro di vita», che è la luce dell'autocoscienza, l'uomo e la donna sono «immagini di Dio».

«Immagine di Dio» vuol dire che l'uomo e la donna non soltanto «esistono» ma sono capaci di una relazione con Dio, se Dio la vuole. Da una parte, dunque, l'uomo è legato al suo mondo («è tratto dalla terra») e dall'altra parte è aperto («immagine di Dio») alla relazione con Dio. Essere immagine di Dio è la base per un rapporto di intimità con Dio. È importante indicare che l'essere immagine di Dio risiede non solo nell'anima dell'essere umano, ma anche nel suo corpo.[27]

L'essere umano nella sua interezza è stato creato ad immagine di Dio. Questa prospettiva esclude le interpretazioni che fanno risiedere l'imago Dei solo nell'uno o nell'altro aspetto della natura umana (ad esempio, nella sua rettitudine o nel suo intelletto), o in una delle sue qualità o funzioni (ad esempio, la sua natura sessuale o il suo dominio sulla Terra). Evitando sia il monismo sia il dualismo, la Bibbia presenta una visione dell'es-

---

27. Cfr. S. IRENEO, *Adversus Haereses*, Libro V, capitolo 4, 1, dove scrive che è importante non solo l'anima ma anche il corpo. Cfr. anche COMMISSIONE TEOLOGICA INTERNAZIONALE, *Comunione e Servizio*, 27: «Questa verità non ha sempre ricevuto l'attenzione che merita. La teologia di oggi sta cercando di superare l'influenza delle antropologie dualistiche che collocano l'*imago Dei* esclusivamente in relazione all'aspetto spirituale della natura umana. In parte sotto l'influsso dell'antropologia dualistica prima platonica e poi cartesiana, nella stessa teologia cristiana si è avuta la tendenza a identificare l'*imago Dei* negli esseri umani con quella che è la caratteristica più specifica della natura umana, ossia la mente o lo spirito. Un importante contributo al superamento di questa tendenza è stato dato dalla riscoperta sia di elementi dell'antropologia biblica sia di aspetti della sintesi tomistica».

sere umano nella quale la dimensione spirituale è vista insieme alla dimensione fisica, sociale e storica dell'uomo.[28]

Lungi dall'incoraggiare uno sfruttamento sregolato e antropocentrico dell'ambiente naturale, la teologia dell'imago Dei afferma il ruolo cruciale dell'uomo nella realizzazione di questo prendere eterna dimora nell'universo perfetto da parte di Dio. Gli esseri umani, per disegno di Dio, sono gli amministratori di questa trasformazione anelata da tutta la creazione.[29]

c) Bontà del mondo

Nel libro della Genesi 1,4, 10, 12, 18, 21, 25, si afferma per sei volte: «Dio vide che ciò che aveva fatto era buono». Questa bontà è nell'ordine ontologico. Questa bontà non dev'essere ridotta ad una dimensione morale o ad una utilizzabilità intesa in senso pragmatico; essa deve includere la capacità delle creature di rispecchiare la gloria e la perfezione di Dio. L'articolazione della bontà non riguarda solo le creature spirituali, ma anche quelle materiali, nei diversi modi. La determinazione della bontà riguarda l'atto della creazione in quanto tale. Questa bontà viene articolata in forma di gerarchia.

La creazione è soltanto «buona» prima della creazione dell'uomo. Non tutto ciò che Dio ha fatto è buono allo stesso modo. Ciò che è soltanto buono diventa molto buono nella misura in cui giunge al suo compimento ultimo possibile mediante il riferimento all'uomo. In Genesi 1,31, dopo che Dio creò l'uomo e gli affidò la responsabilità della terra, è proclamato: «Dio vide quanto aveva fatto, ed ecco, era cosa molto buona». La creazione è «molto buona» solo dopo che Dio ha posto in essa un centrale punto di riferimento nell'uomo, mediante il quale essa diventa una totalità di senso e di ordine unitaria e globale. Questa dottrina ci preserva dal cosmocentrismo.

---

28. Cfr. *ibid.*, 9.
29. *Ibid.*, 76.

Da questo argomento si può dedurre che il valore della natura non consiste soltanto nella sua utilizzabilità da parte dell'uomo. La natura rappresenta un valore in sé, in riferimento al Creatore, come inno al Creatore. Però il mondo subumano raggiunge il suo pieno significato a partire dal suo riferimento all'uomo. Allo stesso tempo, l'uomo raggiunge il suo pieno significato col suo rapporto con Dio. Il discorso sull'uguaglianza, sull'equivalenza e sull'autonomia di tutte le creature non si accorda con la fede della Chiesa.[30] Esiste una gerarchia di partecipazione e di solidarietà nel cosmo.

d) «Soggiogate e dominate la terra»

Il punto di riferimento per questo discorso è Genesi 1,28: «Dio li benedisse e disse loro: «Siate fecondi e moltiplicatevi, riempite la terra; soggiogatela e dominate sui pesci del mare e sugli uccelli del cielo e su ogni essere vivente, che striscia sulla terra.» La parola «soggiogare» è resa in ebraico dall'espressione *kābāš* che indica la «presa di possesso di un territorio».[31] Con la benedizione divina, l'umanità riceve la capacità di generare e di moltiplicarsi fino a riempire la terra. Qui si riscontra l'idea della fecondità all'inizio del processo che porta verso il pleroma.

L'altra espressione chiave, «dominare», è resa in ebraico da *rādâ* che significa piuttosto «pascolare, condurre, guidare, reggere».[32] È più debole, quindi, della traduzione moderna. All'uomo è affidato il territorio e gli animali. Ma tale affidamento avviene mediante una benedizione ed è fatto all'uomo in quanto è immagine di Dio. Ciò vuol dire che il rapporto dell'uomo con il territorio e gli animali dovrà essere in conformità con la volontà provvidenziale di Dio. Non si tratta, dunque, di un rapporto

---

30. Cfr. VATICANO II, *Gaudium et spes*, 24 dove si afferma che l'uomo «in terra, è la sola creatura che Iddio abbia voluto per se stesso».

31. Cfr. A. BONORA, «L'uomo coltivatore e custode del suo mondo in Gen 1–11» in CAPRIOLI e VACCARO, *Questione ecologica e coscienza cristiana*, p. 161.

32. *Ibid.*

Visione teologica dell'ambiente

arbitrario, e l'essere umano non può disporre arbitrariamente di ciò che gli è affidato. Come ha proposto N. Lohfink:

> questa benedizione non legittima affatto la distruzione di intere famiglie di animali nei diversi continenti, di esseri marini, delle innumerevoli specie di volatili e di insetti, in nome della trasformazione della superficie terrestre da parte dell'uomo [...] Questa benedizione significa il contrario.[33]

È importante leggere il brano Genesi 1,28 in rapporto con il brano di Genesi 2,15. La Sacra Scrittura va sempre letta in modo analitico-comparativo e allo stesso tempo sintetico.

e) Coltivare e custodire

Genesi 2,15 propone questa frase chiave: «Il Signore Dio prese l'uomo e lo pose nel giardino di Eden, perché lo coltivasse e lo custodisse». Il giardino di Eden non è da considerarsi come un feticcio intangibile, una foresta «vergine» da non attraversare. È un mondo affidato alla custodia dell'uomo. È un giardino perfetto e compiuto in quanto realtà e simbolo del dono assoluto e della promessa incondizionata di Dio all'uomo. Il simbolo è legato alla realtà. È una parte del cosmo, ed in questo senso è simbolo della totalità, secondo il principio *pars propter totum*.[34] Dio non cerca un collaboratore per portare a termine il giardino, ma cerca, invece, un destinatario cui affidarlo come suo dono e sua promessa.[35] Il dono di Dio è completo e perfetto: «Dio vide

---

33. N. LOHFINK, *Le nostre grandi parole*, Brescia 1986, pp. 192–193.
34. Cfr. S. TOMMASO D'AQUINO, *Summa Theologiae*, I^a–IIae, q. 2, a. 8 arg. 2: «Praeterea, ultimus finis cuiuslibet rei est in suo perfecto, unde pars est propter totum, sicut propter finem. Sed tota universitas creaturarum, quae dicitur maior mundus, comparatur ad hominem, qui in VIII Physic. dicitur minor mundus, sicut perfectum ad imperfectum. Ergo beatitudo hominis consistit in tota universitate creaturarum».
35. Cfr. BONORA, «L'uomo coltivatore e custode del suo mondo in Gen 1–11» in CAPRIOLI e VACCARO, *Questione ecologica e coscienza cristiana*, p. 162.

quanto aveva fatto, ed ecco era cosa molto buona» (Gen 1,31). Questa perfezione è anche espressa dal riposo del Signore: «Allora Dio, nel settimo giorno portò a termine il lavoro che aveva fatto e cessò nel settimo giorno da ogni suo lavoro» (Gen 2,2). L'opera di coltivare e custodire è grata esperienza di un dono, un gioire con Dio della sua creazione come canta il Salmo 104,31: «Il Signore gioisce delle sue opere». La risposta umana è l'apprezzamento del dono della creazione.

Il compito biblico di lavorare nel e sul creato è da intendersi nel senso del riprodurre «il lavoro divino». Il riposo sabbatico pone dei limiti al rapporto dell'uomo con il mondo, rapporto improntato al lavoro e con ciò a dar forma e a modificare. Esso offre uno spazio libero, nel quale l'uomo si può sempre nuovamente orientare secondo l'immagine portante di Dio. È così in principio escluso ogni permesso di dominio arbitrario, sconsideratamente sfruttatore e distruttore, sulla natura. All'uomo spettano invece compiti di regolamentazione dell'ordine e dei conflitti, che puntano ad uno sviluppo delle buone inclinazioni e ad un controllo delle forze distruttrici nella natura.[36]

I due verbi adoperati qui per «coltivare» (in ebraico 'abād) e «custodire» (in ebraico šāmār) evocano un atteggiamento religioso, perché 'abād non è solo agricoltura ma indica anche il servizio cultuale mediante un rapporto con Dio, mentre šāmār esprime sia la fedeltà di Dio, sia la fedeltà dell'uomo verso Dio, evocando così l'alleanza. L'atteggiamento di custodire non è fatto di mero esercizio di potere, ma di riconoscimento e di lode. Si custodisce, infatti, qualcosa che è valorizzato come bene prezioso e caro. La «cura» dell'uomo per il mondo è inseparabile dal servizio dell'uomo a Dio.[37]

---

36. Cfr. CONFERENZA EPISCOPALE TEDESCA, *Operare per il futuro della creazione* (1998), 68.

37. Cfr. BONORA, «L'uomo coltivatore e custode del suo mondo in Gen 1–11» in CAPRIOLI e VACCARO, *Questione ecologica e coscienza cristiana*, p. 163.

f) autonomia dell'uomo

Secondo il brano di Genesi 2,19 e seguenti, il Signore Dio ha formato gli animali dalla terra e li ha presentati all'uomo per vedere come egli li avrebbe chiamati; e l'uomo diede un nome agli animali. Imporre il nome, secondo la mentalità ebraica, non significa semplicemente che l'uomo inventa dei vocaboli e li applica ai singoli animali. Dare il nome è segno di un diritto di sovranità, di una posizione di dominio, per questo motivo il passo di Genesi 2,19s si avvicina molto a Genesi 1,28. L'uomo accoglie gli animali così come Dio li ha fatti ma, dando loro un nome, li inserisce nel suo mondo proprio. In questo processo ha luogo una demitizzazione: gli animali vengono a perdere qualsiasi qualità divina, vengono ordinati all'uomo come spazio vitale da strutturare liberamente e responsabilmente.

Dio, nella sua sapientissima Provvidenza, vuole portare il cosmo a compimento, per quanto possibile, mediante le creature stesse. Per questo, Egli ha conferito alle cose un ordine nel quale le creature dipendono le une dalle altre e mediante il quale vengono conservate nell'essere. «Ora, si ha certo una maggiore perfezione nel far sì che una cosa sia buona in se stessa e insieme sia causa di bontà nelle altre, che non nel rendere la cosa buona soltanto in se stessa. Dio perciò governa le cose in maniera da rendere alcune di esse cause rispetto al governo di altre: come un maestro che rendesse i suoi alunni non solo dotti, ma anche capaci di insegnare agli altri».[38] In questo discorso si deve fare la giusta distinzione fra una autonomia «da» e, più positivamente, una autonomia «per», che sbocca in una prospettiva di partecipazione e di solidarietà. L'uomo, la creatura intelligente, è reso capace, in modo particolare, di partecipare al governo divino del mondo e di portare avanti il piano divino nella storia. Questo è il senso dell'autonomia dell'uomo, cioè la partecipazione alla (non la separazione dalla) economia divina.

---

38. S. TOMMASO D'AQUINO, *Summa Theologiae* I, 103, 6.

L'autonomia non deve essere intesa, in nessun modo, in senso assolutistico e illuministico (nella linea di Kant), che porta sia all'individualismo che al collettivismo. Non dev'essere concepita nel senso di una pretesa umana ad un rapporto arbitrario con il mondo, con le sue leggi e strutture, con il suo quadro di senso e di valori. L'autonomia dell'uomo si fonda invece sulla razionalità della realtà nel suo complesso. Questa formula della razionalità della realtà esprime la convinzione che la natura del cosmo, le strutture precostituite del mondo, rendono possibile all'uomo uno sviluppo dell'esistenza sensato e fruttuoso. Questa autonomia relativa e relazionale è uno scudo contro il panteismo. Il cosmo come totalità di interazione esclude un'autonomia assoluta.

6.3.4 Gli animali

Un brano dei salmi descrive la cura di Dio verso gli animali: «la tua giustizia è come i monti più alti, il tuo giudizio come il grande abisso; uomini e bestie tu salvi, Signore» (Sal 36,7). Questo non significa necessariamente che gli animali ricevono la salvezza soprannaturale come l'uomo. Si deve ricordare che mentre gli animali erano plasmati solo dalla terra (Gen 2,19), l'essere umano ha anche ricevuto il respiro di Dio (Gen 2,7). La modifica delle disposizioni dell'ordine di vita nel patto noachico (Gen 9) è espressione del fatto che a questo punto il rapporto concorrenziale tra l'uomo e gli animali salta all'occhio in modo più marcato. All'uomo viene concesso di uccidere gli animali a scopo di sostentamento. Con ciò non viene però concesso alcun potere discrezionale illimitato. Nel complesso, all'uomo spetta piuttosto una ampliata posizione di responsabilità, che comprende anche il rifiuto del male. La preistoria chiarisce che il nostro mondo reale è caratterizzato da rotture e ferite che non sono più sanabili dall'uomo. La natura viene esperita come conflittuale e imprevedibile e può presentarsi ora anche con segni «ostili» (cfr. Gen 3, 17-19). Gli ulteriori messaggi anticotestamentari sull'ordine del creato, per esempio nei salmi 8, 19 e 104, si confrontano essenzialmente con questo dato. Numerose disposizioni riguardo la protezione degli animali (Dn 25,4; Es 23,4f; Lev 25,7 e altri) dimostrano la valorizzazione e la pronta responsabilità verso l'animale, per quanto l'uccisione di animali a scopi sacrificali o alimentari, così anche il loro utilizzo come animali produttivi, rimangano indiscussi. Le disposizioni della festa e dell'anno sabbatico (cfr. Es 20,8-11; Dt 5,12-15; Es 23,10f; Lv 25), come anche lo Shabbat nel racconto della creazione di tradizione sacerdotale, conservano una promettente scintilla che richiama la pace della creazione e sono espressione di una teologia della gioia per la creazione, che rinuncia a ricavare da essa fino al massimo possibile. Questa dimensione diviene ancor più chiara nella promessa escatologica del regno di pace messianico (cfr. Is 11,6ss), che include espressamente la pace nella creazione (dunque anche tra uomo e animale).[39]

Nei discorsi di Papa Giovanni Paolo II vediamo parecchi riferimenti sul ruolo degli animali nella creazione.[40] Chiaramente, come cristiani respingiamo ogni tipo di crudeltà contro gli animali. Questa crudeltà diventa più grave secondo la posizione che l'animale assume nella scala evolutiva, e cioè: tanto più è sviluppato l'animale, tanto più può «soffrire». Ovviamente è lecito uccidere animali, in modo non crudele, per nutrirsi, ed anche per proteggersi (ad esempio da un serpente o da uno scorpione). Le forme di sport (per esempio la caccia) che comportano crudeltà verso gli animali sono indegne per il cristiano. Chi è crudele con gli animali poi potrebbe essere incivile anche con le altre persone.

La sperimentazione scientifica sugli animali dev'essere limitata al massimo, anche perché la fisiologia della persona umana

---

39. Cfr. CONFERENZA EPISCOPALE TEDESCA, *Operare per il futuro della creazione* (1998), 64-65.

40. Cfr. pp. 111-113, 115, 120-121, 123 sopra.

è diversa di quella degli animali.[41] Va affermato, però, che l'atteggiamento della società occidentale odierna è incongruo a tal proposito. Alcuni affermano che gli animali pensano ed amano come noi – sono uguali a noi. Questa è una riduzione dell'uomo. Per molti, la crudeltà verso gli animali è orribile, ma l'aborto è permesso! In Occidente, ci sono dei cimiteri per i cani ma in Africa le persone che muoiono di fame spesso non sono sepolte degnamente. Nell'Appendice 8 di questo libro, è riportata la Dichiarazione Universale dei Diritti dell'Animale dell'UNESCO, un esempio palese della riduzione dell'essere umano alla dignità dell'animale, attraverso l'esaltazione dell'animale alla dignità umana!

Alcuni (anche cattolici) chiedono se ci sarà un posto per i loro animali in Paradiso. Alcuni, come M. Damien, chiedono se l'animale ha una percezione della trascendenza e parlano perfino della preghiera dell'animale.[42] Damien afferma anche, in modo molto pericoloso, che «Cristo è morto anche per i cani».[43] Sant'Agostino, invece, insegna che le proprietà del mondo futuro saranno adattate all'esistenza immortale del corpo umano trasfigurato: «Le proprietà di tutti gli elementi corruttibili, che appartenevano ai nostri corpi corruttibili, scompariranno completamente... e la loro sostanza avrà quelle proprietà che per una mirabile trasformazione convengono a corpi immortali.»[44]

Ci si può chiedere, perciò, se ci saranno piante e animali anche nella nuova creazione. San Tommaso sembra rispondere negativamente a questa domanda; secondo lui, sarebbero incapaci di ricevere un rinnovamento di incorruttibilità, in quanto

---

41. Cfr. Papa GIOVANNI PAOLO II, *Discorso alla Pontificia Accademia delle Scienze* (23 ottobre 1982), in *IG* 5/3 (1982) p. 892 in inglese. Traduzione italiana da *DP* pp. 162e ss.. Cfr. *CCC* 2418.
42. Cfr. M. DAMIEN, *Gli animali, l'uomo e Dio*, Piemme, Casale Monferrato 1987, p. 32.
43. *Ibid.*, p. 166.
44. SANT'AGOSTINO, *De Civitate Dei*, Libro 20, cap. 16 in *PL* 41, 682.

sono corruttibili nelle loro totalità e nelle loro parti, sia da parte della materia che avrà perduto la sua forma, sia da parte della loro forma che effettivamente non rimarrà. Così, non sono in nessun modo soggetti di incorruttibilità. Perciò, nel mondo rinnovato, non ci saranno.[45]

Oggi, però, si riscontra la tendenza a chiedersi se nel contesto della rinnovazione dell'intero creato, non ci possa essere posto anche per le piante e per gli animali in un nuovo regno glorificato della materia. Non sembra che ci sia una ragione intrinseca per escludere dalla nuova creazione gli esseri inanimati. Anzi, la presenza insieme di angeli, di uomini e donne, di piante ed animali, come anche di esseri inanimati sembra ad alcuni più consona con la completezza dei cieli nuovi e della terra nuova.[46]

Nella nuova creazione, gli angeli saranno presenti poiché sono immortali per natura e godranno del dono della gloria di Dio. Gli esseri umani saranno risuscitati dalla potenza di Dio, gli animali e le piante potrebbero essere incorporati da parte di Dio nella rinnovazione del creato materiale. Questa teoria consentirebbe a tutta la vecchia creazione di essere in qualche modo rappresentata in quella nuova. È difficile, comunque, fare congetture sulla continuità di un particolare animale o di una data pianta tra questa vita e quella futura, poiché questi esseri non hanno un'anima spirituale. Si deve sempre ricordare la differenza ontologica che esiste tra gli esseri umani e gli animali, poiché soltanto l'uomo è creato a immagine di Dio.[47] La gioia centrale ed essenziale del Paradiso sarà la visione beatifica di Dio faccia a faccia: ci sarà anche una gioia secondaria: la compagnia di Maria

---

45. San TOMMASO D'AQUINO, *Summa Theologiae Supplementum*, q. 91, a. 5.
46. Cfr. J. GALOT, «Il destino finale dell'universo» in *La Civiltà Cattolica* 152/4 (3 novembre 2001), pp. 213–225; G. CAVALCOLI, «La dimensione escatologica del tempo secondo la rivelazione cristiana» in *Sacra Dottrina* 44/1 (1999), pp. 5–46.
47. COMMISSIONE TEOLOGICA INTERNAZIONALE, *Comunione e Servizio*, 80.

e di tutti gli angeli e santi del Paradiso, compresi i parenti e gli amici, come anche il rinnovato cosmo materiale.[48]

6.3.5 Il cosmo alla luce del mistero di Cristo

Gesù Cristo è la chiave per svelare il segreto della creazione. Nelle diverse cristologie del Nuovo Testamento, Cristo non è rapportato solo alla seconda creazione, quella nuova, ma anche alla prima. Secondo san Paolo, Gesù Cristo è l'unico Signore «in virtù del quale esistono tutte le cose e noi esistiamo per Lui» (1Cor 8,6). Nel Logos, san Giovanni vede il mediatore universale ed unico della creazione: «In principio era il Verbo [...] Tutto è stato fatto per mezzo del Verbo e senza il Verbo niente è stato fatto di tutto ciò che esiste» (Gv 1,1.3).

La visione cristiana della creazione si erge al di sopra dei più antichi sistemi religiosi in cui il cosmo era considerato eterno e ciclico rispetto al susseguirsi del tempo. In Cina, nonostante le differenze che esistono tra di essi, gli approcci taoisti, confucianisti e buddisti hanno in comune la visione di un cosmo eterno ed un certo ripetersi ciclico rispetto al tempo. Similmente, le religioni indù dell'India ritenevano che il cosmo fosse eterno e regolato da cicli inesorabili.

Nella visione dell'America precolombiana, c'erano pure elementi del genere. Gli dèi degli aztechi erano personificazioni di varie forze periodicamente mutevoli e di fenomeni della natura. Il cosmo era ciclico; i concetti di spazio, tempo e causalità erano assenti. Gli Incas erano prigionieri di un'immagine ciclica del tempo. I Maya avevano pure una nozione ciclica del tempo, in cui questo era senza inizi.

Per gli antichi Egiziani, l'universo era considerato come un animale enorme che dava origine ad una cosmogonia organi-

---

48. Cfr. P. HAFFNER, *Il mistero della creazione*, LEV, Città del Vaticano 1999, p. 257. Si veda anche COMMISSIONE TEOLOGICA INTERNAZIONALE, *Comunione e Servizio*, 76: «Non solo gli esseri umani, ma l'insieme della creazione visibile è chiamata a partecipare alla vita divina».

smica, ritmica e animistica. I Babilonesi, i Sumeri e gli Assiri erano chiusi in una visione ciclica ed animistica del mondo, nettamente differente dalla visione dell'Antico Testamento. Nelle cosmologie aristoteliche, stoiche ed epicuree dell'antica Grecia, l'universo era ciclico; la materia ed i processi erano eterni.

Nelle filosofie neo-pagane del Rinascimento, nell'idealismo tedesco, nel New Age, come anche nei tentativi dei scienziati moderni di escludere Dio dalla sua creazione, si riscontra un ritorno al cosmo ciclico ed eterno.[49] La visuale giudeo-cristiana della creazione è diametralmente opposta a tutta questa serie di ritorni eterni che si trovano nei sistemi pagani antichi come anche in quelli moderni.

Il fatto che il Verbo eterno si sia incarnato nella Vergine Maria in un momento specifico della storia garantisce l'unicità dell'atto redentivo di Cristo. Un altro contributo del cristianesimo ortodosso e dogmatico è un forte apprezzamento del tempo come effettivamente viene sperimentato. Il fatto che l'Incarnazione sia avvenuta in un momento preciso del tempo, sottolineato dal continuo riferimento a Ponzio Pilato in tutte le professioni di fede, può accrescere la percezione dell'unicità di ogni momento e perciò della storia. Poiché questa unicità è inconcepibile all'interno dei ricorsi ciclici, l'Incarnazione aggiunge un'ulteriore enfasi alla percezione lineare del tempo, e questa è stata una parte integrante della storia della salvezza iniziata nell'Antico Testamento e compiuta in Cristo.[50]

> L'eterno Padre, con liberissimo e arcano disegno di sapienza e di bontà, creò l'universo; decise di elevare gli uomini alla partecipazione della sua vita divina; dopo la loro caduta in Adamo non li abbandonò, ma sempre prestò loro gli aiuti per salvarsi, in considerazione di Cristo reden-

---

49. Si veda: S. L. JAKI, *Science and Creation*, Scottish Academic Press, Edinburgh 1986. Cfr. anche P. HAFFNER, *Il mistero della creazione*, pp. 166–167.
50. Cfr. P. HAFFNER, *Creation and Scientific Creativity: A Study in the Thought of S. L. Jaki*, Gracewing, Leominster 2009, p. 189.

tore, il quale è l'immagine dell'invisibile Dio, generato prima di ogni creatura.[51]

La cristologia scotista ha difeso la tesi secondo la quale l'Incarnazione, in quanto atto originalissimo di Dio, rappresenta il punto supremo della sua automanifestazione e che in quest'atto, in un certo qual modo, è già inclusa la volontà di creazione. L'Incarnazione del Logos sarebbe, allora, il vero fine di tutto il movimento della creazione e tutto il resto sarebbe solo la preparazione. Il cristocentrismo della creazione è ben illustrato dall'inno cristologico in Colossesi 1,15–20, ed in particolare da Colossesi 1,15–17:

> Egli (Cristo) è l'immagine del Dio invisibile, generato prima di ogni creatura; poiché per mezzo di Lui sono state create tutte le cose, quelle nei cieli e quelle sulla terra, quelle visibili e quelle invisibili: Troni, Dominazioni, Principati e Potestà. Tutte le cose sono state create per mezzo di Lui e in vista di Lui. Egli è prima di tutte le cose e tutte sussistono in Lui.

Il cristocentrismo dell'inno cristologico ai Colossesi si articola in tre aspetti. Prima, la causalità efficiente strumentale (causa efficiens) è indicata dalle parole «per mezzo di lui sono state create tutte le cose… Tutte le cose sono state create per mezzo di lui…» (Col 1,16). La preposizione «per mezzo di Lui» (δι αὐτοῦ in greco) significa che Cristo partecipa attivamente all'atto della creazione. Tutte le cose ricevono l'esistenza e la redenzione mediante la sua opera. In secondo luogo, vediamo la frase «tutte le cose sussistono in lui» (Col 1,17), dove l'espressione «sussistono» è resa in greco da συνέστηκεν. La preposizione «in Lui» (ἐν αὐτῷ in greco) letta come un semitismo, indicherebbe anch'essa una causalità efficiente strumentale; questo sembrerebbe poco probabile in un testo tanto studiatamente costruito. Dato l'innegabile sapore «alessandrino» dell'inno, è possibile

---

51. VATICANO II, *Lumen Gentium*, 2 e cfr. Col 1,15.

proporre che vi si trovi espressa una causalità esemplare (*causa exemplaris*): Gesù medierebbe tra il Dio invisibile e il mondo, perché essendo «immagine« dell'uno, è modello dell'altro.[52] In effetti, sono due gli elementi da considerare. Anzitutto, il fatto che Cristo è il fondamento su cui poggia tutta la creazione, che la sostiene e la mantiene nell'essere, nella provvidenza. In secondo luogo, «in Cristo» è allo stesso tempo un'affermazione soteriologica: significa l'essere assunto, per grazia, nell'alleanza con il Signore. In terzo luogo, l'aspetto della finalità (*causa finalis*) è significato dalla frase che le cose sono «create in vista di Lui» oppure per Lui (Col 1,16). In greco, la preposizione è εἰς αὐτὸν che indica il movimento di ritorno delle cose verso il Cristo. Egli è designato come fine (scopo) della creazione. Questo fine si trova nel tema della redenzione (v. 19s): «poiché piacque a Dio di far abitare in Lui ogni pienezza e per mezzo di Lui riconciliare a sé tutte le cose, rappacificando con il sangue della Croce».

Il fatto che creazione e riconciliazione sono legate si vede quando Cristo appare come «il primogenito di tutta la creazione» (v. 15) e «il primogenito dai morti» (v. 18). Cristo è il Mediatore della creazione e della salvezza. Per san Paolo, la creazione e la redenzione sono due aspetti di un solo grande mistero: la ricapitolazione di tutte le cose in Cristo, come si legge nella lettera agli Efesini: Dio «ci ha fatto conoscere il mistero della sua volontà, secondo quanto, nella sua benevolenza, aveva in lui prestabilito per realizzarlo nella pienezza dei tempi: il disegno cioè di ricapitolare in Cristo tutte le cose, quelle del cielo come quelle della terra» (Ef 1,9-10).

Il termine ἀνακεφαλαιώσασθαι (*anakephalaiosasthai*) significa «ricapitolare» ed è derivato da κεφάλαιον che ha il senso di somma totalità. Il processo di raccogliere nuovamente insieme e riunire tutte le cose in Cristo significa signoria e regalità, sia trascendente che immanente, di Cristo su tutto il cosmo. La regalità già esiste; dev'essere portata al compimento. Il concetto

---

52. Cfr. G. BIFFI, «Fine dell'Incarnazione e Primato di Cristo», in *La Scuola Cattolica* 80 (1960), p. 251.

di regalità è importante nella questione ecologica. Il disegno salvifico di Dio, «il mistero della sua volontà» (Ef 1,9) concernente ogni creatura, è espresso nella Lettera agli Efesini con un termine caratteristico: «ricapitolare» in Cristo tutte le cose, celesti e terrestri (cfr. Ef 1,10). L'immagine potrebbe rimandare anche a quell'asta attorno alla quale si avvolgeva il rotolo di pergamena o di papiro del volumen, recante su di sé uno scritto: Cristo conferisce un senso unitario a tutte le sillabe, le parole, le opere della creazione e della storia.[53] A cogliere per primo e a sviluppare in modo mirabile questo tema della «ricapitolazione» è Sant'Ireneo vescovo di Lione, grande Padre della Chiesa del secondo secolo. Contro ogni frammentazione della storia della salvezza, contro ogni separazione tra Antica e Nuova Alleanza, contro ogni dispersione della rivelazione e dell'azione divina, Ireneo esalta l'unico Signore, Gesù Cristo, che nell'Incarnazione annoda in sé tutta la storia della salvezza, l'umanità e l'intera creazione: «Egli, da re eterno, tutto ricapitola in sé».[54]

Il concetto di πλήρωμα (plèroma) che significa «pienezza», è importante anche in questo contesto, come si legge nella lettera di san Paolo ai Colossesi: «Perché piacque a Dio di far abitare in lui ogni pienezza, e per mezzo di lui riconciliare a sé tutte le cose» (Col 1,19–20). In Cristo si trova la pienezza di Dio. Negli scritti di san Paolo il significato di plèroma sembra essere che tutte le cose sono create in Cristo, riconciliate in Lui, e trovano il loro compimento escatologico in Lui. In Cristo, in

---

53. Cfr. Papa GIOVANNI PAOLO II, *Discorso all'Udienza Generale* (14 febbraio 2001), 1.

54. S. IRENEO, *Adversus Haereses*, Libro III, capitolo 21, 9. Nell'espressione «tutte le cose»—afferma Ireneo—è compreso l'uomo, toccato dal mistero dell'Incarnazione, allorché il Figlio di Dio «da invisibile divenne visibile, da incomprensibile comprensibile, da impassibile passibile, da Verbo divenne uomo. Egli ha ricapitolato tutto in se stesso, affinché come il Verbo di Dio ha il primato sugli esseri sopracelesti, spirituali e invisibili, allo stesso modo egli l'abbia sugli esseri visibili e corporei. Assumendo in sé questo primato e donandosi come capo alla Chiesa, egli attira tutto in sé» (*Adversus haereses* III, 16, 6).

qualche modo, c'è la pienezza anche di tutto quello che esiste. In qualche modo tutto dipende da Cristo, e trova in Lui il suo significato e la sua esistenza stessa. Sebbene Cristo sia il capo del cosmo, le cose sono già tutte ricapitolate in Lui, ma non ancora pienamente. Sono ricapitolate in modo incipiente e il compimento della riconciliazione di tutte le cose in Cristo ha luogo nell'ambito della storia, attraverso la Chiesa.

Non si deve dimenticare, inoltre, che sia nell'inno della lettera ai Colossesi sia nella eulogia della lettera agli Efesini, non si deve fare un'interpretazione senza tener conto del peccato. Questo confluire di tutto l'essere in Cristo, centro del tempo e dello spazio, si compie progressivamente nella storia superando gli ostacoli, le resistenze del peccato e del Maligno.[55] Per illustrare questa tensione, Ireneo ricorre all'opposizione, già presentata da san Paolo, tra Cristo e Adamo (cfr. Rm 5,12-21): Cristo è il nuovo Adamo, cioè il Primogenito dell'umanità fedele che accoglie con amore e obbedienza il disegno di redenzione che Dio ha tracciato come anima e meta della storia. Cristo deve cancellare, dunque, l'opera di devastazione, le orribili idolatrie, le violenze e ogni peccato che l'Adamo ribelle ha disseminato nella vicenda secolare dell'umanità e nell'orizzonte del creato. Con la sua piena obbedienza al Padre, Cristo apre l'era della pace con Dio e tra gli uomini, riconciliando in sé l'umanità dispersa (cfr. Ef 2,16). Egli «ricapitola» in sé Adamo, nel quale tutta l'umanità si riconosce, lo trasfigura in figlio di Dio, lo riporta alla comunione piena con il Padre. Proprio attraverso la sua fraternità con noi nella carne e nel sangue, nella vita e nella morte, Cristo diviene il «Capo» dell'umanità salvata.[56] Scrive ancora sant'Ireneo: «Cristo ha ricapitolato in se stesso tutto il sangue effuso da tutti i giusti e da tutti i profeti che sono esistiti dagli inizi».[57]

---

55. Cfr. Papa GIOVANNI PAOLO II, *Discorso all'Udienza Generale* (14 febbraio 2001), 2.

56. Cfr. *ibid.*, 3.

57. S. IRENEO, *Adversus Haereses*, Libro V, cap. 14, 1; cfr. Libro V, cap.14, 2.

6.3.6 Il mistero del male e del peccato

Dopo la caduta dell'uomo c'è il pericolo dell'abuso di potere da parte dell'uomo. Il peccato originale, infatti, ha danneggiato i rapporti fra Dio e l'uomo, fra l'uomo ed il cosmo, e le relazioni degli esseri umani fra di loro. Spesso negli approcci degli ecologisti laici risulta assente una considerazione del peccato e del male.

Bene e male devono essere considerati alla luce dell'opera redentrice di Cristo. Essa, come fa intuire san Paolo, coinvolge tutto il creato, nella varietà delle sue componenti (cfr. Rm 8,18–30). La stessa natura, infatti, come è sottoposta al non senso, al degrado e alla devastazione provocata dal peccato, così partecipa alla gioia della liberazione operata da Cristo nello Spirito Santo. Si delinea, pertanto, l'attuazione piena del progetto originale del Creatore: quello di una creazione in cui Dio e uomo, uomo e donna, umanità e natura siano in armonia, in dialogo, in comunione. Questo progetto, sconvolto dal peccato, è ripreso in modo più mirabile da Cristo, che lo sta attuando misteriosamente ma efficacemente nella realtà presente, in attesa di portarlo a compimento. Gesù stesso ha dichiarato di essere il fulcro e il punto di convergenza di questo disegno di salvezza quando ha affermato: «Io, quando sarò elevato da terra, attirerò tutti a me» (Gv 12,32). L'evangelista Giovanni presenta quest'opera proprio come una specie di ricapitolazione, un «riunire insieme i figli di Dio che erano dispersi» (Gv 11,52).[58]

La visione della Scrittura e della Tradizione cristiana è contraria alla nozione del male come parte integrante della natura del cosmo o come necessario, o per la quale il bene ed il male sarebbero due facce della stessa realtà ultima. Questa è la visione monista. La visione cristiana si oppone anche al dualismo, per esempio manicheo, dove il bene e il male sono due forze uguali ed opposte. Il cristianesimo respinge la nozione falsa secondo

---

58. Cfr. Papa GIOVANNI PAOLO II, *Discorso all'Udienza Generale* (14 febbraio 2001), 4.

cui il male esisterebbe solo a causa delle ingiuste strutture politiche, come spiega l'errore marxista. La dottrina cristiana si oppone all'errore secondo il quale il male è solo a causa del subconscio (Freud) o del condizionamento psicologico del comportamentalismo. Il male non è neanche una parte necessaria dei processi evolutivi, come sostengono i seguaci di Darwin e di Huxley. Il male non proviene dal caso o dal determinismo a livello genetico, come sosterrebbero alcuni atei come Dawkins. Non scaturisce dall'oppressione delle donne, come propongono le femministe, che confondono causa e effetto.

In Genesi 3, invece, vediamo la descrizione biblica del peccato originale. Nella nostra discussione sulla minaccia ecologica dobbiamo tener conto sia del peccato originale che del peccato personale. Anche il racconto del diluvio è un'indicazione di deviazione dalla volontà divina. Inizia con la constatazione che ogni carne (uomini e animali) con malvagità crescente aveva contaminato tutta la terra, riempiendola di violenza e di corruzione; in tal modo giunge su di essa la rovina. Il peccato si configura come «violenza» (*hamas*) che corrompe l'opera di Dio: «La terra era corrotta davanti a Dio. La terra era piena di violenza. Dio guardò sulla terra e vide: essa era corrotta, poiché ogni essere vivente conduceva una vita corrotta sulla terra» (Gen 6,11–12). Allo stesso tempo, però, viene nuovamente proclamata la fedeltà di Dio all'alleanza (Gen 8,21–9,7), e vengono inclusi nell'alleanza divina anche gli animali allontanatisi dall'uomo (Gen 9,8 ss.).

Il profeta Isaia afferma: «La terra è stata profanata dai suoi abitanti perché hanno trasgredito le leggi» (Is 24,5). Il profeta Osea riecheggia lo stesso sentimento «Per questo è in lutto il paese e chiunque vi abita langue insieme con gli animali della terra e con gli uccelli del cielo; perfino i pesci del mare periranno» (Os 4,3).

La minaccia ecologica proviene dall'umanità e non dalle forze brute di una natura selvaggia e indomabile. L'uomo peccatore minaccia l'equilibrio e l'armonia del mondo, che diventa ambiguo e capriccioso. Come afferma il profeta Geremia: «Per la malvagità dei suoi abitanti le fiere e gli uccelli periscono, poiché essi dicono: Dio non vede i nostri passi» (Ger 12,4b). Il peccato originale, però, non toglie l'intelletto e la volontà dell'uomo, che rimane sempre libero nelle sue azioni. Dio, inoltre, non viene meno alla sua promessa, che coinvolge una sempre rinnovata possibilità di salvezza dell'equilibrio e dell'armonia del mondo.

La creazione, afferma san Paolo, «è stata sottomessa alla caducità—non per suo volere, ma per volere di colui che l'ha sottomessa» (Rm 8,20). Qui sorge la domanda se la natura della caducità nel cosmo dopo il peccato originale fosse essenziale o per accidens. Dio ha permesso le ripercussioni cosmiche del peccato originale, per farci vedere la redenzione del cosmo. Quali sono, però, gli effetti collaterali del peccato originale: che i virus ed i batteri sono pericolosi e causano malattie, e così anche i terremoti, i vulcani, gli asteroidi che colpiscono la terra e perfino lo tsunami?

Possiamo delineare diverse interpretazioni. Una di queste propone l'ipotesi che prima del peccato originale gli esseri umani avessero una speciale capacità razionale di gestire il cosmo, anche nei suoi aspetti e manifestazioni più difficili e negativi come, ad esempio, gli animali feroci. La seconda possibilità è che prima della caduta, non ci fossero aspetti e manifestazioni difficili. Si deve distinguere, in questo contesto, fra il male fisico e il male morale. Prima della caduta dell'uomo nel peccato non esisteva sulla terra il male morale.

Come si dovrebbe interpretare la frase «per volere di colui che l'ha sottomessa»? La creazione extra-umana è soggetta alla caducità senza una sua propria volontà e senza una sua decisione. La caducità è la ripercussione cosmica del peccato originale. In Genesi 3,16s, la creazione è assoggettata alla caducità come effetto del peccato di Adamo sulla creazione. È altresì da ricordare che la Chiesa insegna fermamente l'esistenza del diavolo e dei diavoli.[59] Paolo VI ha insegnato che il diavolo «con

---

59. Cfr. R. FARICY, *Vento e mare obbeditegli*, Cittadella, Assisi 1984, p. 66.

proditoria astuzia agisce ancora, è il nemico occulto che semina errori e sventure nella storia umana».[60] Il diavolo, infatti, «può esercitare un influsso sulle singole persone come su comunità, su intere società, o su avvenimenti».[61] Il diavolo è il «vandalo cosmico».

In ogni caso, il disordine è entrato nel cosmo in seguito al e a causa del peccato originale:

> Quando Anna Frank muore a sedici anni nel campo di concentramento di Bergen-Belsen nel 1945, sappiamo chi accusare. Quando una malata della stessa età muore in ospedale di una malattia assurda e interminabile, non si sa più chi accusare... La guerra è prima di tutto una forma della violenza naturale che si manifesta nei sismi o nelle deviazioni biologiche. La Bibbia non lascia dubbi: un dramma ha sconvolto fin dalla comparsa dell'uomo i suoi rapporti con il Creatore.[62]

6.3.7 La Redenzione

Per apprezzare il valore della redenzione si deve prendere sul serio il male. Dobbiamo ricordare che l'ecologia cristiana non è un'opera fatta solo dalle mani umane. È l'opera di Dio, della grazia, ma con la cooperazione umana. La croce di Cristo rappresenta la vittoria sul disordine e sull'iniquità inerenti al cattivo uso che l'uomo fa della natura. Solo applicando il potere di Cristo crocifisso e risorto mediante la Chiesa possiamo ristabilire la pace con la natura. Dobbiamo evitare l'errore di pensare al problema ecologico solo in chiave di soluzioni sociali o politiche. Il mistero del male è vinto non solo dall'opera ed agire umano, ma dalla grazia di Dio in Cristo Gesù, nei sacramenti, che adoperano elementi provenienti dalla natura (pane, vino, olio, acqua).

---

60. Papa PAOLO VI, *Discorso all'Udienza Generale* (15 novembre 1972).
61. Cfr. *CCC* 395.
62. DAMIEN, *Gli animali, l'uomo e Dio*, p. 131.

Cristo redime il cosmo tramite la Chiesa, tramite gli esseri umani che sono i suoi ministri, tramite la persona umana, che è un microcosmo dell'universo, Cristo rappacifica il cosmo:

> Sovrano supremo e Signore del cielo e della terra, vedendo Te, re immortale, pendente sulla Croce, tutta la creazione è stata mutata, il cielo è stato sconvolto e le fondamenta della terra sono state scosse. Ma noi, indegni come siamo, ti offriamo adorazione riconoscente per i tuoi patimenti in nostro favore e con il ladro gridiamo a Te: Gesù, Figlio di Dio, ricordati di noi quando sarai nel tuo regno![63]

L'annuncio della redenzione, che dà la speranza di una salvezza al di là del futuro puramente terrestre, non può non aver conseguenze anche per l'etica ecologica, la quale invita, tra l'altro, ad assumersi le proprie responsabilità nei confronti del futuro di questo mondo. La fede in Gesù Cristo non dispensa l'uomo dall'interessarsi del mondo, non gli risolve i problemi tecnici di questo mondo, ma piuttosto lo pone in un atteggiamento di servizio al mondo, un servizio fatto con gratitudine e che non si arresta di fronte a nessuna sconfitta. Questo mondo, infatti, gli è stato dato non solo come dono ma anche come responsabilità; l'essere umano deve lavorarlo e conservarlo. Ciò che l'uomo fa in questo mondo ha certamente un riflesso anche nell'altro oltre la storia, come dimostrano le «parabole sugli amministratori» nel Nuovo Testamento (cfr. Mt 25,14 ss.; Mc 12,1 ss.).[64] Dice san Massimo il Confessore:

> Il mistero dell'Incarnazione del Verbo contiene in sé tutti i segreti e gli enigmi delle Sante Scritture e il senso nascosto di tutte le creature visibili, ma colui che conosce il mistero della Croce e della tomba vuota conosce le ragioni essenziali di tutte le cose, e chi è iniziato all'arcana potenza della

---

63. *Akathistos alla Divina Passione del nostro Signore Gesù Cristo*, Kontakion 1.
64. Cfr. Dichiarazione Comune della Chiesa Cattolica e Evangelica in Germania, *Sentire la responsabilità per il creato* (14 maggio 1985), 68.

risurrezione conosce lo scopo per cui Dio ha creato in principio tutte le cose.[65]

6.3.8 La Chiesa e il cosmo

Il rapporto fra Chiesa e cosmo appare principalmente nelle lettere di san Paolo agli Efesini e ai Colossesi. Secondo Ef 1,22s, Dio ha «sottomesso tutto ai piedi [di Gesù Cristo] e lo ha costituito su tutte le cose a capo della Chiesa, la quale è il suo Corpo, la pienezza di Colui che domina pienamente l'universo». Si riscontra una doppia signoria di Cristo, collegata con la sua regalità. La prima è nei confronti dell'universo, di cui Cristo è Capo nel senso di Signore (Ef 4,10; Fil 2,9-11). La seconda è invece nei confronti della Chiesa, di cui Cristo è Capo come sostegno e principio vitale nel senso della grazia (Ef 1,22s).

È importante notare che, secondo la lettera agli Efesini, il cosmo non è mai presentato come «il Corpo di Cristo». Solo la Chiesa è il Corpo di Cristo e questo chiude la porta al cosmocentrismo o a una visione organismica. Tramite la Chiesa, Cristo realizza la pienezza del mondo. La Chiesa deve portare l'uomo e il mondo verso la salvezza: «Andate in tutto il mondo e predicate il vangelo ad ogni creatura» (Mc 16,15). Nella Lettera ai Colossesi si legge:

> Egli (Cristo) è il principio, il primogenito di coloro che risuscitano dai morti per ottenere il primato su tutte le cose... Piacque a Dio di fare abitare in Lui ogni pienezza e per mezzo di Lui riconciliare a se tutte le cose, rappacificando con il sangue della sua Croce, cioè per mezzo di Lui, le cose che stanno sulla terra e quelle nei cieli (Col 1,18 e ss.).

La riconciliazione dell'universo si attualizza mediante il Sacrificio della Croce di Cristo che si applica attraverso la Chiesa

---

65. S. Massimo il Confessore, *Capitoli teologici*, I, 66 in *PG* 90, 1108.

soprattutto nel Sacrificio della Messa. Mediante la Chiesa, il Signore glorificato, insieme all'umanità redenta, unisce a sé, sempre più profondamente ed efficacemente, il cosmo. La Chiesa è l'organo attraverso il quale viene realizzata, lungo la storia, l'unità dell'universo in Cristo, prevista nel piano eterno riguardo al mondo. Gli ordinamenti liturgici più antichi vedono tutta la creazione inclusa nell'eucaristia della Chiesa, nel Sacrificio e sacramento della Messa. L'Eucaristia è la vera cattedra delle ragioni cristiane dell'ecologia. Solo l'uomo eucaristico percepisce la creazione come dono di Dio fatto in Cristo e nella potenza dello Spirito Santo; solo l'uomo eucaristico comprende come tutta la creazione, comunità di co-creature, è relazionata con Cristo, primogenito di tutte le creature. Solo l'uomo eucaristico sa attendere, donec veniat (1Cor 11,26), cieli nuovi e terra nuova, quando «Dio sarà tutto in tutti» (1Cor 15,28).[66]

La dimensione cosmica della Chiesa è già stata fondata da Origene. Egli indica la Chiesa come il mondo venuto per dar ordine, e proprio perché Cristo, la prima «luce del mondo», è diventato l'ordine della Chiesa.[67] Cristo applica i frutti della redenzione al cosmo tramite la Chiesa. La Chiesa è l'unico sacramento di salvezza. La Chiesa è la zona efficace della sacralità nell'universo. Mentre l'atto della redenzione è completo in sé, la sua applicazione deve'essere portata a compimento riguardo al cosmo. In Oriente, il cosmo viene considerato il tempio nel quale l'uomo esercita un suo ruolo come sacerdote in una prospettiva teocentrica. In Occidente, invece, il cosmo viene visto come la casa nella quale l'uomo è l'amministratore in una visione antropocentrica. Questa visione occidentale è limitata, perché il cosmo non è rinnovato solo attraverso l'opera dell'uomo.

---

66. Cfr. E. BIANCHI, *Le ragioni cristiane dell'ecologia*, Editrice San Liberale, Treviso 2003, pp. 28–29.

67. ORIGENE, *Commentario al Vangelo di Giovanni*, Libro 6, n.38 in *PG* 14, 301–302: «Κόσμος τοῦ κόσμου ἡ Ἐκκλεσία, κόσμου αὐτῆς γινομένου χριστοῦ.»

6.3.9 Lo Spirito Santo e la creazione

Lo Spirito di Dio, che «riempie l'universo» (Sap 1,7), non ha cessato di gettare a piene mani semi di verità, d'amore e di vita nel cuore degli uomini e delle donne del nostro tempo.[68] Questi semi hanno prodotto frutti di progresso, di umanizzazione e di civiltà, che costituiscono autentici segni di speranza per l'umanità in cammino. Un segno di speranza è rappresentato dal «più vivo senso di responsabilità nei confronti dell'ambiente».[69] Oggi l'umanità riscopre, anche in reazione allo sfruttamento indiscriminato delle risorse naturali che spesso ha accompagnato lo sviluppo industriale, il significato e il valore dell'ambiente come dimora ospitale (*oîkos*) dove è chiamata a svolgere la propria esistenza. Le minacce che gravano sul futuro dell'umanità, a motivo del mancato rispetto degli equilibri dell'ecosistema, spingono gli uomini di cultura e di scienza, come anche le autorità competenti, a studiare e mettere in atto provvedimenti e progetti vari. Essi mirano non soltanto a limitare e a rimediare i danni finora causati, ma soprattutto a delineare uno sviluppo della società armonizzato col rispetto e la valorizzazione dell'ambiente naturale.

Questo vivo senso di responsabilità nei confronti dell'ambiente deve stimolare anche i cristiani a riscoprire il profondo significato del disegno creativo rivelato dalla Bibbia. Dio ha voluto affidare all'uomo e alla donna il compito di riempire la terra e di esserne il signore a suo nome, quasi suo luogotenente (cfr. Gen 1,28), prolungando e portando in certo modo a compimento la sua stessa opera creatrice.[70]

Dio ha creato il mondo per suo Figlio nello Spirito Santo: «Lo Spirito di Dio aleggiava sulle acque» (Gen 1,2). I libri sapienziali

---

68. Cfr. VATICANO II, *Gaudium et spes*, 11.
69. Papa GIOVANNI PAOLO II, Lettera Apostolica *Tertio millennio adveniente*, 46.
70. Cfr. Papa GIOVANNI PAOLO II, *Discorso all'Udienza Generale* (18 novembre 1998), 1, 3.

contengono allusioni alla presenza dello Spirito Santo nella creazione. L'atto di creazione è un atto trinitario. Perciò ogni cosa esiste, creata da Dio Padre per mezzo di Dio Figlio, in Dio Spirito Santo. Se lo Spirito Santo è effuso sull'intero creato, allora lo Spirito crea la comunità di tutte le cose create con Dio e fra loro, realizzando quella comunione di creazione nella quale tutte le cose create, ognuna a suo modo, comunicano reciprocamente e con Dio. La presenza dello Spirito Santo nel mondo crea l'armonia generale e la simmetria e la sintonia che si manifesta in tutte le relazioni naturali in modo gerarchico.

> Con il soffio del Tuo Santo Spirito
> Tu illumini la mente di artisti, poeti, scienziati.
> Con la forza della Somma Coscienza
> intuiscono profeticamente le Tue leggi,
> che rivelano l'abisso della Tua sapienza creatrice.
> Le loro opere parlano senza volerlo di Te.
> Come sei grande in ciò che hai creato,
> come sei grande nell'uomo.
> Gloria a Te che hai mostrato una forza senza eguali nelle leggi dell'universo
> Gloria a Te, tutta la natura è colma delle leggi del Tuo essere;
> Gloria a Te per tutto ciò che hai rivelato nella Tua misericordia;
> Gloria a Te per tutto ciò che hai nascosto nella Tua saggezza;
> Gloria a Te per la genialità della mente umana;
> Gloria a Te per la forza vivificante del lavoro
> Gloria a Te per le lingue di fuoco dell'ispirazione.
> Gloria a Te, o Dio, nei secoli.[71]

Lo Spirito Santo ridà la bellezza che è stata sfigurata dal peccato e ci aiuta a ritrovare pace con la natura:

> Sappiamo bene infatti che tutta la creazione geme e soffre fino ad oggi nelle doglie del parto; essa non è la sola,

---

71. G. Petrov, *Inno akatistos di ringraziamento*, Ikos 7.

Visione teologica dell'ambiente

ma anche noi, che possediamo le primizie dello Spirito, gemiamo interiormente aspettando l'adozione a figli, la redenzione del nostro corpo (Rm 8,22-23).

Noi siamo distinti dal resto della creazione perché possediamo già le primizie dello Spirito Santo. Il peccato ci ha alienati non solo da Dio, non solo l'uno dall'altro e dal nostro vero io, ma anche dalla natura e ha perfino alienato la natura dal suo vero scopo. Ma la natura, la creazione stessa, può «sperare» di essere liberata dalla schiavitù della corruzione. Questa liberazione è opera dello Spirito Santo che agisce nei cristiani. L'opera dello Spirito Santo continua fino al compimento escatologico.

6.3.10 Prospettive escatologiche

Quanto più la decisione per il futuro soggiace alle oscure profezie di un crollo minaccioso delle condizioni fondamentali della nostra vita, tanto più emergono problemi nuovi: l'umanità si trova forse definitivamente di fronte alla sua fine? Ci deve essere una storia che continua sempre e da cui possiamo ottenere una garanzia? O non ci deve invece essere, prima o poi, una fine della storia? E cosa accadrà allora? Consideriamo adesso le forme più importanti della teologia del «compimento del mondo». Solo Dio ha potuto creare il cosmo; solo Lui può ricrearlo e portarlo al compimento. Si deve evitare l'utopismo retrogressivo o progressivo. Nell'ottimismo si trova una continuità totale fra il mondo attuale e l'aldilà, mentre nel pessimismo c'è una distruzione totale del cosmo attuale. Nella prospettiva escatologica cattolica invece, la seconda venuta di Cristo può essere vista come l'evento in cui Dio prende fisicamente dimora nell'universo perfezionato che porta a compimento il piano originale della creazione. Quando Cristo verrà nella sua gloria, egli «ricapitolerà» tutta la creazione in un momento di armonia escatologico e definitivo.[72]

a) Apocalittica tradizionale

L'apocalittica sostiene che, conformemente ad un piano preordinato, prima o poi Dio porrà fine alla battaglia fra Sé e il mondo peccatore e instaurerà la sua signoria totale. Per questo lo sguardo si fissa sopratutto sugli eventi e sugli sviluppi storici che si possono interpretare come segni della fine imminente. L'autoannientamento che incombe a causa delle armi atomiche è, per alcuni, il segno evidente che noi ci troviamo crudamente di fronte alla «soglia»! Il Nuovo Testamento stesso, però, ha insistentemente messo in guardia contro ogni tentativo di calcolare la fine in termine di tempo. Alcuni Protestanti fondamentalisti sostengono questa posizione.

b) Escatologia teleologica

La teologia tradizionale ha compreso l'escatologia come «dottrina delle cose ultime». Sulla base della Scrittura e della Tradizione, essa tenta di descrivere «avvenimenti futuri, presentati per lo meno tendenzialmente in forma realistica, avvenimenti che accadranno da ultimi alla fine della storia».[73] Talvolta si è interessata più ad una certa «fisica delle cose ultime» che non al vero significato delle affermazioni bibliche. La pienezza finale, infatti, è già iniziata, in modo misterioso, attraverso il dono della grazia all'uomo. Il tempo della Chiesa va compreso come il tempo intermedio definitivo che, prima o poi, trapasserà nel compimento del regno di Dio, da tutti sperimentabile. Si deve ricordare il valore speciale dell'eschaton e la distinzione fra

---

72. COMMISSIONE TEOLOGICA INTERNAZIONALE, *Comunione e Servizio*, 75, 79.
73. G. GRESHAKE e G. LOHFINK, *Naherwertung, Auferstehung, Unsterblichkeit. Untersuchungen zur christlichen Eschatologie*, Herder, Freiburg 1982, p. 12.

il già e il non ancora. Il legame fra la fine del mondo e la seconda venuta di Cristo deve anch'esso essere affermato.

c) Escatologia storico-salvifica-realistica

Essa tenta di comprendere tutto il corso della storia in una visione unitaria: il tempo e la storia si muovono fin dal principio nella direzione dell'evento centrale della morte e della risurrezione di Gesù Cristo. Ciò che in Gesù Cristo è avvenuto in forma rappresentativa, nella parusia si estenderà a tutto l'universo e si realizzerà in forma definitiva: sarà la nuova creazione. La storia della salvezza e la storia del mondo sono come l'immagine di un doppio cerchio concentrico, nel mezzo del quale la storia della salvezza si irradia sempre più verso il cerchio esteriore della storia del mondo, agendo attivamente per la salvezza generale. La fine coinvolge una liberazione ed una trasformazione di tutto l'universo. Questa posizione è rappresentata da O. Cullmann.[74]

d) Escatologia futuristica

Essa cerca, per quanto possibile, di mettere in stretto rapporto la comprensione secolarista del futuro e la speranza cristiano-escatologica di esso. Nella sua forma radicale essa difende la convinzione che la salvezza escatologica del Dio che viene può realizzarsi unicamente insieme all'umanizzazione della terra, anzi, coincide addirittura con essa. Questa è la posizione, per esempio, di alcune espressioni della teologia della liberazione. Si tratta di una posizione assai discutibile in quanto è troppo orizzontalista ed immanentista. Su questa stessa linea rientra la visione di Pierre Teilhard de Chardin che vede l'azione umana e divina all'opera in un generale processo evolutivo verso la manifestazione dell'eschaton. L'eschaton sembra un frutto necessario dell'evoluzione, in una nozione reperibile anche nel New Age. L'evoluzione biologica non è da identificarsi con la storia della

---

74. Cfr. O. CULLMANN, *Cristo e il tempo: la concezione del tempo e della storia nel Cristianesimo primitivo*, Il Mulino, Bologna 1965.

salvezza in modo identico. Jürgen Moltmann cerca, in realtà, di pensare insieme il «futuro» di Dio e il futuro della storia umana; tuttavia, secondo lui, i due momenti non sono identici.

e) Escatologia ridotta ad etica—escatologia esistenziale

Anche questa è una visione erronea perché è segnata da una riduzione. L'esempio classico è dato dalla posizione di Rudolf Bultmann che parte dal fatto che la fine del mondo e la parusia non saranno avvenute, come si attendeva, che la storia è andata avanti e che, secondo ogni persona ragionevole, andrà ancora avanti.[75] Secondo Bultmann, l'eschaton consiste nel fatto che Cristo ci ha liberati per un agire responsabile nella storia. L'ora escatologica della parusia non avviene alla fine della storia, essa è piuttosto quell'evento all'interno della storia per mezzo del quale Cristo ci ha dischiuso la possibilità di una decisione propria. Il senso della storia sta nel presente, e quando il presente viene compreso dalla fede cristiana come il presente escatologico, allora il senso della storia è realizzato. In questa posizione manca la dottrina della trascendenza di Dio. Nell'esistenzialismo ogni momento ha lo stesso valore senza che vi siano tempi privilegiati e questo assomiglia all'errore del comunismo che esclude altresì i privilegi sociali.

f) Escatologia verticalistica

Nella teologia protestante recente, insieme con la concezione apocalittica spaziale è stata abbandonata anche la concezione apocalittica del tempo e della storia. Karl Barth, per esempio, non mostra nessun interesse per un'escatologia della fine della storia. Il «momento eterno» non coincide con un momento storico, ma si pone nei confronti di ogni momento storico come il suo «significato trascendente». «La fine» è vicina in ogni momento. Barth sottolinea, nella sua interpretazione di Rm

---

75. Cfr. R. BULTMANN, *Geschichte und Eschatologie im Neuen Testament*, in *Glauben und Verstehen* III, Tübingen 1960, pp. 91–106.

13,11ss, che l'eternità è il superamento di ogni tempo.[76] La fine annunciata nel Nuovo Testamento non è un evento temporale. La «fine» esprime la sovrana trascendenza di Dio nei confronti della nullità della creatura. In questa posizione manca l'immanenza di Dio. La teologia cattolica, invece, insegna che la parusia incide sulla storia dell'uomo e sul cosmo.

g) Visione biblica della riconciliazione cosmica

Questa bellissima visione biblica della riconciliazione cosmica viene dall'Antico Testamento. Essa proviene dalla lettura attenta del brano Isaia 11,6–9 che contiene insieme due significati. Il primo è lo sguardo indietro allo stato paradisiaco, prima del peccato originale. Il secondo significato è lo sguardo in avanti alla riconciliazione escatologica, indicato nel futuro dei verbi:

> Il lupo dimorerà insieme con l'agnello, la pantera si sdraierà accanto al capretto; il vitello e il leoncello pascoleranno insieme e un fanciullo li guiderà. La vacca e l'orsa pascoleranno insieme; si sdraieranno insieme i loro piccoli. Il leone si ciberà di paglia, come il bue. Il lattante si trastullerà sulla buca dell'aspide; il bambino metterà la mano nel covo di serpenti velenosi. Non agiranno più iniquamente né saccheggeranno in tutto il mio santo monte, perché la saggezza del Signore riempirà il paese come le acque ricoprono il mare (cfr. Is 65,25).

h) L'inizio degli eschata nella morte

La dialettica di tempo ed eternità, così come è stata elaborata dalla recente teologia protestante e soprattutto dalla teologia dialettica, rischia di svalutare la storia e l'azione umana nella storia. Per ovviare a questo pericolo, Lohfink ricorre al termine aevum degli Scolastici, soprattutto san Tommaso. Tempus è lo scorrere costante degli istanti della storia: ha un inizio ed una fine. Aeternitas è il modo di essere di Dio, nel quale Egli possiede

---
76. Cfr. K. BARTH, *Der Römerbrief*, München 1954.

tutto il suo essere in un presente che comprende ogni cosa, tota simul et perfecta possessio, senza inizio e senza fine, secondo la concezione di Boezio.[77] Tra tempus ed aeternitas sta l'aevum, che ha un inizio ma non una fine.

G. Lohfink, inoltre, adopera il concetto del tempo trasfigurato invece di *aevum*.[78] Il tempo trasfigurato si distingue dal tempo storico per il fatto che in esso non c'è più né un prima né un poi: esso comprende, in un presente unico, tutta l'esistenza dell'uomo. Il tempo trasfigurato si distingue anche dall'eternità, in quanto questo nuovo modo di esistere dell'uomo è «costituito dal tempo». Il tempo trasfigurato rispecchia l'*aeternitas*; non è solo il risultato della maturazione continua dell'esistenza umana nel suo compimento nell'aldilà, ma anche il processo stesso nel quale tutta la storia dell'uomo viene portata dinanzi a Dio.[79] La corporeità e la mondanità (senso di essere parte del mondo), e anche tutte le comunicazioni sociali, sono «iscritte» per sempre nel soggetto e nella morte vengono da lui assunte nel modo d'essere definitivo come «raccolto del tempo». Questo comporta un certo compimento. Così Lohfink fa iniziare gli *eschata* nella morte dei singoli uomini. L'universo materiale

---

77. Boezio, *De consolatione philosophiae*, Libro 5, prosa 6 in PL 63, 858–859.
78. Greshake e Lohfink, *Naherwertung, Auferstehung, Unsterblichkeit*, p. 67s.
79. Cfr. anche Beato J. H. Newman, *The Dream of Gerontius* dove si legge: «Nor touch, nor taste, nor hearing hast thou now; Thou livest in a world of signs and types, The presentations of most holy truths, Living and strong, which now encompass thee. A disembodied soul, thou hast by right No converse with aught else beside thyself; But, lest so stern a solitude should load And break thy being, in mercy are vouchsafed Some lower measures of perception, Which seem to thee, as though through channels brought, Through ear, or nerves, or palate, which are gone. And thou art wrapped and swathed around in dreams, Dreams that are true, yet enigmatical; For the belongings of thy present state, Save through such symbols, come not home to thee. And thus thou tell'st of space, and time, and size, Of fragrant, solid, bitter, musical, Of fire, and of refreshment after fire; As (let me use similitude of earth, To aid thee in the knowledge thou dost ask)—As ice which blisters may be said to burn.»

Visione teologica dell'ambiente 225

è mezzo della storia umana della libertà in un senso così fondamentale che deve essere incluso nel compimento dell'uomo. L'universo materiale viene così trasfigurato. Il rapporto fra il *kairos* ed il *chronos* è anche rilevante a questa discussione.[80]

i) La santissima Eucaristia, pegno e primizia delle cose ultime

Tutto, nell'Eucaristia, esprime l'attesa fiduciosa che «si compia la beata speranza e venga il nostro Salvatore Gesù Cristo».[81] Secondo il papa Giovanni Paolo II, colui che si nutre di Cristo nell'Eucaristia non deve attendere l'aldilà per ricevere la vita eterna: la possiede già sulla terra, come primizia della pienezza futura, che riguarderà l'uomo nella sua totalità.[82] Nell'Eucaristia, infatti, riceviamo anche la garanzia della risurrezione corporea alla fine del mondo: «Chi mangia la mia carne e beve il mio sangue ha la vita eterna e io lo risusciterò nell'ultimo giorno» (Gv 6,54). Questa garanzia della futura risurrezione proviene dal fatto che la carne del Figlio dell'uomo, data in cibo, è il suo corpo nello stato glorioso di risorto. Con l'Eucaristia si assimila, il «segreto» della risurrezione. Perciò, giustamente, sant'Ignazio d'Antiochia definiva l'Eucaristia come «farmaco di immortalità, antidoto contro la morte».[83]

Le giuste preoccupazioni per le condizioni ecologiche in cui versa il creato in tante parti del mondo trovano conforto nella prospettiva della speranza cristiana, che ci impegna ad operare responsabilmente per la salvaguardia del creato. Nel rapporto tra l'Eucaristia e il cosmo, infatti, scopriamo l'unità del disegno di Dio e siamo portati a cogliere la profonda relazione tra la creazione e la « nuova creazione », inaugurata nella risurrezione di Cristo, nuovo Adamo. Ad essa noi partecipiamo già ora in forza

---

80. Cfr. P. HAFFNER, «The mission of Christ in time: past, present, future» in *Studia Missionalia* 52(2003), pp. 229-244.
81. Messale Romano, Embolismo dopo il Padre nostro.
82. Papa GIOVANNI PAOLO II, Enciclica *Ecclesia de Eucharistia* (2003), 18.
83. Sant'IGNAZIO D'ANTIOCHIA, *Lettera agli Efesini*, 20 in *PG* 5, 661.

del Battesimo (cfr Col 2,12s) e così alla nostra vita cristiana, nutrita dall'Eucaristia, si apre la prospettiva del mondo nuovo, del nuovo cielo e della nuova terra, dove la nuova Gerusalemme scende dal cielo, da Dio, « pronta come una sposa adorna per il suo sposo » (Ap 21,2).[84] La tensione escatologica suscitata dall'Eucaristia esprime e rinsalda la comunione con la Chiesa celeste. Conseguenza significativa di questa tensione escatologica insita nell'Eucaristia è anche il fatto che essa dà impulso al cammino storico umano, ponendo un seme di viva speranza nella quotidiana dedizione di ciascuno ai propri compiti.[85] Se, infatti, la visione cristiana porta a guardare ai «cieli nuovi» e alla «terra nuova» (cfr. Ap 21,1), ciò non indebolisce, ma piuttosto stimola il nostro senso di responsabilità verso la terra presente.[86]

La teologia delle Chiese Ortodosse applica anche la dimensione escatologica dell'Eucaristia alla teologia dell'ambiente. Questa posizione è esemplificata, fra l'altro, da Zizioulas.[87] L'Eucaristia, nella sua natura più intima, racchiude una dimensione escatologica che, per quanto penetri anche nella storia, non si trasforma mai interamente in storia e allora trascende la storia. L'Eucaristia aprirà la strada non certo al sogno di un perfezionamento morale del mondo (secondo uno schema evoluzionista), ma alla necessità dell'esercizio radicale, dell'esperienza della kenosi e della croce, unico modo per vivere nel mondo la vittoria della risurrezione fino alla fine dei tempi. L'Eucaristia, comunque, donerà contemporaneamente al mondo il sapore della realtà escatologica, che penetra nella storia attraverso l'assemblea eucaristica e rende possibile nello spazio e nel tempo la nostra divinizzazione.

---

84. Cfr. Papa BENEDETTO XVI, Esortazione Apostolica *Sacramentum Caritatis*, 92.
85. Cfr. Papa GIOVANNI PAOLO II, Enciclica *Ecclesia de Eucharistia*, 19, 20.
86. Cfr. VATICANO II, *Gaudium et Spes*, 39.
87. I. ZIZIOULAS, *Il creato come eucaristia. Approccio teologico al problema dell'ecologia*, Qiqajon, Magnano 1994.

7
ECOLOGIA E TEOLOGIA MORALE

Signore, come è bello essere Tuo ospite:
brezza odorosa;
montagne protese verso il cielo;
acque come specchi senza limite
che riflettono l'oro dei raggi e la leggerezza delle nubi.
Tutta la natura mormora misteriosa, colma di tenerezza;
uccelli e bestie della foresta portano il segno del Tuo amore.
Sia benedetta la nostra madre terra e la sua bellezza effimera,
che risveglia la nostalgia della letizia eterna,
là dove nella bellezza incorruttibile risuona: Alleluia!

Protoierej Grigorij Petrov, *Inno akatistos di ringraziamento*, Ode 2.

7.1 Verso un'etica ambientale

Il punto di partenza di un'etica ambientale cristiana deve essere situato nella dottrina cristiana della creazione, come presentata nel capitolo precedente. Per guardare oltre la crisi ambientale, allora, è essenziale ritrovare una concezione equilibrata della natura, lontana da divinizzazioni che dimenticherebbero la «differenza assiologica e ontologica tra l'uomo e gli altri esseri viventi», ma anche da una sua completa secolarizzazione.[1] La fede cristiana—memore dell'esperienza francescana e bene-

---

1. PONTIFICIO CONSIGLIO DELLA GIUSTIZIA E DELLA PACE, *Compendio della Dottrina Sociale della Chiesa*, 463.

dettina—riconosce, invece, «nelle creature che circondano l'uomo altrettanti doni di Dio da coltivare e custodire con senso di gratitudine verso il Creatore», testimoniando di «una sorta di parentela dell'uomo con l'ambiente creaturale».[2] In questo quadro appare pure in tutta la sua rilevanza il principio di solidarietà fra le generazioni, che interpella quelle presenti da parte di quelle future.[3] Si tratta di un'indicazione di ampia rilevanza, analizzata anche in relazione ad altre questioni, ma che va applicato soprattutto «nel campo delle risorse della terra e della salvaguardia del creato, reso particolarmente delicato dalla globalizzazione, la quale riguarda tutto il pianeta, inteso come un unico ecosistema».[4]

Tutte le realtà del mondo derivano la loro esistenza da Dio e anche l'uomo, che pure si trova in una relazione personale e originale con Dio, aperto ad autotrascendersi nella comunione con il suo Creatore, è creatura in mezzo alle creature. Nella concezione cristiana, la chiave di lettura del rapporto uomo e natura si avvale di un terzo rapporto imprescindibile: Cristo, Creatore e Redentore, Centro di riferimento per l'agire umano. In virtù di questa relazione, che si esprime nella spiritualità e nel carattere vocazionale, insito nell'essere umano, l'essere umano è capace di trascendere la realtà materiale verso una responsabilità ed una custodia nei confronti del creato.[5]

Nella prospettiva cristiana si propone un modello radicato nell'ontologia relazionale.[6] La relazione è una dimensione costi-

---

2. *Ibid.*, 464.
3. Cf. *ibid.*, 467.
4. *Ibid.*, 367.
5. Cfr. E. Delise, *La Chiesa cattolica, dal Vaticano II ad oggi: verso un impegno concreto per la salvaguardia dell'ambiente*, Università degli Studi di Urbino, Urbino 2008, p. 51. Si veda anche P. Giannoni, *La creazione. Oltre l'antropocentrismo*, Messaggero, Padova 1993.
6. Cfr. V. Mele, «Per un'ecologia personalista, fra antropocentrismo ed ecocentrismo», in J. Vial Correa & E. Sgreccia (edd.), *La cultura della vita: fondamenti e dimensioni*, Città del Vaticano 2002; S.

tutiva dell'essere umano che esiste in relazione con altri esseri umani e che, ultimamente, è costituito nell'essere persona proprio dalla relazione fondante con Dio. L'apertura relazionale si attua anche come apertura al mondo e alle realtà non umane, viventi e non viventi, quando esse sono colte non in quanto usabili, ma in quanto termini di co-esistenza: esse nella loro consistenza e valore ed io nella mia consistenza e valore. Una ecologia pensata nella prospettiva della relazionalità corrisponde alla visione biblica dell'uomo in rapporto con Dio, con i suoi simili e con il cosmo e permette di rileggere in una prospettiva rinnovata i temi più fecondi della teologia morale.[7]

In questa prospettiva, i principi cardinali sono quelli di responsabilità e di solidarietà:

> Se sono in relazione con altre realtà, sento che la loro esistenza e il loro benessere sono importanti anche per me e che è bene per me prendermi cura di loro. Il valore dell'altro, nel momento in cui colgo l'altro come dono in sé e non solo come utile per me, risuona nella mia coscienza come un appello al rispetto e alla promozione. La responsabilità rappresenta sul versante etico, quello che la relazione rappresenta sul versante ontologico ed è articolata a tutto campo in modo coestensivo con la relazionalità.[8]

Il primo immediato referente è costituito dall'umanità presente oggi sulla Terra. Ci sono più di sette miliardi di persone che vivono su un pianeta sempre più sfruttato, sempre più piccolo. Non possiamo chiuderci nel nostro solipsismo egoistico e miope, considerando gli effetti, vantaggiosi o dannosi che siano, delle nostre scelte soltanto nella misura in cui toccano da vicino

---

MORANDINI, *Il tempo sarà bello. Fondamenti etici e teologici per nuovi stili di vita*, Bologna 2003.
7. Cfr. M. P. FAGGIONI, «L'ecologia della Terra come problema morale» in Atti del convegno *Ambiente e religione: le motivazioni cristiane per un impegno a difesa del creato*, p. 11.
8. *Ibid.*, p. 14.

noi e quelli che sentiamo «nostri». Il processo di globalizzazione in atto si traduce in una fitta rete di interscambi e interazioni che coinvolge tutta l'umanità dal punto di vista dell'economia, della politica, della comunicazione, della gestione delle risorse del pianeta e non è retorico indicare nell'umanità intera uno dei principali referenti della nostra responsabilità.

Un secondo referente è costituito dalle generazioni future.[9] L'etica contemporanea si pone il problema di considerare gli effetti a lunga scadenza di quelle scelte e di quelle azioni che possono ritorcersi in modo disastroso sull'umanità che verrà dopo di noi, si interroga sul mondo che esse erediteranno e sull'effettiva possibilità per loro di godere di un ambiente ancora capace di sostenere la loro esistenza in condizioni qualitative analoghe alle nostre. Pensiamo per esempio a modifiche genetiche inserite nella linea germinale umana che saranno trasmesse alla progenie o agli effetti difficilmente prevedibili derivanti dall'immissione in un sistema ambientale di specie animali o vegetali transgeniche o, più semplicemente, ai problemi che erediterà l'umanità futura per una cattiva gestione delle questioni demografiche. È la prima volta che l'etica si trova a confrontarsi con i diritti di persone che sono pure possibilità e—proprio nel momento in cui essa stessa teorizza la fine degli assoluti morali e la liberazione delle autonomie soggettive dai vincoli eteronomi—si sforza tuttavia di persuadere gli uomini e le donne di oggi a limitare lo sfruttamento delle risorse disponibili a vantaggio di uomini e donne che ancora non esistono. Da parte sua l'etica si pone il problema di considerare gli effetti a lunga scadenza di quelle scelte e di quelle azioni che possono ritorcersi in modo disastroso sulle generazioni future, si interroga sul mondo che esse

---

9. Sulla responsabilità verso le generazioni future: H. JONAS, Das Prinzip Verantwortung, Frankfurt 1979 (trad. it. Il principio di responsabilità, Torino 1990). Cfr. K. O. APEL, «The Problem of a Macroethic of Responsibility to the Future in the Crisis of Technological Civilisation: An Attempt to Come to Terms with Hans Jonas's Principle of Responsibility» in *Man and World* 20 (1987), pp. 3–40.

erediteranno e sulla effettiva possibilità per loro di godere di un ambiente ancora capace di sostenere la loro esistenza in condizioni qualitative analoghe alle nostre.

Due criteri formano parte del principio della responsabilità. Il primo è il criterio di precauzione che nel prendere decisioni sull'ambiente impone di verificare attentamente se un certo intervento avrà effetti nocivi per l'uomo, i viventi, l'ambiente, a breve o a lungo termine, anche tenendo conto delle capacità autoriparative della natura, che tuttavia non sono infinite.[10] La responsabilità comprende anche il cosiddetto criterio di causa, in base al quale chi ha provocato danni all'ambiente deve ripararli per quanto è possibile e può essere perseguito penalmente, come chiunque altro abbia commesso un delitto.[11]

Il secondo criterio è quello di sostenibilità. Partendo dalla constatazione che ci sono limiti alla crescita materiale, che la natura non è inesauribile, che le capacità di autorigenerazione della natura non sono infinite, che lo sviluppo tecnologico non può essere la risposta a tutti i problemi, si cerca di conciliare le ragioni dello sviluppo umano e quello della conservazione delle risorse disponibili, tenendo conto dei bisogni dell'umanità attuale e di quelli delle generazioni future. In una prospettiva antropocentrica chiusa, lo sviluppo sostenibile viene definito come «uno sviluppo che soddisfi i bisogni del presente senza compromettere le capacità delle generazioni future di soddisfare i propri». Il criterio di eticità coincide con il massimo rendimento sostenibile, cioè con la massimizzazione del rendimento attuale compatibile con una conservazione delle risorse che garantisca lo sviluppo futuro. In una prospettiva di ecologia relazionale, per l'ecosostenibilità di un certo comportamento viene giudicata a partire dal l'insieme di relazioni e di interazioni esi-

---

10. Cfr. P. GIROLAMI, «Il principio di precauzione. Alcune considerazioni alla luce dell'esperienza francese» in *Rivista Italiana di Medicina Legale* 24 (2002), pp. 759–773.
11. Cfr. K. GOLSER, «Questione ambiente. Tesi per un'etica dell'ambiente» in *Rivista di Teologia Morale* 22 (1990), pp. 11–20.

stenti fra le attività umane, con le loro dinamiche, e la biosfera, con le sue particolari dinamiche, generalmente più lente. Queste relazioni devono essere tali da permettere alla vita umana di continuare, agli individui di soddisfare i loro bisogni e alle diverse culture umane di svilupparsi, ma in modo tale che le variazioni apportate alla natura dalle attività umane rimangano entro certi limiti, così da non distruggere il contesto biofisico globale.

Il secondo principio è il principio di solidarietà. Esso deriva immediatamente dalla fede nella creazione la quale ci fa scorgere l'unità di origine di ogni creatura, noi compresi, e quindi l'unica meta verso la quale tutti gli uomini e tutto il creato tendono: il legame etico della solidarietà si fonda quindi su un legame ontologico ben più forte del legame biocenotico o anche della naturale biofilia intraspecifica. La solidarietà ci snida dalla nostra filautia e ci fa sentire responsabili e corresponsabili di qualunque decisione e atto che coinvolga qualunque membro di questa comunità biotica, uomo, pianta, animale, e il loro ambiente vitale. «La solidarietà—spiega L. Lorenzetti—esige che non si faccia danno all'altro, che non si avanzi a spese e a danno dell'altro. In positivo, esige che si cerchi il proprio bene e il proprio sviluppo nella realizzazione e nello sviluppo dell'altro».[12]

La solidarietà ha un aspetto intraspecifico ed un aspetto interspecifico. La solidarietà interumana—secondo Giovanni Paolo II—«non è un sentimento di vaga compassione o di superficiale intenerimento per i mali di tante persone, vicine o lontane. Al contrario è la determinazione ferma e perseverante di impegnarsi per il bene comune, ossia per il bene di tutti e di ciascuno perché tutti siano veramente responsabili di tutti».[13] La mondializzazione dell'economia è solo un aspetto appariscente della crescente interdipendenza fra gli uomini e le nazioni che si è venuta strutturando come sistema determinante di rela-

---

12. L. LORENZETTI, «Questione ecologica. Questione morale» in *Rivista di Teologia Morale* 23 (1991), p. 310.
13. Papa GIOVANNI PAOLO II, *Sollicitudo Rei Socialis*, 38.

zioni economiche, culturali, politiche e religiose. Quando l'interdipendenza viene assunta come categoria morale la correlativa risposta, come atteggiamento morale e sociale, come virtù, è la solidarietà.[14]

La solidarietà interumana rimanda all'universale destinazione dei beni, secondo la quale i beni della terra sono originariamente di tutti: la stessa proprietà privata, contrariamente alle tesi proprie del liberismo, non è un diritto assoluto, ma ha per sua natura una funzione sociale, che si fonda appunto sul principio dell'universale destinazione dei beni della terra. Come ha spiegato il Papa Giovanni Paolo II:

> Dio ha creato la terra e l'uomo, e all'uomo ha dato la terra perché la domini col suo lavoro e ne goda i frutti. Dio ha dato la terra a tutto il genere umano, perché essa sostenti tutti i suoi membri, senza escludere né privilegiare nessuno. È qui la radice dell'universale destinazione dei beni della terra. Questa, in ragione della sua stessa fecondità e capacità di soddisfare i bisogni dell'uomo, è il primo dono di Dio per il sostentamento della vita umana.[15]

Il senso autentico del biblico coltivare la terra e, quindi, della signoria dell'uomo sulla natura, è quello di persuadere la terra a sfamare l'uomo e di trasformare la terra in pane sulla mensa del povero.

Il principio di solidarietà si articola anche in due criteri: quello di cooperazione e quello di sussidiarietà. Il criterio di cooperazione orienta a scegliere la via della cooperazione come più feconda e sicura per pianificare politiche ambientali e risolvere i problemi dell'ambiente e questo sia a livello nazionale sia internazionale, e quindi a subordinare gli interessi egoistici e particolari al bene comune.[16] In base al criterio di sussidiarietà, anche in ambito ecologico, «una società di ordine superiore

---

14. Cf. *ibid.*
15. Papa GIOVANNI PAOLO II, *Centesimus Annus*, 31.
16. Cf. *ibid.*, 40.

non deve interferire nella vita interna di una società di ordine inferiore, privandola delle sue competenze, ma deve piuttosto sostenerla in caso di necessità e aiutarla a coordinare la sua azione con quella delle altre componenti sociali, in vista del bene comune».[17] Il significato di questo principio è di tutelare gli spazi propri della persona da ingerenze esterne e affermare il primato della persona e delle entità sociali a misura d'uomo, come la famiglia, rispetto alle grandi aggregazioni anonime e spersonalizzanti, che devono porsi a servizio della realizzazione della persona e non viceversa.

I due principi fondamentali di responsabilità e di solidarietà, con i loro criteri, rappresentano l'espressione normativa del modello ecologico relazionale. Si viene così a delineare un'etica ambientale che accoglie le istanze dell'ecologia, ma le supera, integrandole in un progetto di ecologia globale centrata sulla persona in quanto colta all'interno di una fitta rete di interrelazioni con le altre persone e con le altre creature che condividono con lui l'origine e la dimora, l'*oikos*. L'ecologia relazionale è una ecologia globale nella quale l'attenzione per l'ecologia ambientale si coniuga armoniosamente con una sana ecologia umana.

7.2 La nozione del peccato

Il New Age è noto per il suo rifiuto della nozione di peccato—considerata insuperabilmente dogmatica—e la sua sostituzione con la nozione di malattia. Il New Age non nega che esistano nel mondo comportamenti inadeguati—è sufficiente considerare l'orrore che gli ispirano i comportamenti anti-ecologici—, ma li ascrive a limitazioni fisiche o psichiche che possono essere assimilate alla malattia o a forme di «dipendenza» che è possibile superare tramite le numerose forme di terapie e di *recovery* così largamente disponibili nell'ambiente del New Age. Anche i mali

---

17. *Ibid.*, 48.

sociali possono essere superati con un generale cambiamento di coscienza, che risolverà automaticamente i problemi del mondo, e in questo consiste il nucleo della politica del New Age.

Inoltre, la visione cristiana afferma l'esistenza del peccato originale ed anche attuale. Il peccato è una mancanza contro la ragione, la verità, la retta coscienza; è una trasgressione in ordine all'amore vero, verso Dio e verso il prossimo, a causa di un perverso attaccamento a certi beni. Esso ferisce la natura dell'uomo e attenta alla solidarietà umana. È stato definito «una parola, un atto o un desiderio contrari alla legge eterna».[18] Come afferma san Paolo: «Laddove è abbondato il peccato, ha sovrabbondato la grazia». La grazia, però, per compiere la sua opera, deve svelare il peccato per convertire il nostro cuore e accordarci «la giustizia per la vita eterna, per mezzo di Gesù Cristo nostro Signore» (Rm 5,20–21). Come un medico che esamina la piaga prima di medicarla, Dio, con la sua Parola e il suo Spirito, getta una viva luce sul peccato.[19] È guardando il Volto di Dio che l'uomo può rischiarare il volto della terra e assicurare con l'impegno etico l'ospitalità ambientale per l'uomo di oggi e di domani.[20]

Il peccato esiste, purtroppo, in tutti i settori dell'esistenza umana, e dunque anche nel rapporto fra l'uomo ed il suo ambiente. Giovanni Paolo II, nel documento *Pace con Dio Creatore*, afferma chiaramente che il problema ecologico è un problema morale.[21] Esiste, così, anche il peccato ecologico, che però non è l'unico tipo di peccato, come propongono alcuni ambientalisti. Spesso ci si concentra sui peccati che commettono gli altri invece di guardare alle proprie colpe!

---

18. Sant'Agostino, *Contra Faustum manichaeum*, 22 in PL 42, 418; San Tommaso d'Aquino, *Summa Theologiae*, I–II, q.71, a.6. Cfr. CCC 1849.
19. Cfr. Cardinal Paul Poupard, *Discorso per la presentazione del Giubileo degli scienziati* (28 febbraio 2000).
20. CCC 1848.
21. Papa Giovanni Paolo II, *Discorso ad un convegno su ambiente e salute* (24 marzo 1997), 6 in OR 24–25 marzo 1997.

Considerando alcuni casi concreti, dobbiamo tener conto che l'atto umano consiste, fra l'altro, negli elementi seguenti. L'imputabilità e la responsabilità di un'azione possono essere sminuite o annullate dall'ignoranza, dall'inavvertenza, dalla violenza, dal timore, dalle abitudini, dagli affetti smodati e da altri fattori psichici oppure sociali.[22]

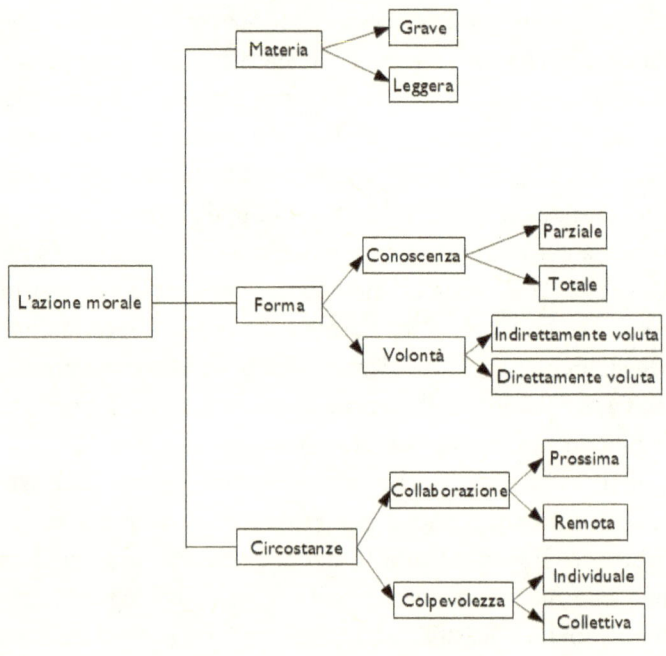

Figura 1: *L'azione morale*

Seguendo la figura 1, in primo luogo, l'elemento materiale è l'atto considerato in sé, o l'oggetto scelto. Oggettivamente, la materia può essere grave o leggera. In secondo luogo, l'elemento formale consiste nella conoscenza dell'intelletto e la decisione

---

22. Cfr. CCC 1735.

della volontà, in relazione al fine che ci si prefigge o dall'intenzione. La conoscenza può essere parziale o totale. La decisione riguarda, per esempio, se l'azione è «directe procurata» o «indirecte». Il terzo elemento è quello circostanziale, ossia le circostanze dell'atto. Le circostanze, ivi comprese le conseguenze, sono gli elementi secondari di un atto morale. Concorrono ad aggravare oppure a ridurre la bontà o la malizia morale degli atti umani. Esse possono anche attenuare o aumentare la responsabilità di chi agisce (agire, per esempio, per paura della morte). Le circostanze, in sé, non possono modificare la qualità morale degli atti stessi; non possono rendere né buona né giusta un'azione intrinsecamente cattiva.[23] Per esempio, la collaborazione può essere prossima o remota, o la colpevolezza collettiva o individuale. È chiaro, però, che non si può subito concludere la collettività della colpevolezza senza una chiara giustificazione.

In sintesi, l'atto moralmente buono suppone, ad un tempo, la bontà dell'oggetto, del fine e delle circostanze. Un fine cattivo corrompe l'azione, anche se il suo oggetto, in sé, è buono (come il pregare e il digiunare «per essere visti dagli uomini» di Mt 6,5). L'oggetto della scelta può da solo viziare tutta un'azione. Ci sono comportamenti concreti che è sempre sbagliato scegliere, perché la loro scelta comporta un disordine della volontà, cioè un male morale.[24]

Questi elementi possono modificare l'imputabilità soggettiva del peccato, ossia se è mortale o veniale. Il peccato mortale distrugge la carità nel cuore dell'uomo a causa di una violazione grave della legge di Dio; distoglie l'uomo da Dio, che è il suo fine ultimo e la sua beatitudine, preferendo a lui un bene inferiore. Il peccato veniale lascia sussistere la carità, quantunque la offenda e la ferisca. Perché un peccato sia mortale si richiede che concorrano tre condizioni:

---

23. Cfr. *CCC* 1754.
24. Cfr. *CCC* 1755.

> È peccato mortale quello che ha per oggetto una materia grave e che, inoltre, viene commesso con piena consapevolezza e deliberato consenso.[25]

Il peccato mortale presuppone la conoscenza del carattere peccaminoso dell'atto, e della sua opposizione alla Legge di Dio. Implica, inoltre, un consenso sufficientemente libero perché sia una scelta personale. L'ignoranza simulata e la durezza del cuore (cfr. Mc 3,5-6; Lc 16,19-31) non diminuiscono il carattere volontario del peccato ma, anzi, lo accrescono. L'ignoranza involontaria può attenuare se non annullare l'imputabilità di una colpa grave. Si presume, però, che nessuno ignori i principi della legge morale che sono iscritti nella coscienza di ogni uomo. Gli impulsi della sensibilità e le passioni possono ugualmente attenuare il carattere volontario e libero della colpa; come pure le pressioni esterne o le turbe patologiche. Il peccato commesso con malizia, per una scelta deliberata del male, è il più grave.[26]

C'è da considerare, inoltre, che qualche volta gli effetti collaterali di un dato prodotto o azione sono sconosciuti in un determinato momento storico ma sono accertati solo dopo una ricerca approfondita. Può darsi che ad un momento le persone hanno agito in buona fede e solo più tardi si verificano i problemi. Esempi di questa consapevolezza crescente sono gli effetti nocivi del mercurio, della radioattività, del DDT, dell'amianto, delle microonde.

Va tenuto in considerazione anche il rapporto fra la moralità e la legge civile. Qui si deve affermare la necessaria conformità della legge civile con la legge morale, come ha insistito Giovanni Paolo II.[27] Questa dottrina è in continuità con tutta la tradizione della Chiesa, ed è anche insegnata da papa Giovanni XXIII:

---

25. Papa GIOVANNI PAOLO II, Esortazione apostolica *Reconciliatio et paenitentia*, 17.

26. Cfr. CCC 1859-1860.

27. Papa GIOVANNI PAOLO II, *Evangelium vitae* (25 marzo 1995), 72. Cfr. IDEM, *Veritatis Splendor* (6 agosto 1993), 43.

L'autorità è postulata dall'ordine morale e deriva da Dio. Qualora pertanto le sue leggi o autorizzazioni siano in contrasto con quell'ordine, e quindi in contrasto con la volontà di Dio, esse non hanno forza di obbligare la coscienza...; in tal caso, anzi, chiaramente l'autorità cessa di essere tale e degenera in sopruso.[28]

È questo il limpido insegnamento di san Tommaso d'Aquino, che tra l'altro scrive:

> La legge umana in tanto è tale in quanto è conforme alla retta ragione e quindi deriva dalla legge eterna. Quando invece una legge è in contrasto con la ragione, la si denomina legge iniqua; in tal caso però cessa di essere legge e diviene piuttosto un atto di violenza.[29]

Il Dottore Angelico insiste:

> Ogni legge posta dagli uomini in tanto ha ragione di legge in quanto deriva dalla legge naturale. Se invece in qualche cosa è in contrasto con la legge naturale, allora non sarà legge bensì corruzione della legge.[30]

7.3 Alcuni casi concreti

Il primo caso da considerare è quello dell'impiegato in una fabbrica o impresa che produce l'inquinamento. In riferimento all'elemento materiale, l'inquinamento può essere più o meno grave a seconda della sua quantità e della sua qualità. In riferimento alla quantità, è ovvio che quanto più è concentrata la materia scaricata, più è grave il danno. Per esempio, nel caso del sapone scaricato in un fiume, se è diluito, il danno si ripara

---

28. Papa GIOVANNI XXIII, *Pacem in terris* (11 aprile 1963), 51.
29. San TOMMASO D'AQUINO, *Summa Theologiae*, I–II, q. 93, a. 3.
30. *Ibid.*, I–II, q. 95, a. 2. San Tommaso cita sant'Agostino: «Non videtur esse lex, quae insta non fuerit», *De libero arbitrio*, I, 5, 11 in *PL* 32, 1227.

più rapidamente. L'equilibrio si ricostituisce rapidamente. La proporzione fra concentrazione e riparabilità, però, non è spesso così semplice. Oltre una soglia di inquinamento, il danno potrebbe essere irreparabile. Per quanto concerne la qualità, alcune sostanze sono più velenose di altre. Per esempio, le scorie radioattive sono più pericolose del sapone, anche perché hanno un effetto che perdura nel tempo. Fra le stesse sostanze radioattive, alcune durano più a lungo. Così pure fra le sostanze non velenose, alcune sono meno biodegradibili; ci sono differenze consistenti fra la carta, la plastica, e il vetro.

Chiaramente è molto più grave uno scarto che causa danni per lungo tempo di uno che è transitorio. È grave anche lo scarto di sostanze che durano a lungo tempo in un processo a catena. Per esempio, il mercurio, quando finisce nel mare, viene assorbito e si accumula nei pesci dei quali, poi, si nutre l'uomo. Ci si deve chiedere se il danno interessa gli esseri umani direttamente o indirettamente a motivo della catena biologica.

Riguardo all'elemento formale, si deve considerare la conoscenza. È talvolta vero che l'effetto di una sostanza scaricata in un fiume può essere ancora sconosciuto. Per esempio, gli effetti negativi della radioattività non sono stati sempre conosciuti nel passato. Sappiamo solo ora che le radiazioni ionizzanti possono danneggiare le cellule viventi. Le più importanti lesioni cellulari risultano dalle modificazioni al materiale ereditario. I cambiamenti nel DNA e nella struttura cromosomica possono essere trasmesse alle future generazioni cellulari.

È consuetudine considerare, ai fini della radioprotezione, che ogni dose, per quanto piccola, ha una limitata possibilità di produrre qualche danno. Con l'esperienza degli ultimi anni, occorre la massima cura con tutti i rifiuti. Degno di considerazione è anche il fatto che un impiegato qualsiasi può essere meno consapevole di un'azione simile che non il capo-sezione o il dirigente. Chi ha più consapevolezza può meglio evitare il danno e, di conseguenza, è il più colpevole in caso di trasgressione. La mancanza di attenzione e la pigrizia giocano forse un ruolo, come anche la cupidigia per illeciti guadagni.

Nei riguardi della volontà, alcune volte un atto di inquinamento non è direttamente voluto ma è l'effetto di negligenza, che si configura anch'essa come colpa. Qualche volta un atto di inquinamento risulta da una decisione sbagliata. Per esempio, quando non si pone in essere un processo di purificazione dei rifiuti perché sarebbe così costoso che comporterebbe la chiusura dell'impresa, con la perdita del lavoro degli impiegati. Qui si dovrebbe ricordare però che un'intenzione buona (per esempio, aiutare il prossimo) non rende né buono né giusto un comportamento in se stesso scorretto. Il fine non giustifica i mezzi.[31] Qualche volta però, la cupidigia del denaro è una tentazione che si concretizza nella messa in opera di processi di purificazione non adeguati.

A Cernobyl, il disastro fu causato da una procedura non autorizzata (peraltro eseguita in maniera errata). Questo è risultato quindi molto più grave, perché ha quasi direttamente provocato il disastro. Il rapporto ufficiale, redatto da agenzie dell'ONU (OMS, UNSCEAR, IAEA e altre), conta 65 morti accertati e stima altri 4.000 decessi dovuti a tumori e leucemie lungo un arco di 80 anni che non sarà possibile associare direttamente al disastro.[32] In generale, per valutare le circostanze, bisogna tener conto dei fatti storici.

Qualche volta un problema ecologico è il risultato di diversi atti di inquinamento (per esempio nel mare o nei fiumi); altre volte solo una singola impresa ne è colpevole. La colpevolezza può, quindi, essere comune o individuale. Se è comune, alcuni sono generalmente più colpevoli. Però, se la colpevolezza è comune, la gravità dell'atto non è automaticamente ridotta per i

---

31. Cfr. CCC 1753.
32. Si veda: THE CHERNOBYL FORUM: 2003–2005, *Chernobyl's Legacy: Health, Environmental and Socio-Economic Impacts*, Vienna 2006.

singoli individui o persone giuridiche. Si può considerare l'analogia di un furto commesso da un individuo o da più persone (per il diritto penale la «associazione a delinquere» costituisce un «aggravante», quando non configuri un reato connesso).

La cooperazione nell'atto di inquinamento può essere prossima o remota. Coloro che aiutano chi decide o compie l'atto stesso sono «agenti prossimi» nell'atto. Coloro che operano nella stessa impresa, se non sono in relazione diretta con l'atto sono forse «agenti remoti». Possiamo però dire che anche coloro che vendono prodotti fabbricati dalla stessa impresa sono cooperatori remoti nell'atto? È necessario tracciare una linea causale almeno indiretta per dire di sì. (Quest'argomento è importante per chi protesta contro una azienda colpevole di inquinamento).

Siamo quindi in presenza di una questione di responsabilità. Tutti questi fattori ed altri sono importanti per il giudizio sulla gravità del peccato ecologico ed anche, sul piano del diritto comune, per giudicare la gravità di un reato criminale o di una responsabilità civile in questo campo.

Chiaramente anche un atto di negligenza (sia qualitativa sia quantitativa) che è riconosciuto grave nella materia, costituisce peccato mortale. La difficoltà nel caso della confessione arriverebbe al momento di valutare la soddisfazione che, in linea di principio, include la restituzione. Ogni atto grave che fa danno ad un'altra persona o al bene comune richiede non solo la penitenza, ma anche un certo tipo di riparazione. Forse se una persona confessa di aver causato un atto simile dovrebbe in futuro provare a riparare in qualche modo il danno. Se, per esempio, si tratta di scorie radioattive, forse il colpevole dovrebbe riparare nei confronti di quelli che sono malati di cancro a causa dell'inquinamento.

Anche lo spreco è un peccato che si riscontra sia a livello individuale che collettivo. Il rimedio è una maggiore consapevolezza del problema e delle possibili soluzioni. Una maggiore consapevolezza della necessità di non sprecare risorse ed anche una elaborazione di metodi per riutilizzare i rifiuti. Gli scienziati ed i tecnici ritengono di avere la possibilità reale di ridurre notevolmente l'attuale indice di inquinamento e di eliminare lentamente la montagna dei rifiuti. Il ricavo di materie prime dai rifiuti e da materiali nocivi mira a un duplice effetto: da una parte la riduzione dell'impiego di materie e dall'altro l'eliminazione delle scorie sovente tossiche. Un modo intelligente per ridurre gli sprechi deriverebbe dall'utilizzo della carta e del vetro riciclati, dall'impiego di plastiche biodegradabili e dal recupero dei materiali dai componenti di macchine, computer e aerei non più utilizzabili.

Un'altra forma, atipica, di interferenza nell'ambiente sociale deriva dagli interventi con il computer nel privato della società umana e dai reati connessi. Oggi che il computer è diventato parte dell'ambiente artificiale dell'essere umano, non solo la frode ma anche l'azione degli *hacker* costituisce un vero e proprio attentato alla vita umana. Dato che oggi alcuni peccati possono essere commessi anche solo premendo qualche tasto della tastiera del computer, c'è la tendenza a pensare che la materia non sia grave. Però è da considerarsi che questo non è solo un fatto di esercizio più o meno divertente sul piano informatico. A tutti è chiaro, per esempio, che una frode o un furto commesso con il computer è oggettivamente grave anche in funzione dell'ammontare della somma indebitamente distolta.

L'abuso del computer è un argomento che ha ispirato molti film. Ci sono molte situazioni che incidono sull'ambiente dell'uomo e sulla sua cultura. La confidenzialità di documenti medici è solo un esempio. Entrare, tramite modem e computer, in un sistema dove sono caricati dati personali con lo scopo di acquisire per lucro, curiosità o divertimento, notizie riservate, è oggettivamente illecito, dato che tutto ciò che afferisce al «privato» della persona è un bene, anche se immateriale, e comunque da rispettare. Ci sono stati anche casi dove studenti sono penetrati nel computer della loro università per modificare i loro voti!

In alcune situazioni, le autorità preposte alla sicurezza pubblica devono necessariamente intervenire nel «privato» di determinati singoli, ma con le debite garanzie (autorizzazione della magistratura), per prevenire o reprimere crimini. Poi ci sono gli atti di vandalismo compiuti con i cosiddetti virus. Questi sono programmi che entrando in altri sistemi, ne compromettono l'efficienza operativa. Si sono verificati casi dove molti mesi di lavoro sono stati cancellati da simili azioni; anche questo è materia grave sul piano morale.

8

LA SPIRITUALITÀ ECOLOGICA

Solo perché la creazione appartiene a Dio, noi possiamo far affidamento su di Lui fino in fondo. E solo perché Egli è Creatore, può darci la vita per l'eternità. La gioia per la creazione, la gratitudine per la creazione e la responsabilità per essa vanno una insieme all'altra.

Papa Benedetto XVI, *Omelia della veglia pasquale*, 23 aprile 2011

8.1 Alcuni spunti per una spiritualità ecologica

Il punto di partenza per la spiritualità è la buona dottrina, colta dalla Scrittura e dalla Tradizione. La conseguenza che discende da tale dottrina è ben chiara: cioè sarebbe la relazione che l'uomo ha con Dio a determinare il rapporto dell'uomo con i suoi simili e con il suo ambiente. Ecco perché la cultura cristiana ha sempre riconosciuto, nelle creature che circondano l'uomo, altrettanti doni di Dio da coltivare e custodire con senso di gratitudine verso il Creatore. In particolare, la spiritualità benedettina e francescana hanno testimoniato questa sorta di parentela dell'uomo con l'ambiente creaturale, alimentando in lui un atteggiamento di rispetto verso ogni realtà del mondo circostante.[1]

Oggi non di rado assistiamo al dispiegamento di opposte esasperate posizioni, che non risultano utili alla spiritualità cristiana.

---

1. Papa GIOVANNI PAOLO II, *Discorso ad un convegno su ambiente e salute* (24 marzo 1997), 4 in OR 24–25 marzo 1997.

Da una parte, in nome della esauribilità e della insufficienza delle risorse ambientali, si chiede la repressione della natalità, specialmente nei confronti dei popoli poveri e in via di sviluppo. Dall'altra, in nome di una concezione ispirata all'ecocentrismo e al biocentrismo, si propone di eliminare la differenza ontologica e assiologica tra l'uomo e gli altri esseri viventi, considerando la biosfera come un'unità biotica di valore indifferenziato. Si viene così ad eliminare la superiore responsabilità dell'uomo in favore di una considerazione egualitaristica della «dignità» di tutti gli esseri viventi.[2] In questo contesto, dobbiamo respingere i tentativi falliti della cosiddetta «spiritualità della creazione» (*Creation spirituality*) per esempio come esposta da Matthew Fox ed altri.[3] I problemi di questa spiritualità della creazione includono il panteismo; l'indifferentismo religioso dove tutte le religioni sono concepite come vie uguali alla salvezza; la mancanza di valore dato all'Incarnazione e all'atto redentivo in rapporto alla dottrina della creazione; la mancanza della vera differenza fra la materia e lo spirito; il fatto che la specificità della dottrina cristiana sulla creazione ne resti trascurata.

8.2 Approccio biblico

Questo bell'approccio è colto dalle riflessioni di Robert Faricy su una spiritualità ecologica.[4] Il punto di partenza è il Cantico dei Cantici, dove si legge:

> Nel giardino delle noci io sono sceso, per vedere il verdeggiare della valle, per vedere se la vite metteva germogli, se fiorivano i melograni (Ct 6,11).

---

2. *Ibid.*, 5.
3. Cf. pp. 70–71 sopra.
4. Si veda: R. FARICY, *Vento e mare obbeditegli*, Cittadella, Assisi 1984, capitolo 5, pp. 92–107.

Posso scendere anch'io nel giardino delle noci a guardare i vigneti e i fiori; posso trovarmi, colla mia immaginazione accanto al principe e alla sposa. In questa interpretazione, che è diversa da quella letterale di molti esegeti e anche diversa dall'interpretazione allegorica dove la sposa è la Chiesa ed il principe è Cristo, secondo Origene, san Gregorio di Nissa, e san Bernardo di Chiaravalle. La nostra interpretazione (per la spiritualità ecologica) sarebbe quella tropologica, quando, come san Giovanni della Croce vediamo il Cantico come una metafora del nostro rapporto con il mondo.[5] Il giardino è la natura, il principe è Cristo, e ognuno di noi è la sposa.

Consideriamo qui sei modi fondamentali di trovare Dio nella natura: nel servizio, nella lode, nel ringraziamento, nella contemplazione, nella meditazione e considerando la natura come una metafora di Gesù Cristo nella sua umanità. In questa considerazione, i cristiani d'Occidente concepiscono il cosmo come casa mentre gli orientali capiscono il cosmo come tempio.

Prima di tutto, in riguardo al servizio, si può affermare:

> L'uomo, infatti, creato a immagine di Dio, ha ricevuto il comando di sottomettere a sé la terra con tutto quanto essa contiene, e di governare il mondo nella giustizia e nella santità, e così pure di riportare se stesso e l'universo intero, riconoscendo in Lui il Creatore di tutte le cose; in modo che nella subordinazione di tutta la realtà all'uomo, sia glorificato il nome di Dio su tutta la terra. Ciò vale anche per gli ordinari lavori quotidiani. Gli uomini e le donne... possono a buon diritto ritenere che col loro lavoro essi prolungano l'opera del Creatore.[6]

---

5. Il significato tropologico ha per oggetto la vita morale dei fedeli. La tropologia coglie il senso che la Scrittura dà alla vita cristiana del credente; è ricercare i riflessi morali che l'economia salvifica, iniziata nell'Antico Testamento può avere nella vita del cristiano e trarre applicazioni tropologiche tanto dalla vita morale del popolo di Israele, quanto dalla vita di Cristo e della Chiesa. Così, la bellezza di Rachele è un segno della vita contemplativa.

6. VATICANO II, *Gaudium et spes*, 34.

In questo modo si vede una collaborazione umana con la provvidenza divina. Sfruttando la natura come se fosse una miniera invece di curarla ricordando che è un giardino, abbiamo fatto un cattivo uso della natura. Prolunghiamo l'opera della creazione quando facciamo un servizio che redime la natura, un servizio che rientra nella logica della Croce. Ricordiamo che Gesù soffrì, sudò sangue, stette in agonia nel Giardino degli Ulivi, per redimere il peccato commesso nel giardino di Eden.

In secondo luogo, possiamo lodare il Signore direttamente per le meraviglie e le bellezze della natura che Egli ci ha dato, riferendole direttamente a Lui per amor Suo. Troviamo alcuni esempi di questa lode nei salmi dell'Antico Testamento, per esempio nel salmo 148:

> Lodatelo, sole e luna
> Lodatelo, voi tutte, fulgide stelle.
> Lodatelo, cieli dei cieli,
> Voi acque al di sopra dei cieli...
> Lodate il Signore dalla terra,
> mostri marini e voi tutti abissi,
> fuoco, grandine, neve e nebbia,
> vento di bufera che obbedisce alla sua prova,
> monti e voi tutte, colline,
> alberi di frutto e tutti voi, cedri,
> voi fiere e tutte le bestie,
> rettili e uccelli alati...
> lodino il nome del Signore.

Il concilio Vaticano I ha dichiarato che «il mondo è stato fatto per la gloria di Dio».[7] La «gloria di Dio» comprende la gloria che Dio dà alle sue creature e per cui esse manifestano la sua grandezza e anche la lode (gloria) che dovremmo rendere a Dio per le manifestazioni della sua grandezza (per esempio nella natura). La lode non è lo stesso che, per esempio, il ringraziamento. Quando ringrazio Dio, Gli mostro la mia gratitu-

---

7. VATICANO I, *Dei Filius*, capitolo I, canone 5.

La spiritualità ecologica

dine per i suoi doni e nel mio ringraziamento Glieli attribuisco; ma quando lodo Dio, Lo acclamo non per i suoi doni, ma per Se Stesso. Allora la lode è il punto nel quale il ringraziamento diventa ringraziamento per essere Dio. La lode è simile all'adorazione, ma la lode è più attiva ed estroversa. La lode si limita ad acclamare ed applaudire Dio anche nella sua creazione perché è Signore della sua creazione. Non guarda al passato, come il ringraziamento, né al futuro, come la preghiera di petizione, guarda dritto al Signore e batte le mani. Come esseri umani rappresentiamo tutta la creazione e presentiamo a Dio la lode da parte di tutta la creazione. Noi raccogliamo tutti gli esseri (animali, piante) nella lode di Dio, per esempio l'inno di san Francesco:

> Laudato sie, mi' Signore, cum tucte le tue creature,
> Spetialmente messer lo frate sole
> lo qual è iorno, et allumi noi per lui...
> Laudato si', mi' Signore, per sora nostra matre terra...

Il terzo aspetto è il ringraziamento che trova il suo apice nella Santissima Eucaristia. Il servizio e la lode ci portano a ringraziare Dio per i suoi doni nella natura e convergono soprattutto per il dono di Sé nella Santissima Eucaristia. Il servizio, la lode ed il ringraziamento, infatti, si combinano quando prendiamo parte alla Cena del Signore, all'Eucaristia. Noi benediciamo il Dio di tutta la creazione, perché attraverso la sua bontà noi abbiamo da offrire il pane—frutto della terra e del lavoro dell'uomo—e perché abbiamo da offrire il vino—frutto della vigna e opera della mano dell'uomo. Al momento della Consacrazione, inoltre, l'Eucaristia celebra la trasformazione, fatta dal Padre per il Figlio nello Spirito Santo, dei nostri sforzi di trasformare la natura quando l'opera di mani umane diventa Corpo e Sangue di Cristo. Il modello eucaristico punta verso Dio, e non verso la natura: è, dunque, un forte rimedio contro il cosmocentrismo.

La lode si trova in tutta la celebrazione eucaristica. Nel Prefazio della quarta preghiera eucaristica, noi lodiamo il Creatore «in nome di ogni creatura sotto il cielo». La quarta preghiera eucaristica loda Dio perché ci ha formati a sua somiglianza, ci ha posti al di sopra di tutta la natura per servire Lui, nostro Creatore, e per governare tutte le creature. Tutta la celebrazione eucaristica è una preghiera di ringraziamento. Tutta la natura, rappresentata dal pane e dal vino (la natura trasformata dall'uomo), viene offerta al Padre, poi trasformata dal potere del suo Figlio Gesù, per essere offerta di nuovo. L'eucaristia ci dà il modello esemplare con cui ringraziare il Padre per la natura. Noi gliela rimettiamo con devota riconoscenza, attraverso suo Figlio, nello Spirito Santo: «Per Cristo, con Cristo e in Cristo, a Te, Dio Padre onnipotente, nell'unità dello Spirito Santo, ogni onore e gloria per tutti i secoli dei secoli. Amen».

Il quarto modo è la contemplazione di Dio attraverso la natura. Per i cristiani occidentali, questa contemplazione parte dal creato e va verso Dio, invece per gli Orientali, la contemplazione inizia da Dio e passa al creato. Considerando per esempio il salmo 104:

> Benedici il Signore, anima mia,...
> Quanto sono grandi le tue opere!
> Tutto hai fatto con saggezza,
> la terra è piena delle tue creature
> Ecco il mare spazioso e vasto...
> Benedici il Signore, anima mia.

Il salmo 104 va da un'iniziale esplosione di lode alla contemplazione di Dio attraverso la natura e in essa, e termina con un'altra esplosione di lode. La contemplazione di Giobbe (capitoli 38–41), invece, comincia piuttosto nella miseria e nella depressione, passa alla contemplazione di Dio nelle meraviglie della sua creazione e vede in essa la sapienza trascendente del Creatore che va ben oltre quello che possiamo comprendere. La contemplazione del Signore nella natura e attraverso di essa finisce nell'umiltà, come veniva espresso da Giobbe nella sua preghiera:

La spiritualità ecologica 251

> Io ti conoscevo per sentito dire, ma ora i miei occhi ti vedono; perciò mi ricredo e ne provo pentimento su polvere e cenere (Gb 42,5-6).

Nella lettera ai Romani, Paolo critica i pagani che non si sono rivolti a Dio pur avendolo visto nella natura intorno a sé (Rm 1,18.32). Malgrado lo avessero visto nella natura, essi non si rivolsero a Lui con amore. Questo, allora, è contemplare Dio attraverso la natura: volgersi a Lui e guardare, con amore, i suoi attributi, manifestati nella natura.

In Oriente si loda lo Spirito Santo per la bellezza della sua creazione:

> È lo Spirito Santo che ci fa gustare ogni fiore,
> il profumo soave che emana,
> la delicatezza del colore,
> la bellezza dell'Altissimo nel piccolo.
> Gloria e onore a Dio datore di vita:
> distende i prati come un tappeto di fiori,
> corona i campi con l'oro delle spighe e l'azzurro dei fiordalisi
> e dona all'anima la gioia di contemplare.
> Rallegratevi e cantate a Lui: Alleluia![8]

In quinto luogo, possiamo vedere come la meditazione sulla natura conduce a Dio. La meditazione rappresenta il nostro sforzo, la contemplazione il dono di Dio. Possiamo riflettere sulla natura e arrivare così a delle conclusioni su Dio. Riflettendo su quello che vediamo nella natura, possiamo imparare di più sull'Autore della natura. Consideriamo ora due esempi.

Primo, la presenza del mistero della natura conduce a una riflessione che termina con una più grande comprensione della misteriosità e incomprensibilità di Dio e delle sue vie:

> Come il cielo è alto sulla terra,
> così è grande la sua misericordia
> su quanti lo temono;

---

8. G. Petrov, *Inno akatistos di ringraziamento*, Ode 3.

> come dista l'oriente dall'occidente,
> così allontana da noi le nostre colpe (Sal 103,11-12).

Secondo, possiamo approfondire la nostra conoscenza della fedeltà dell'amore del Signore meditando la natura che Egli ha creato:

> Anche se i monti si spostassero
> e i colli vacillassero,
> non si allontanerebbe da te il mio affetto (Is 54,10).

Il sesto aspetto riguarda la natura come metafora per l'umanità di Cristo. Nel suo insegnamento, Gesù si serve di immagini prese dalla natura, alcune volte anche come metafore per se stesso, per esempio quando dice: «Io sono la luce del mondo» (Gv 8,12), oppure: «Io sono la vera vite» (Gv 15,1). Gesù viene pregato come il Sacro Cuore, identificato con il suo stesso cuore umano, simbolo e sede naturale del suo amore.

Anche i poeti vedono nella natura delle metafore di Gesù Cristo, per esempio Joseph Mary Plunkett (1887-1916) nel suo poema *I see His Blood upon the Rose*:

> Io vedo il suo sangue sulla rosa,
> E nelle stelle la gloria dei suoi occhi.
> Il suo Corpo luccica fra le nevi terne,
> le sue lacrime cadono dal cielo.
> Vedo la sua faccia in ogni fiore;
> il tuono e il canto degli uccelli
> sono solo la sua voce—e scavate dalla sua potenza
> le rocce sono le sue parole scritte.
> Tutti i sentieri presso i suoi piedi sono consumati,
> il suo cuore agita i mari sempre palpitanti,
> la sua corona di spine è unita a ogni spina,
> la sua croce è ogni albero.

Nella tradizione della Cristianità orientale, delle immagine sono colte dalla natura per descrivere la dolcezza del Verbo:

La spiritualità ecologica

> Come riempi di dolcezza coloro che pensano a Te,
> come è vivificante la Tua santa parola.
> Parlare con Te è più gradevole dell'unguento,
> più dolce dei favi di miele.
> Pregarti eleva lo spirito e rincuora l'anima.
> Il cuore è percorso da un fremito,
> la natura e la vita si mostrano maestose e sagge.
> Dove non sei regna il vuoto.
> Quando sei presente l'anima è nell'abbondanza,
> il suo canto risuona come un torrente di vita: Alleluia![9]

Anche in Oriente, L'*Akathistos* alla Santissima Madre di Dio fornisce un'esempio di come la creazione sia una metafora per gli attributi della Madonna:

> Ave, o tralcio di santo Germoglio;
> Ave, o ramo di Frutto illibato.
> Ave, coltivi il divino Cultore;
> Ave, dai vita all'Autor della vita.
> Ave, Tu campo che frutti ricchissime grazie;
> Ave, Tu mensa che porti pienezza di doni.
> Ave, un pascolo ameno Tu fai germogliare;
> Ave, un pronto rifugio prepari ai fedeli.
> Ave, di suppliche incenso gradito;
> Ave, perdono soave del mondo.
> Ave, clemenza di Dio verso l'uomo;
> Ave, fiducia dell'uomo con Dio.
> Ave, Sposa non sposata![10]

Un'altro esempio è l'inno a Maria, Madre di Dio, scritto dalla Santa Hildegard von Bingen (1098–1179), che raccoglie molte immagini dalla natura:

> O viridissima virga, ave,
> quae in ventoso flabro sciscitationis prodisti.
> Cum venit tempus, quod tu floruisti in ramis tuis,

---

9. Petrov, *Inno akatistos di ringraziamento*, Ode 4.
10. Akathistos alla Theotokos, 5.

> ave, ave sit tibi,
> quia calor solis in te sudavit sicut odor balsami.
> Nam in te floruit pulcher flos,
> qui odorem dedit omnibus aromatibus, quae arida erant.
> Et illa apparuerunt omnia in viriditate plena.
> Unde caeli dederunt rorem super gramen,
> et omnis terra laeta facta est,
> quonima viscera ipsius frumentum protulerunt,
> et quonima volucres caeli nidos in ipsa habuerunt.
> Deinde facta est esca hominibus
> et gaudium magnum epulantium.
> Unde, o suavis Virgo,
> in te non deficit ullum gaudium.
> Haec omnia Eva contempsit.
> Nunc autem laus sit altissimi.[11]

La Madre di Dio è inoltre invocata come *Rosa Mystica* e *Stella Maris* nella sua Litania.

8.3 La visione ignaziana del mondo

La spiritualità ignaziana, e più precisamente gli *Esercizi spirituali*, costituiscono una ricca fonte di ispirazione nell'approfondimento e nell'instaurazione di nuovi rapporti con la creazione.[12] La prima considerazione proposta da Ignazio è quella del Principio e Fondamento.[13] Oggi comprendiamo che la creazione è tanto una risorsa donataci da Dio, quanto un percorso verso Dio che consente agli uomini di comunicare gli uni con gli altri. Ci viene chiesto di discernere attentamente la nostra relazione con la creazione in totale imparzialità, ovvero di sviluppare in

---

11. S. Hildegard von Bingen, *De sancta Maria*.
12. Numerosi sono gli esempi di coloro che hanno scoperto negli Esercizi Spirituali la cura per la creazione. Qui si prende in considerazione ad alcuni concetti sviluppati da J. Carver SJ, *Ignatian Spirituality and Ecology: Entering into Conversation with the Earth*, (inedito, 2010).
13. S. Ignazio di Loyola, *Esercizi Spirituali*, 23.

La spiritualità ecologica 255

noi quella libertà interiore che ci consenta di guardare alle cose create nella loro relazione con Dio e con i suoi piani per il bene comune dell'umanità.[14] Una interpretazione nuova e più approfondita della teologia della creazione ci porta a comprendere che la creazione costituisce la prima grande opera di redenzione, oltre ad essere il primo fondamentale atto salvifico di Dio. La redenzione, quindi, si colloca nel contesto della creazione, in cui l'umanità cresce e matura nella sua relazione con Dio e in se stessa.[15]

Le meditazioni sull'Incarnazione e sulla Natività pongono in evidenza che il mondo creato è il luogo dove si fa esperienza di Dio.[16] Essendo nato in un luogo concreto (Nazareth), Gesù Cristo condivide con noi una profonda relazione con la reazione, con la vita, con la natura e persino con l'aria che respiriamo. Nella prospettiva trinitaria che è alla base di questa contemplazione, siamo chiamati a vivere in rapporto di totale affinità e comunicazione con la creazione.

La Meditazione delle due bandiere ci aiuta a fronteggiare gli inganni delle ricchezze, degli onori, della superbia.[17] Non è facile sfuggire al confronto con le implicazioni dell'avidità e dell'eccessivo consumismo; dell'uso (e abuso) delle risorse naturali e della terra; di questa incredibile generazione incline agli sprechi. L'invito a porci sotto la bandiera di Cristo è chiamata alla semplicità, all'umiltà, e a trovare Dio nella creazione. Nella Contemplazione per giungere ad amare, Sant'Ignazio chiede al ritirante di considerare come Dio abiti e operi nella creazione.[18] Seguendo la direttiva ignaziana per cui l'amore si deve porre più nelle opere che nelle parole, dobbiamo fare con grande generosità offerta di

---

14. AA. VV., *Ricomporre un mondo frantumato* in *Promotio Iustitiae*, n. 106, 2011/2, 46.

15. J. PROFIT SJ, «Esercizi Spirituali ed Ecologia» in *Promotio Iustitiae*, n. 82, 2004/1.

16. Cfr. S. IGNAZIO DI LOYOLA, *Esercizi Spirituali*, 101–117.

17. Cfr. S. IGNAZIO DI LOYOLA, *Esercizi Spirituali*, 136.

18. Cfr. S. IGNAZIO DI LOYOLA, *Esercizi Spirituali*, 230–237.

noi stessi cosicché ne sia sanata la nostra relazione con la creazione.[19]

In breve, il trovare Dio in tutte le cose è strettamente legato all'esperienza ignaziana, per cui la creazione e il mondo non vanno respinti come negativi, bensì abbracciati come buoni. Nell'ottica della Risurrezione e nella prospettiva del Mistero pasquale, siamo sempre portati a sperimentare l'amore di Dio che permea tutte le cose create e tutte le altre persone, e quindi un amore che fortifica questi tre rapporti con Dio, con il prossimo e con la creazione.

8.4 La vocazione dei laici

Un altro approccio complementare può essere basato sulla vocazione dei laici in termine dei tre uffici (o *munera*) sacerdotale, profetico e regale del popolo di Dio; questa linea di pensiero include molti degli stessi elementi della linea appena considerata:

> Col nome di laici si intende... i fedeli, che, dopo essere stati incorporati a Cristo col battesimo e costituiti popolo di Dio e, nella loro misura, resi partecipi dell'ufficio sacerdotale, profetico e regale di Cristo, per la loro parte compiono, nella Chiesa e nel mondo, la missione propria di tutto il popolo cristiano... Per loro vocazione è proprio dei laici cercare il regno di Dio trattando le cose temporali e ordinandole secondo Dio. Vivono nel secolo, cioè implicati in tutti i diversi doveri e lavori del mondo e nelle ordinarie condizioni della vita familiare e sociale, di cui la loro esistenza è come intessuta. Ivi sono da Dio chiamati a contribuire, quasi dall'interno a modo di fermento, alla santificazione del mondo esercitando il proprio ufficio sotto la guida dello spirito evangelico, e in questo modo a manifestare Cristo agli altri principalmente con la testi-

---

19. Cfr. S. Ignazio di Loyola, *Esercizi Spirituali*, 230.

La spiritualità ecologica 257

monianza della loro stessa vita e col fulgore della loro fede, della loro speranza e carità. A loro quindi particolarmente spetta di illuminare e ordinare tutte le cose temporali, alle quali sono strettamente legati, in modo che siano fatte e crescano costantemente secondo il Cristo e siano di lode al Creatore e Redentore.[20]

Riguardo all'aspetto sacerdotale, il fedele offre al Padre (colui che ha creato tutto) per il Figlio (per il quale tutto è stato creato) nello Spirito Santo (nel quale tutto è stato creato) lode e ringraziamento per la creazione:

> Perenni Domino perpes sit gloria,
> Ex quo sunt, per quem sunt, in quo sunt omnia;
> Ex quo sunt, Pater est, per quem sunt, Filius,
> In quo sunt, Patris et Filii Spiritus.[21]

Col suo ufficio sacerdotale, il cristiano santifica questo mondo. Il fedele esercita anche un ufficio profetico, insegnando con il suo esempio come si deve rispettare il creato e ringraziare Dio per questo dono del cosmo. Nell'aspetto regale, invece, il cristiano è il vicario (o vice-gerente) di Dio in mezzo alla creazione per servire, per portare a compimento il regno di Cristo.

Nell'esercizio di questi tre uffici, si deve considerare anche il loro collegamento con le quattro virtù cardinali, la giustizia, la prudenza, la temperanza, e la fortezza. Da una spiritualità ecologica, si dovrebbe poi passare a determinati atteggiamenti di fondo, ad un *ethos* che si esprima in abitudini operative morali, cioè nelle virtù. Si potrebbero elencare una serie di attitudini positive, come il rispetto reverenziale, lo stupore, l'ammirazione estetica e la contemplazione religiosa nei confronti della natura, la gratitudine di fronte al dono della vita, la responsabilità e la cura per ogni essere creato. Sarebbe molto importante radicare questi atteggiamenti sulla base dello schema classico delle virtù

---

20. Vaticano II, *Lumen gentium*, 31.
21. Petrus Abaelardus, «O quanta qualia».

cardinali per evidenziare così quattro virtù ecologiche fondamentali.

Il primo passo consisterebbe, quindi, nel subordinare il rispetto reverenziale alla giustizia, intesa nella sua ampia accezione biblica, che richiede all'uomo di collocarsi al proprio posto nel grande ordine del creato, giacché Dio stesso, mediante le sue opere, ha reso il mondo spazio della pienezza di vita. In tal modo, il primo approccio al mondo e all'ambiente deve tornare ad essere quello dello stupore e del timore, come è espresso, ad esempio, nel Salmo 8: «O Signore, nostro Dio, grande è il tuo nome su tutta la terra».

Anche la seconda virtù, la prudenza, ha una rilevanza ecologica. Essa, infatti, sollecita lo sviluppo di un sapere specifico di cui gli uomini siano portatori. È importante che si operi con intensità per comprendere esattamente lo stato delle cose per poi far valere le conoscenze concrete al momento di prendere le decisioni operative.

La terza virtù, la temperanza ci insegna a mantenere la giusta misura. In questa prospettiva si tratta di accettare l'uomo ed il mondo con i rispettivi limiti, dai quali non è possibile prescindere. È indispensabile, quindi, conservare questa terra e le sue risorse anche per le generazioni future.

La quarta virtù, la fortezza, in campo ecologico non significa solo tenacia e risolutezza, che ci sollecitano a non mollare nelle richieste di protezione ambientale nonostante i contraccolpi e le delusioni, ma prevede anche la risolutezza dell'essere umano nella sua volontà di sopravvivere, a dispetto di tutti i richiami alla fine del mondo e, quindi, nella mobilitazione di tutte le sue energie, unite alla preghiera.

In questo modo, la spiritualità ecologica si distingue anche con il percorso della conversione. Un radicale cambiamento di mentalità deve comprendere diversi aspetti:

La spiritualità ecologica 259

a) Riconoscere i collegamenti esistenti nell'intero sistema ecologico e vivere ed agire responsabilmente nella consapevolezza di questi.

b) Rinunciare ad abitudini di comportamento e di consumo, che vanno a scapito dell'ambiente naturale e, invece, il praticare nuovi modi di comportamento.

c) La doverosa modifica dell'abituale trascuratezza (ad esempio evitare i rifiuti superflui, eliminare o almeno ridurre i rifiuti misti, facendo la cernita dei rifiuti: vetro, carta, metallo ed altri residui particolari).

d) La dovuta propensione alla misura, alla moderazione, alla disciplina di vita, alla vicinanza alla natura, all'attenzione al prossimo (solidarietà con i popoli poveri del terzo mondo).

e) Prendere in considerazione l'acquisizione di nuove capacità e di una creatività concretamente orientata a favore dell'ambiente (ad esempio, la virtù del far da sé e dell'improvvisazione con mezzi più limitati, più semplici, ma più vicini all'ambiente). Assumersi la responsabilità della creazione significa pure porsi dei controlli e dei limiti. La responsabilità verso l'ambiente comincia in famiglia, nella gestione della propria casa, nel vicinato e nel luogo dove si abita.[22]

8.5 Il monachesimo

Il monachesimo d'occidente e d'oriente può insegnarci moltissimo, con i valori di lode, umiltà, responsabilità di amministrazione (*stewardship*), lavoro manuale, e comunità. In questa prospettiva non c'è posto né per l'egoismo né per il cosmocentrismo. I tre voti religiosi di povertà, castità ed obbedienza sono un rimedio contro la triplice concupiscenza: «I cristiani dovranno

---

22. Cfr. Dichiarazione Comune della Chiesa Cattolica e Evangelica in Germania, *Sentire la responsabilità per il creato* (14 maggio 1985), 75–77.

agire conferendo alla loro preghiera, al loro ascolto della Parola, alla loro vita sacramentale, alla loro ascesi una dimensione cosmica. Lo faranno, per esempio, mostrando in maniera diffusiva la fecondità culturale, sociale, ecologica che i valori ascetici tradizionali posseggono quando si aprono alla storia: penso soprattutto... alla limitazione volontaria dei bisogni e alla simpatia profonda per ogni forma di vita.»[23] La vita religiosa, inoltre, indica che questa nostra vita terrena non è fine a sé stessa, ma sbocca nella vita futura, nei «cieli nuovi e terra nuova»:

> Quando tramonta il sole, quando regna la pace del sonno eterno e il silenzio del giorno che si spegne, vedo la Tua dimora negli splendidi palazzi di raggi filtrati fra le nubi. Fuoco e porpora, oro e azzurro parlano profeticamente dell'ineffabile bellezza della Tua dimora e ci chiamano maestosamente: andiamo verso il Padre.
> Gloria a Te nell'ora silenziosa della sera;
> Gloria a Te che hai riversato sul mondo una grande pace;
> Gloria a Te per l'ultimo raggio del sole al suo tramonto;
> Gloria a Te per il riposo del sonno benefico;
> Gloria a Te per la Tua bontà nelle tenebre, quando tutto il mondo è lontano;
> Gloria a Te per le preghiere commosse dell'animo trepidante;
> Gloria a Te per la promessa del risveglio nella gloria dell'ultimo giorno senza sera;
> Gloria a Te, o Dio, nei secoli.[24]

---

23. Ignazio IV Hazim, Patriarca ortodosso d'Antiochia, *Trasfigurare la creazione*, Ed. Monastero di Bose 1994, p. 29.
24. Petrov, *Inno akatistos di ringraziamento*, Ikos 4.

Appendice 1

Papa Giovanni Paolo II
Messaggio per la Giornata Mondiale della Pace, 1990
Pace con Dio Creatore. Pace con tutto il creato

1. Si avverte ai nostri giorni la crescente consapevolezza che la pace mondiale sia minacciata, oltre che dalla corsa agli armamenti, dai conflitti regionali e dalle ingiustizie tuttora esistenti nei popoli e tra le nazioni, anche dalla mancanza del dovuto rispetto per la natura, dal disordinato sfruttamento delle sue risorse e dal progressivo deterioramento della qualità della vita. Tale situazione genera un senso di precarietà e di insicurezza, che a sua volta favorisce forme di egoismo collettivo, di accaparramento e di prevaricazione.

Di fronte al diffuso degrado ambientale l'umanità si rende ormai conto che non si può continuare ad usare i beni della terra come nel passato. L'opinione pubblica ed i responsabili politici ne sono preoccupati, mentre studiosi delle più diverse discipline ne esaminano le cause. Sta così formandosi una coscienza ecologica, che non deve essere mortificata, ma anzi favorita, in modo che si sviluppi e maturi trovando adeguata espressione in programmi ed iniziative concrete.

2. Non pochi valori etici, di fondamentale importanza per lo sviluppo di una società pacifica, hanno una diretta relazione con la questione ambientale. L'interdipendenza delle molte sfide, che il mondo odierno deve affrontare, conferma l'esigenza di soluzioni coordinate, basate su una coerente visione morale del mondo.

Per il cristiano una tale visione poggia sulle convinzioni religiose attinte alla Rivelazione. Ecco perché, all'inizio di questo messaggio, desidero richiamare il racconto biblico della creazione, e mi auguro che coloro i quali non condividono le nostre convinzioni di fede possano egualmente trovarvi utili spunti per una comune linea di riflessione e di impegno.

I. «E Dio vide che era cosa buona»

3. Nelle pagine della Genesi, nelle quali è consegnata la prima autorivelazione di Dio alla umanità (1-3), ricorrono come un ritornello le parole: «E Dio vide che era cosa buona». Ma quando, dopo aver creato il cielo e il mare, la terra e tutto ciò che essa contiene, Iddio crea l'uomo e la donna, l'espressione cambia notevolmente: «E Dio vide quanto aveva fatto, ed ecco era cosa molto buona» (Gen 1,31). All'uomo e alla donna Dio affidò tutto il resto della creazione, ed allora come leggiamo— poté riposare «da ogni suo lavoro» (Gen 2,3).

La chiamata di Adamo ed Eva a partecipare all'attuazione del piano di Dio sulla creazione stimolava quelle capacità e quei doni che distinguono la persona umana da ogni altra creatura e, nello stesso tempo, stabiliva un ordinato rapporto tra gli uomini e l'intero creato. Fatti ad immagine e somiglianza di Dio, Adamo ed Eva avrebbero dovuto esercitare il loro dominio sulla terra (cfr. Gen 1,28) con saggezza e con amore. Essi, invece, con il loro peccato distrussero l'armonia esistente ponendosi deliberatamente contro il disegno del Creatore. Ciò portò non solo all'alienazione dell'uomo da se stesso, alla morte e al fratricidio, ma anche ad una certa ribellione della terra nei suoi confronti (cfr. Gen 3,17-19; 4,12). Tutto il creato divenne soggetto alla caducità, e da allora attende, in modo misterioso, di esser liberato per entrare nella libertà gloriosa insieme con tutti i figli di Dio (cfr. Rm 8,20-21).

Appendice 1

4. I cristiani professano che nella morte e nella Risurrezione di Cristo si è compiuta l'opera di riconciliazione dell'umanità col Padre, a cui «piacque... riconciliare a sé tutte le cose, pacificando col sangue della sua croce, cioè per mezzo di lui, le cose che stanno sulla terra e quelle nei cieli» (Col 1,19-20). La creazione è stata così rinnovata (cfr. Ap 21,5), e su di essa, prima sottoposta alla «schiavitù» della morte e della corruzione (cfr. Rm 8,21), si è effusa una nuova vita, mentre noi «aspettiamo nuovi cieli e una nuova terra, nei quali avrà stabile dimora la giustizia» (2Pt 3,13). Così il Padre «ci ha fatto conoscere il mistero della sua volontà, secondo quanto nella sua benevolenza aveva in lui prestabilito per realizzarlo nella pienezza dei tempi: cioè il disegno di ricapitolare in Cristo tutte le cose» (Ef 1,9-10).

5. Queste considerazioni bibliche illuminano meglio il rapporto tra l'agire umano e l'integrità del creato. Quando si discosta dal disegno di Dio Creatore, l'uomo provoca un disordine che inevitabilmente si ripercuote sul resto del creato. Se l'uomo non è in pace con Dio, la terra stessa non è in pace: «Per questo è in lutto il paese e chiunque vi abita langue, insieme con gli animali della terra e con gli uccelli del cielo; perfino i pesci del mare periranno» (Os 4,3).

L'esperienza di questa «sofferenza» della terra è comune anche a coloro che non condividono la nostra fede in Dio. Stanno, infatti, sotto gli occhi di tutti le crescenti devastazioni causate nel mondo della natura dal comportamento di uomini indifferenti alle esigenze recondite, eppure chiaramente avvertibili, dell'ordine e dell'armonia che lo reggono.

Ci si chiede, pertanto, con ansia se si possa ancora porre rimedio ai danni provocati. È evidente che un'idonea soluzione non può consistere semplicemente in una migliore gestione, o in un uso meno irrazionale delle risorse della terra. Pur riconoscendo l'utilità pratica di simili misure, sembra necessario risalire alle origini e affrontare nel suo insieme la profonda crisi morale, di cui il degrado ambientale è uno degli aspetti preoccupanti.

II. La crisi ecologica: un problema morale

6. Alcuni elementi della presente crisi ecologica ne rivelano in modo evidente il carattere morale. Tra essi, in primo luogo, è da annoverare l'applicazione indiscriminata dei progressi scientifici e tecnologici. Molte recenti scoperte hanno arrecato innegabili benefici all'umanità; esse, anzi, manifestano quanto sia nobile la vocazione dell'uomo a partecipare responsabilmente all'azione creatrice di Dio nel mondo. Si è, però, constatato che la applicazione di talune scoperte nell'ambito industriale ed agricolo produce, a lungo termine, effetti negativi. Ciò ha messo crudamente in rilievo come ogni intervento in un'area dell'ecosistema non possa prescindere dal considerare le sue conseguenze in altre aree e, in generale, sul benessere delle future generazioni.

Il graduale esaurimento dello strato di ozono e l'«effetto serra» hanno ormai raggiunto dimensioni critiche a causa della crescente diffusione delle industrie, delle grandi concentrazioni urbane e dei consumi energetici. Scarichi industriali, gas prodotti dalla combustione di carburanti fossili, incontrollata deforestazione, uso di alcuni tipi di diserbanti, refrigeranti e propellenti: tutto ciò—com'è noto—nuoce all'atmosfera ed all'ambiente. Ne sono derivati molteplici cambiamenti meteorologici ed atmosferici, i cui effetti vanno dai danni alla salute alla possibile futura sommersione delle terre basse.

Mentre in alcuni casi il danno forse è ormai irreversibile, in molti altri esso può ancora essere arrestato. È doveroso, pertanto, che l'intera comunità umana—individui, Stati ed organismi internazionali—assuma seriamente le proprie responsabilità.

7. Ma il segno più profondo e più grave delle implicazioni morali, insite nella questione ecologica, è costituito dalla mancanza di rispetto per la vita, quale si avverte in molti comportamenti inquinanti. Spesso le ragioni della produzione prevalgono sulla dignità del lavoratore e gli interessi economici vengono prima del bene delle singole persone, se non addirittura di quello di

Appendice 1

intere popolazioni. In questi casi, l'inquinamento o la distruzione riduttiva e innaturale, talora configura un vero e proprio disprezzo dell'uomo.

Parimenti, delicati equilibri ecologici vengono sconvolti per un'incontrollata distruzione delle specie animali e vegetali o per un incauto sfruttamento delle risorse; e tutto ciò—giova ricordare—anche se compiuto nel nome del progresso e del benessere, non torna, in effetti, a vantaggio dell'umanità.

Infine, non si può non guardare con profonda inquietudine alle formidabili possibilità della ricerca biologica. Forse non è ancora in grado di misurare i turbamenti indotti in natura da una indiscriminata manipolazione genetica e dallo sviluppo sconsiderato di nuove specie di piante e forme di vita animale, per non parlare di inaccettabili interventi sulle origini della stessa vita umana. A nessuno sfugge come, in un settore così delicato, l'indifferenza o il rifiuto delle norme etiche fondamentali portino l'uomo alla soglia stessa dell'autodistruzione.

È il rispetto per la vita e, in primo luogo, per la dignità della persona umana la fondamentale norma ispiratrice di un sano progresso economico, industriale e scientifico.

È a tutti evidente la complessità del problema ecologico. Esistono, tuttavia, alcuni principi basilari che, nel rispetto della legittima autonomia e della specifica competenza di quanti sono in esso impegnati, possono indirizzare la ricerca verso idonee e durature soluzioni. Si tratta di principi essenziali per la costruzione di una società pacifica, la quale non può ignorare né il rispetto per la vita, né il senso dell'integrità del creato.

III. Alla ricerca di una soluzione

8. Teologia, filosofia e scienza concordano nella visione di un universo armonioso, cioè di un vero «cosmo», dotato di una sua integrità e di un suo interno e dinamico equilibrio. Questo

ordine deve essere rispettato: l'umanità è chiamata ad esplorarlo, a scoprirlo con prudente cautela e a farne poi uso salvaguardando la sua integrità.

D'altra parte, la terra è essenzialmente un'eredità comune, i cui frutti devono essere a beneficio di tutti. «Dio ha destinato la terra e tutto quello che essa contiene all'uso di tutti gli uomini e popoli», ha riaffermato il Concilio Vaticano II.[1] Ciò ha dirette implicazioni per il nostro problema. È ingiusto che pochi privilegiati continuino ad accumulare beni superflui dilapidando le risorse disponibili, quando moltitudini di persone vivono in condizioni di miseria, al livello minimo di sostentamento. Ed è ora la stessa drammatica dimensione del dissesto ecologico ad insegnarci quanto la cupidigia e l'egoismo, individuali o collettivi, siano contrari all'ordine del creato, nel quale è inscritta anche la mutua interdipendenza.

9. I concetti di ordine nell'universo e di eredità comune mettono entrambi in rilievo che è necessario un sistema di gestione delle risorse della terra meglio coordinato a livello internazionale. Le dimensioni dei problemi ambientali superano, in molti casi, i confini dei singoli Stati: la loro soluzione, dunque, non può essere trovata unicamente a livello nazionale. Recentemente sono stati registrati alcuni promettenti passi verso questa auspicata azione internazionale, ma gli strumenti e gli organismi esistenti sono ancora inadeguati allo sviluppo di un piano coordinato di intervento. Ostacoli politici, forme di nazionalismo esagerato ed interessi economici, per non ricordare che alcuni fattori, rallentano, o addirittura impediscono la cooperazione internazionale e l'adozione di efficaci iniziative a lungo termine. L'asserita necessità di un'azione concertata a livello internazionale non comporta certo una diminuzione della responsabilità dei singoli Stati. Questi, infatti, debbono non solo dare applicazione alle norme approvate insieme con le autorità di altri Stati, ma anche favorire, al loro interno, un adeguato assetto socio-eco-

---

1. VATICANO II, *Gaudium et Spes*, 69.

nomico, con particolare attenzione ai settori più vulnerabili della società. Spetta ad ogni Stato, nell'ambito del proprio territorio, il compito di prevenire il degrado dell'atmosfera e della biosfera, controllando attentamente, tra l'altro, gli effetti delle nuove scoperte tecnologiche o scientifiche, ed offrendo ai propri cittadini la garanzia di non essere esposti ad agenti inquinanti o a rifiuti tossici. Oggi si parla sempre più insistentemente del diritto ad un ambiente sicuro, come di un diritto che dovrà rientrare in un'aggiornata carta dei diritti dell'uomo.

IV. L'urgenza di una nuova solidarietà

10. La crisi ecologica pone in evidenza l'urgente necessità morale di una nuova solidarietà, specialmente nei rapporti tra i paesi in via di sviluppo e i paesi altamente industrializzati. Gli Stati debbono mostrarsi sempre più solidali e fra loro complementari nel promuovere lo sviluppo di un ambiente naturale e sociale pacifico e salubre. Ai paesi da poco industrializzati, per esempio, non si può chiedere di applicare alle proprie industrie nascenti certe norme ambientali restrittive, se gli Stati industrializzati non le applicano per primi al loro interno. Da parte loro, i paesi in via di industrializzazione non possono moralmente ripetere gli errori compiuti da altri nel passato, continuando a danneggiare l'ambiente con prodotti inquinanti, deforestazioni eccessive o sfruttamento illimitato di risorse inesauribili. In questo stesso contesto è urgente trovare una soluzione al problema del trattamento e dello smaltimento dei rifiuti tossici.

Nessun piano, nessuna organizzazione, tuttavia, sarà in grado di operare i cambiamenti intravisti, se i responsabili delle nazioni di tutto il mondo non saranno veramente convinti della assoluta necessità di questa nuova solidarietà, che la crisi ecologica richiede e che è essenziale per la pace. Tale esigenza offrirà opportune occasioni per consolidare le pacifiche relazioni tra gli Stati.

11. Occorre anche aggiungere che non si otterrà il giusto equilibrio ecologico, se non saranno affrontate direttamente le forme strutturali di povertà esistenti nel mondo. Ad esempio, la povertà rurale e la distribuzione della terra in molti paesi hanno portato ad un'agricoltura di mera sussistenza e all'impoverimento dei terreni. Quando la terra non produce più, molti contadini si trasferiscono in altre zone, incrementando spesso il processo di deforestazione incontrollata, o si stabiliscono in centri urbani già carenti di strutture e servizi. Inoltre, alcuni paesi fortemente indebitati stanno distruggendo il loro patrimonio naturale con la conseguenza di irrimediabile squilibri ecologici, pur di ottenere nuovi prodotti di esportazione. Di fronte a tali situazioni, tuttavia, mettere sotto accusa soltanto i poveri per gli effetti ambientali negativi da essi provocati, sarebbe un modo inaccettabile di valutare le responsabilità. Occorre, piuttosto, aiutare i poveri, a cui la terra è affidata come a tutti gli altri, a superare la loro povertà, e ciò richiede una coraggiosa riforma delle strutture e nuovi schemi nei rapporti tra gli Stati e i popoli.

12. Ma c'è un'altra pericolosa minaccia che ci sovrasta: la guerra. La scienza moderna dispone già, purtroppo, della capacità di modificare l'ambiente con intenti ostili, e tale manomissione potrebbe avere a lunga scadenza effetti imprevedibili e ancora più gravi. Nonostante che accordi internazionali proibiscano la guerra chimica, batteriologica e biologica, sta di fatto che nei laboratori continua la ricerca per lo sviluppo di nuove armi offensive, capaci di alterare gli equilibri naturali.

Oggi qualsiasi forma di guerra su scala mondiale causerebbe incalcolabili danni ecologici. Ma anche le guerre locali o regionali, per limitate che siano, non solo distruggono le vite umane e le strutture della società, ma danneggiano la terra, rovinando i raccolti e la vegetazione e avvelenando i terreni e le acque. I sopravvissuti alla guerra si trovano nella necessità di iniziare una nuova vita in condizioni naturali molto difficili, che creano a loro volta situazioni di grave disagio sociale, con conseguenze negative anche di ordine ambientale.

Appendice 1 269

13. La società odierna non troverà soluzione al problema ecologico, se non rivedrà seriamente il suo stile di vita. In molte parti del mondo essa è incline all'edonismo e al consumismo e resta indifferente ai danni che ne derivano. Come ho già osservato, la gravità della situazione ecologica rivela quanto sia profonda la crisi morale dell'uomo. Se manca il senso del valore della persona e della vita umana, ci si disinteressa degli altri e della terra. L'austerità, la temperanza, la autodisciplina e lo spirito di sacrificio devono informare la vita di ogni giorno affinché non si sia costretti da parte di tutti a subire le conseguenze negative della noncuranza dei pochi.

C'è dunque l'urgente bisogno di educare alla responsabilità ecologica: responsabilità verso gli altri; responsabilità verso l'ambiente. E un'educazione che non può essere basata semplicemente sul sentimento o su un indefinito velleitarismo. Il suo fine non può essere né ideologico né politico, e la sua impostazione non può poggiare sul rifiuto del mondo moderno o sul vago desiderio di un ritorno al «paradiso perduto». La vera educazione alla responsabilità comporta un'autentica conversione nel modo di pensare e nel comportamento. Al riguardo, le Chiese e le altre istituzioni religiose, gli organismi governativi, anzi tutti i componenti della società hanno un preciso ruolo da svolgere. Prima educatrice, comunque, rimane la famiglia, nella quale il fanciullo impara a rispettare il prossimo e ad amare la natura.

14. Non si può trascurare, infine, il valore estetico del creato. Il contatto con la natura è di per sé profondamente rigeneratore come la contemplazione del suo splendore dona pace e serenità. La Bibbia parla spesso della bontà e della bellezza della creazione, chiamata a dar gloria a Dio (cfr. ex gr., Gen 1,4 ss; Sal 8,2; 104[103],1ss; Sap 13,3–5; Sir 39,16.33; 43,1.9).

Forse più difficile, ma non meno intensa, può essere la contemplazione delle opere dell'ingegno umano. Anche le città possono avere una loro particolare bellezza, che deve spingere le persone a tutelare l'ambiente circostante. Una buona pianificazione urbana è un aspetto importante della protezione ambientale, e il rispetto per le caratteristiche morfologiche della terra e un indispensabile requisito per ogni insediamento ecologicamente corretto. Non va trascurata, insomma, la relazione che c'è tra un'adeguata educazione estetica e il mantenimento di un ambiente sano.

V. La questione ecologica: una responsabilità di tutti

15. Oggi la questione ecologica ha assunto tali dimensioni da coinvolgere la responsabilità di tutti. I vari aspetti di essa, che ho illustrato, indicano la necessità di sforzi concordati, al fine di stabilire i rispettivi doveri ed impegni dei singoli, dei popoli, degli Stati e della comunità internazionale. Ciò non solo va di pari passo con i tentativi di costruire la vera pace, ma oggettivamente li conferma e li rafforza. Inserendo la questione ecologica nel più vasto contesto della causa della pace nella società umana, ci si rende meglio conto di quanto sia importante prestare attenzione a ciò che la terra e l'atmosfera ci rivelano: nell'universo esiste un ordine che deve essere rispettato; la persona umana, dotata della possibilità di libera scelta, ha una grave responsabilità per la conservazione di questo ordine, anche in vista del benessere delle generazioni future. La crisi ecologica—ripeto ancora—è un problema morale.

Anche gli uomini e le donne che non hanno particolari convinzioni religiose, per il senso delle proprie responsabilità nei confronti del bene comune, riconoscono il loro dovere di contribuire al risanamento dell'ambiente. A maggior ragione, coloro che credono in Dio creatore e, quindi, sono convinti che nel mondo esiste un ordine ben definito e finalizzato devono sentirsi chiamati ad occuparsi del problema. I cristiani, in particolare, avvertono che i loro compiti all'interno del creato, i loro doveri nei confronti della natura e del Creatore sono parte della loro fede. Essi, pertanto, sono consapevoli del vasto campo di cooperazione ecumenica ed interreligiosa che si apre dinanzi a loro.

16. A conclusione di questo messaggio, desidero rivolgermi direttamente ai miei fratelli e alle mie sorelle della Chiesa cattolica per ricordar loro l'importante obbligo di prendersi cura di tutto il creato. L'impegno del credente per un ambiente sano nasce direttamente dalla sua fede in Dio creatore, dalla valutazione degli effetti del peccato originale e dei peccati personali e dalla certezza di essere stato redento da Cristo. Il rispetto per la vita e per la dignità della persona umana include anche il rispetto e la cura del creato, che è chiamato ad unirsi all'uomo per glorificare Dio (cfr. Sal 148[147] et Sal 96[95]).

San Francesco d'Assisi, che nel 1979 ho proclamato celeste patrono dei cultori dell'ecologia, offre ai cristiani l'esempio dell'autentico e pieno rispetto per l'integrità del creato.[2] Amico dei poveri, amato dalle creature di Dio, egli invitò tutti—animali, piante, forze naturali, anche fratello sole e sorella luna—ad onorare e lodare il Signore. Dal Poverello di Assisi ci viene la testimonianza che, essendo in pace con Dio, possiamo meglio dedicarci a costruire la pace con tutto il creato, la quale è inseparabile dalla pace tra i popoli.

Auspico che la sua ispirazione ci aiuti a conservare sempre vivo il senso della «fraternità» con tutte le cose create buone e belle da Dio onnipotente, e ci ricordi il grave dovere di rispettarle e custodirle con cura, nel quadro della più vasta e più alta fraternità umana.

Dal Vaticano, 8 dicembre dell'anno 1989.

Ioannes Paulus PP. II

---

2. Cfr. Papa GIOVANNI PAOLO II, *Inter Sanctos* in AAS 71 (1979), p. 1509s.

APPENDICE 2

Benedetto XVI

Messaggio per la Giornata Mondiale della Pace 2010

Se vuoi coltivare la pace, custodisci il creato

1. In occasione dell'inizio del nuovo anno, desidero rivolgere i più fervidi auguri di pace a tutte le comunità cristiane, ai responsabili delle Nazioni, agli uomini e alle donne di buona volontà del mondo intero. Per questa XLIII Giornata Mondiale della Pace ho scelto il tema: *Se vuoi coltivare la pace, custodisci il creato*. Il rispetto del creato riveste grande rilevanza, anche perché «la creazione è l'inizio e il fondamento di tutte le opere di Dio»[1] e la sua salvaguardia diventa oggi essenziale per la pacifica convivenza dell'umanità. Se, infatti, a causa della crudeltà dell'uomo sull'uomo, numerose sono le minacce che incombono sulla pace e sull'autentico sviluppo umano integrale—guerre, conflitti internazionali e regionali, atti terroristici e violazioni dei diritti umani—, non meno preoccupanti sono le minacce originate dalla noncuranza—se non addirittura dall'abuso—nei confronti della terra e dei beni naturali che Dio ha elargito. Per tale motivo è indispensabile che l'umanità rinnovi e rafforzi «quell'alleanza tra essere umano e ambiente, che deve essere specchio dell'amore creatore di Dio, dal quale proveniamo e verso il quale siamo in cammino».[2]

2. Nell'Enciclica *Caritas in veritate* ho posto in evidenza che lo sviluppo umano integrale è strettamente collegato ai doveri derivanti dal *rapporto dell'uomo con l'ambiente naturale*, con-

---

1. CCC 198.
2. Papa BENEDETTO XVI, *Messaggio per la Giornata Mondiale della Pace 2008*, 7.

siderato come un dono di Dio a tutti, il cui uso comporta una comune responsabilità verso l'umanità intera, in special modo verso i poveri e le generazioni future. Ho notato, inoltre, che quando la natura e, in primo luogo, l'essere umano vengono considerati semplicemente frutto del caso o del determinismo evolutivo, rischia di attenuarsi nelle coscienze la consapevolezza della responsabilità.³ Ritenere, invece, il creato come dono di Dio all'umanità ci aiuta a comprendere la vocazione e il valore dell'uomo. Con il Salmista, pieni di stupore, possiamo infatti proclamare: «Quando vedo i tuoi cieli, opera delle tue dita, la luna e le stelle che hai fissato, che cosa è mai l'uomo perché di lui ti ricordi, il figlio dell'uomo, perché te ne curi?» (Sal 8,4–5). Contemplare la bellezza del creato è stimolo a riconoscere l'amore del Creatore, quell'Amore che «move il sole e l'altre stelle».⁴

3. Vent'anni or sono, il Papa Giovanni Paolo II, dedicando il Messaggio della Giornata Mondiale della Pace al tema *Pace con Dio creatore, pace con tutto il creato*, richiamava l'attenzione sulla relazione che noi, in quanto creature di Dio, abbiamo con l'universo che ci circonda. «Si avverte ai nostri giorni—scriveva—la crescente consapevolezza che la pace mondiale sia minacciata... anche dalla mancanza del dovuto rispetto per la natura». E aggiungeva che la *coscienza ecologica* «non deve essere mortificata, ma anzi favorita, in modo che si sviluppi e maturi, trovando adeguata espressione in programmi ed iniziative concrete».⁵ Già altri miei Predecessori avevano fatto riferimento alla relazione esistente tra l'uomo e l'ambiente. Ad esempio, nel 1971, in occasione dell'ottantesimo anniversario dell'Enciclica *Rerum Novarum* di Leone XIII, Paolo VI ebbe a sottolineare che «attraverso uno sfruttamento sconsiderato della natura, (l'uomo) rischia

---

3. Cfr. Papa BENEDETTO XVI, *Caritas in veritate*, 48.
4. DANTE ALIGHIERI, *Divina Commedia*, Paradiso, XXXIII, 145.
5. Papa GIOVANNI PAOLO II, *Messaggio per la Giornata Mondiale della Pace 1990*, 1.

di distruggerla e di essere a sua volta vittima di siffatta degradazione». Ed aggiunse che in tal caso «non soltanto l'ambiente materiale diventa una minaccia permanente: inquinamenti e rifiuti, nuove malattie, potere distruttivo totale; ma è il contesto umano, che l'uomo non padroneggia più, creandosi così per il domani un ambiente che potrà essergli intollerabile: problema sociale di vaste dimensioni che riguarda l'intera famiglia umana».[6]

4. Pur evitando di entrare nel merito di specifiche soluzioni tecniche, la Chiesa, «esperta in umanità», si premura di richiamare con forza l'attenzione sulla relazione tra il Creatore, l'essere umano e il creato. Nel 1990, Giovanni Paolo II parlava di «crisi ecologica» e, rilevando come questa avesse un carattere prevalentemente etico, indicava l'«urgente necessità morale di una nuova solidarietà».[7] Questo appello si fa ancora più pressante oggi, di fronte alle crescenti manifestazioni di una crisi che sarebbe irresponsabile non prendere in seria considerazione. Come rimanere indifferenti di fronte alle problematiche che derivano da fenomeni quali i cambiamenti climatici, la desertificazione, il degrado e la perdita di produttività di vaste aree agricole, l'inquinamento dei fiumi e delle falde acquifere, la perdita della biodiversità, l'aumento di eventi naturali estremi, il disboscamento delle aree equatoriali e tropicali? Come trascurare il crescente fenomeno dei cosiddetti «profughi ambientali»: persone che, a causa del degrado dell'ambiente in cui vivono, lo devono lasciare—spesso insieme ai loro beni—per affrontare i pericoli e le incognite di uno spostamento forzato? Come non reagire di fronte ai conflitti già in atto e a quelli potenziali legati all'accesso alle risorse naturali? Sono tutte questioni che hanno un profondo impatto sull'esercizio dei diritti umani, come ad

---

6. Papa PAOLO VI, *Octogesima adveniens*, 21.
7. Papa GIOVANNI PAOLO II, *Messaggio per la Giornata Mondiale della Pace 1990*, 10.

esempio il diritto alla vita, all'alimentazione, alla salute, allo sviluppo.

5. Va, tuttavia, considerato che la crisi ecologica non può essere valutata separatamente dalle questioni ad essa collegate, essendo fortemente connessa al concetto stesso di sviluppo e alla visione dell'uomo e delle sue relazioni con i suoi simili e con il creato. Saggio è, pertanto, operare una *revisione profonda* e *lungimirante del modello di sviluppo*, nonché riflettere sul senso dell'economia e dei suoi fini, per correggerne le disfunzioni e le distorsioni. Lo esige lo stato di salute ecologica del pianeta; lo richiede anche e soprattutto la crisi culturale e morale dell'uomo, i cui sintomi sono da tempo evidenti in ogni parte del mondo.[8] L'umanità ha bisogno di un *profondo rinnovamento culturale*; ha bisogno di *riscoprire quei valori che costituiscono il solido fondamento* su cui costruire un futuro migliore per tutti. Le situazioni di crisi, che attualmente sta attraversando—siano esse di carattere economico, alimentare, ambientale o sociale –, sono, in fondo, anche crisi morali collegate tra di loro. Esse obbligano a riprogettare il comune cammino degli uomini. Obbligano, in particolare, a un modo di vivere improntato alla sobrietà e alla solidarietà, con nuove regole e forme di impegno, puntando con fiducia e coraggio sulle esperienze positive compiute e rigettando con decisione quelle negative. Solo così l'attuale crisi diventa *occasione di discernimento* e di *nuova progettualità*.

6. Non è forse vero che all'origine di quella che, in senso cosmico, chiamiamo «natura», vi è «un disegno di amore e di verità»? Il mondo «non è il prodotto di una qualsivoglia necessità, di un destino cieco o del caso... Il mondo trae origine dalla libera volontà di Dio, il quale ha voluto far partecipare le creature al suo essere, alla sua saggezza e alla sua bontà».[9] Il *Libro della Genesi*, nelle sue pagine iniziali, ci riporta al progetto sapiente del cosmo, frutto del pensiero di Dio, al cui vertice si collocano l'uomo e

---

8. Papa BENEDETTO XVI, *Caritas in veritate*, 32.
9. CCC 295.

la donna, creati ad immagine e somiglianza del Creatore per «riempire la terra» e «dominarla» come «amministratori» di Dio stesso (cfr Gen 1,28). L'armonia tra il Creatore, l'umanità e il creato, che la Sacra Scrittura descrive, è stata infranta dal peccato di Adamo ed Eva, dell'uomo e della donna, che hanno bramato occupare il posto di Dio, rifiutando di riconoscersi come sue creature. La conseguenza è che si è distorto anche il compito di «dominare» la terra, di «coltivarla e custodirla» e tra loro e il resto della creazione è nato un conflitto (cfr Gen 3,17-19). L'essere umano si è lasciato dominare dall'egoismo, perdendo il senso del mandato di Dio, e nella relazione con il creato si è comportato come sfruttatore, volendo esercitare su di esso un dominio assoluto. Ma il vero significato del comando iniziale di Dio, ben evidenziato nel *Libro della Genesi*, non consisteva in un semplice conferimento di autorità, bensì piuttosto in una chiamata alla responsabilità. Del resto, la saggezza degli antichi riconosceva che la natura è a nostra disposizione non come «un mucchio di rifiuti sparsi a caso»,[10] mentre la Rivelazione biblica ci ha fatto comprendere che la natura è dono del Creatore, il quale ne ha disegnato gli ordinamenti intrinseci, affinché l'uomo possa trarne gli orientamenti doverosi per «custodirla e coltivarla» (cfr Gen 2,15).[11] Tutto ciò che esiste appartiene a Dio, che lo ha affidato agli uomini, ma non perché ne dispongano arbitrariamente. E quando l'uomo, invece di svolgere il suo ruolo di collaboratore di Dio, a Dio si sostituisce, finisce col provocare la ribellione della natura, «piuttosto tiranneggiata che governata da lui».[12] L'uomo, quindi, ha il dovere di esercitare un governo responsabile della creazione, custodendola e coltivandola.[13]

---

10. ERACLITO DI EFESO (535 a.C. ca–475 a.C. ca), Frammento 22B124, in H. Diels—W. Kranz, *Die Fragmente der Vorsokratiker*, Weidmann, Berlin 1952⁶.
11. Papa BENEDETTO XVI, *Caritas in veritate*, 48.
12. Papa GIOVANNI PAOLO II, *Centesimus annus*, 37.
13. Cfr. Papa BENEDETTO XVI, *Caritas in veritate*, 50.

7. Purtroppo, si deve constatare che una moltitudine di persone, in diversi Paesi e regioni del pianeta, sperimenta crescenti difficoltà a causa della negligenza o del rifiuto, da parte di tanti, di esercitare un governo responsabile sull'ambiente. Il Concilio Ecumenico Vaticano II ha ricordato che «Dio ha destinato la terra e tutto quello che essa contiene all'uso di tutti gli uomini e di tutti i popoli».[14] L'eredità del creato appartiene, pertanto, all'intera umanità. Invece, l'attuale ritmo di sfruttamento mette seriamente in pericolo la disponibilità di alcune risorse naturali non solo per la generazione presente, ma soprattutto per quelle future.[15] Non è difficile allora costatare che il degrado ambientale è spesso il risultato della mancanza di progetti politici lungimiranti o del perseguimento di miopi interessi economici, che si trasformano, purtroppo, in una seria minaccia per il creato. Per contrastare tale fenomeno, sulla base del fatto che «*ogni decisione economica ha una conseguenza di carattere morale*»,[16] è anche necessario che l'attività economica rispetti maggiormente l'ambiente. Quando ci si avvale delle risorse naturali, occorre preoccuparsi della loro salvaguardia, prevedendone anche i costi—in termini ambientali e sociali—, da valutare come una voce essenziale degli stessi costi dell'attività economica. Compete alla comunità internazionale e ai governi nazionali dare i giusti segnali per contrastare in modo efficace quelle modalità d'utilizzo dell'ambiente che risultino ad esso dannose. Per proteggere l'ambiente, per tutelare le risorse e il clima occorre, da una parte, agire nel rispetto di norme ben definite anche dal punto di vista giuridico ed economico, e, dall'altra, tenere conto della solidarietà dovuta a quanti abitano le regioni più povere della terra e alle future generazioni.

8. Sembra infatti urgente la conquista di una *leale solidarietà intergenerazionale*. I costi derivanti dall'uso delle risorse ambientali

---

14. Vaticano II, *Gaudium et spes*, 69.
15. Cfr. Giovanni Paolo II, *Sollicitudo rei socialis*, 34.
16. Cfr. Papa Benedetto XVI, *Caritas in veritate*, 37.

comuni non possono essere a carico delle generazioni future: «Eredi delle generazioni passate e beneficiari del lavoro dei nostri contemporanei, noi abbiamo degli obblighi verso tutti e non possiamo disinteressarci di coloro che verranno dopo di noi ad ingrandire la cerchia della famiglia umana. La solidarietà universale, ch'è un fatto e per noi un beneficio, è altresì un dovere. *Si tratta di una responsabilità che le generazioni presenti hanno nei confronti di quelle future*, una responsabilità che appartiene anche ai singoli Stati e alla Comunità internazionale».[17] L'uso delle risorse naturali dovrebbe essere tale che i vantaggi immediati non comportino conseguenze negative per gli esseri viventi, umani e non umani, presenti e a venire; che la tutela della proprietà privata non ostacoli la destinazione universale dei beni;[18] che l'intervento dell'uomo non comprometta la fecondità della terra, per il bene di oggi e per il bene di domani. Oltre ad una leale solidarietà inter-generazionale, va ribadita l'urgente necessità morale di una rinnovata *solidarietà intra-generazionale*, specialmente nei rapporti tra i Paesi in via di sviluppo e quelli altamente industrializzati: «la comunità internazionale ha il compito imprescindibile di trovare le strade istituzionali per disciplinare lo sfruttamento delle risorse non rinnovabili, con la partecipazione anche dei Paesi poveri, in modo da pianificare insieme il futuro».[19] *La crisi ecologica mostra l'urgenza di una solidarietà che si proietti nello spazio e nel tempo.* È infatti importante riconoscere, fra le cause dell'attuale crisi ecologica, la responsabilità storica dei Paesi industrializzati. I Paesi meno sviluppati e, in particolare, quelli emergenti, non sono tuttavia esonerati dalla propria responsabilità rispetto al creato, perché il dovere di adottare gradualmente misure e politiche ambientali efficaci appartiene a tutti. Ciò potrebbe realizzarsi più facilmente se vi

---

17. PONTIFICIO CONSIGLIO DELLA GIUSTIZIA E DELLA PACE, *Compendio della Dottrina Sociale della Chiesa*, 467; cfr Papa PAOLO VI, *Populorum progressio*, 17.
18. Cfr. Papa GIOVANNI PAOLO II, *Centesimus annus*, 30–31, 43.
19. Papa BENEDETTO XVI, *Caritas in veritate*, 49.

fossero calcoli meno interessati nell'assistenza, nel trasferimento delle conoscenze e delle tecnologie più pulite.

9. È indubbio che uno dei principali nodi da affrontare, da parte della comunità internazionale, è quello delle risorse energetiche, individuando strategie condivise e sostenibili per soddisfare i bisogni di energia della presente generazione e di quelle future. A tale scopo, è necessario che le società tecnologicamente avanzate siano disposte a favorire comportamenti improntati alla sobrietà, diminuendo il proprio fabbisogno di energia e migliorando le condizioni del suo utilizzo. Al tempo stesso, occorre promuovere la ricerca e l'applicazione di energie di minore impatto ambientale e la «ridistribuzione planetaria delle risorse energetiche, in modo che anche i Paesi che ne sono privi possano accedervi».[20] La crisi ecologica, dunque, offre una storica opportunità per elaborare una risposta collettiva volta a convertire il modello di sviluppo globale in una direzione più rispettosa nei confronti del creato e di uno sviluppo umano integrale, ispirato ai valori propri della carità nella verità. Auspico, pertanto, l'adozione di un modello di sviluppo fondato sulla centralità dell'essere umano, sulla promozione e condivisione del bene comune, sulla responsabilità, sulla consapevolezza del necessario cambiamento degli stili di vita e sulla prudenza, virtù che indica gli atti da compiere oggi, in previsione di ciò che può accadere domani.[21]

10. Per guidare l'umanità verso una gestione complessivamente sostenibile dell'ambiente e delle risorse del pianeta, l'uomo è chiamato a impiegare la sua intelligenza nel campo della ricerca scientifica e tecnologica e nell'applicazione delle scoperte che da questa derivano. La «nuova solidarietà», che Giovanni Paolo II propose nel *Messaggio per la Giornata Mondiale della Pace del*

---

20. *Ibid.*
21. Cfr. San Tommaso d'Aquino, *Summa Theologiae*, II–II, q. 49, a. 5.

1990,[22] e la «solidarietà globale», che io stesso ho richiamato nel *Messaggio per la Giornata Mondiale della Pace del 2009*,[23] risultano essere atteggiamenti essenziali per orientare l'impegno di tutela del creato, attraverso un sistema di gestione delle risorse della terra meglio coordinato a livello internazionale, soprattutto nel momento in cui va emergendo, in maniera sempre più evidente, la forte interrelazione che esiste tra la lotta al degrado ambientale e la promozione dello sviluppo umano integrale. Si tratta di una dinamica imprescindibile, in quanto « lo sviluppo integrale dell'uomo non può aver luogo senza lo sviluppo solidale dell'umanità ».[24] Tante sono oggi le opportunità scientifiche e i potenziali percorsi innovativi, grazie ai quali è possibile fornire soluzioni soddisfacenti ed armoniose alla relazione tra l'uomo e l'ambiente. Ad esempio, occorre incoraggiare le ricerche volte ad individuare le modalità più efficaci per sfruttare la grande potenzialità dell'energia solare. Altrettanta attenzione va poi rivolta alla questione ormai planetaria dell'acqua ed al sistema idrogeologico globale, il cui ciclo riveste una primaria importanza per la vita sulla terra e la cui stabilità rischia di essere fortemente minacciata dai cambiamenti climatici. Vanno altresì esplorate appropriate strategie di sviluppo rurale incentrate sui piccoli coltivatori e sulle loro famiglie, come pure occorre approntare idonee politiche per la gestione delle foreste, per lo smaltimento dei rifiuti, per la valorizzazione delle sinergie esistenti tra il contrasto ai cambiamenti climatici e la lotta alla povertà. Occorrono politiche nazionali ambiziose, completate da un necessario impegno internazionale che apporterà importanti benefici soprattutto nel medio e lungo termine. È necessario, insomma, uscire dalla logica del mero consumo per promuovere forme di produzione agricola e industriale rispettose dell'ordine della creazione e

---

22. Papa GIOVANNI PAOLO II, *Messaggio per la Giornata Mondiale della Pace 1990*, 9.
23. Papa BENEDETTO XVI, *Messaggio per la Giornata Mondiale della Pace 2009*, 8.
24. Papa PAOLO VI, *Populorum progressio*, 43.

soddisfacenti per i bisogni primari di tutti. La questione ecologica non va affrontata solo per le agghiaccianti prospettive che il degrado ambientale profila all'orizzonte; a motivarla deve essere soprattutto la ricerca di un'autentica solidarietà a dimensione mondiale, ispirata dai valori della carità, della giustizia e del bene comune. D'altronde, come ho già avuto modo di ricordare, «la tecnica non è mai solo tecnica. Essa manifesta l'uomo e le sue aspirazioni allo sviluppo; esprime la tensione dell'animo umano al graduale superamento di certi condizionamenti materiali. *La tecnica*, pertanto, *si inserisce nel mandato di «coltivare e custodire la terra»* (cfr Gen 2,15), che Dio ha affidato all'uomo, e va orientata a rafforzare quell'alleanza tra essere umano e ambiente che deve essere specchio dell'amore creatore di Dio».[25]

11. Appare sempre più chiaramente che il tema del degrado ambientale chiama in causa i comportamenti di ognuno di noi, gli stili di vita e i modelli di consumo e di produzione attualmente dominanti, spesso insostenibili dal punto di vista sociale, ambientale e finanche economico. Si rende ormai indispensabile un effettivo cambiamento di mentalità che induca tutti ad adottare *nuovi stili di vita* «nei quali la ricerca del vero, del bello e del buono e la comunione con gli altri uomini per una crescita comune siano gli elementi che determinano le scelte dei consumi, dei risparmi e degli investimenti».[26] Sempre più si deve educare a costruire la pace a partire dalle scelte di ampio raggio a livello personale, familiare, comunitario e politico. Tutti siamo responsabili della protezione e della cura del creato. Tale responsabilità non conosce frontiere. Secondo il *principio di sussidiarietà*, è importante che ciascuno si impegni al livello che gli corrisponde, operando affinché venga superata la prevalenza degli interessi particolari. Un ruolo di sensibilizzazione e di formazione spetta in particolare ai vari soggetti della società civile e alle Organizzazioni non-governative, che si prodigano con deter-

---

25. Papa BENEDETTO XVI, *Caritas in veritate*, 69.
26. Papa GIOVANNI PAOLO II, *Centesimus annus*, 36.

minazione e generosità per la diffusione di una responsabilità ecologica, che dovrebbe essere sempre più ancorata al rispetto dell'«ecologia umana». Occorre, inoltre, richiamare la responsabilità dei *media* in tale ambito, proponendo modelli positivi a cui ispirarsi. Occuparsi dell'ambiente richiede, cioè, una visione larga e globale del mondo; uno sforzo comune e responsabile per passare da una logica centrata sull'egoistico interesse nazionalistico ad una visione che abbracci sempre le necessità di tutti i popoli. Non si può rimanere indifferenti a ciò che accade intorno a noi, perché il deterioramento di qualsiasi parte del pianeta ricadrebbe su tutti. Le relazioni tra persone, gruppi sociali e Stati, come quelle tra uomo e ambiente, sono chiamate ad assumere lo stile del rispetto e della «carità nella verità». In tale ampio contesto, è quanto mai auspicabile che trovino efficacia e corrispondenza gli sforzi della comunità internazionale volti ad ottenere un progressivo disarmo ed un mondo privo di armi nucleari, la cui sola presenza minaccia la vita del pianeta e il processo di sviluppo integrale dell'umanità presente e di quella futura.

12. *La Chiesa ha una responsabilità per il creato* e sente di doverla esercitare, anche in ambito pubblico, per difendere la terra, l'acqua e l'aria, doni di Dio Creatore per tutti, e, anzitutto, per proteggere l'uomo contro il pericolo della distruzione di se stesso. Il degrado della natura è, infatti, strettamente connesso alla cultura che modella la convivenza umana, per cui *«quando l'«ecologia umana» è rispettata dentro la società, anche l'ecologia ambientale ne trae beneficio».*[27] Non si può domandare ai giovani di rispettare l'ambiente, se non vengono aiutati in famiglia e nella società a rispettare se stessi: il libro della natura è unico, sia sul versante dell'ambiente come su quello dell'etica personale, familiare e sociale.[28] I doveri verso l'ambiente derivano da quelli verso la persona considerata in se stessa e in relazione agli altri. Volentieri, pertanto, incoraggio l'educazione ad una responsabilità ecolo-

---

27. Papa Benedetto XVI, *Caritas in veritate*, 51.
28. Cfr. *ibid.*, 15, 51.

gica, che, come ho indicato nell'Enciclica *Caritas in veritate*, salvaguardi un'autentica «ecologia umana» e, quindi, affermi con rinnovata convinzione l'inviolabilità della vita umana in ogni sua fase e in ogni sua condizione, la dignità della persona e l'insostituibile missione della famiglia, nella quale si educa all'amore per il prossimo e al rispetto della natura.[29] Occorre salvaguardare il patrimonio umano della società. Questo patrimonio di valori ha la sua origine ed è iscritto nella legge morale naturale, che è fondamento del rispetto della persona umana e del creato.

13. Non va infine dimenticato il fatto, altamente indicativo, che tanti trovano tranquillità e pace, si sentono rinnovati e rinvigoriti quando sono a stretto contatto con la bellezza e l'armonia della natura. Vi è pertanto una sorta di reciprocità: nel prenderci cura del creato, noi constatiamo che Dio, tramite il creato, si prende cura di noi. D'altra parte, una corretta concezione del rapporto dell'uomo con l'ambiente non porta ad assolutizzare la natura né a ritenerla più importante della stessa persona. Se il Magistero della Chiesa esprime perplessità dinanzi ad una concezione dell'ambiente ispirata all'ecocentrismo e al biocentrismo, lo fa perché tale concezione elimina la differenza ontologica e assiologica tra la persona umana e gli altri esseri viventi. In tal modo, si viene di fatto ad eliminare l'identità e il ruolo superiore dell'uomo, favorendo una visione egualitaristica della «dignità» di tutti gli esseri viventi. Si dà adito, così, ad un nuovo panteismo con accenti neopagani che fanno derivare dalla sola natura, intesa in senso puramente naturalistico, la salvezza per l'uomo. La Chiesa invita, invece, ad impostare la questione in modo equilibrato, nel rispetto della «grammatica» che il Creatore ha inscritto nella sua opera, affidando all'uomo il ruolo di custode e amministratore responsabile del creato, ruolo di cui non deve certo abusare, ma da cui non può nemmeno abdicare. Infatti, anche la posizione contraria di assolutizzazione della tec-

---

29. Cfr. *ibid.*, 28, 51, 61; Papa GIOVANNI PAOLO II, *Centesimus annus*, 38, 39.

nica e del potere umano, finisce per essere un grave attentato non solo alla natura, ma anche alla stessa dignità umana.[30]

14. *Se vuoi coltivare la pace, custodisci il creato*. La ricerca della pace da parte di tutti gli uomini di buona volontà sarà senz'altro facilitata dal comune riconoscimento del rapporto inscindibile che esiste tra Dio, gli esseri umani e l'intero creato. Illuminati dalla divina Rivelazione e seguendo la Tradizione della Chiesa, i cristiani offrono il proprio apporto. Essi considerano il cosmo e le sue meraviglie alla luce dell'opera creatrice del Padre e redentrice di Cristo, che, con la sua morte e risurrezione, ha riconciliato con Dio «sia le cose che stanno sulla terra, sia quelle che stanno nei cieli» (Col 1,20). Il Cristo, crocifisso e risorto, ha fatto dono all'umanità del suo Spirito santificatore, che guida il cammino della storia, in attesa del giorno in cui, con il ritorno glorioso del Signore, verranno inaugurati «nuovi cieli e una terra nuova» (2 Pt 3,13), in cui abiteranno per sempre la giustizia e la pace. Proteggere l'ambiente naturale per costruire un mondo di pace è, pertanto, dovere di ogni persona. Ecco una sfida urgente da affrontare con rinnovato e corale impegno; ecco una provvidenziale opportunità per consegnare alle nuove generazioni la prospettiva di un futuro migliore per tutti. Ne siano consapevoli i responsabili delle nazioni e quanti, ad ogni livello, hanno a cuore le sorti dell'umanità: la salvaguardia del creato e la realizzazione della pace sono realtà tra loro intimamente connesse! Per questo, invito tutti i credenti ad elevare la loro fervida preghiera a Dio, onnipotente Creatore e Padre misericordioso, affinché nel cuore di ogni uomo e di ogni donna risuoni, sia accolto e vissuto il pressante appello: *Se vuoi coltivare la pace, custodisci il creato*.

Dal Vaticano, 8 dicembre 2009

Benedictus PP. XVI

---

30. Cfr. Papa BENEDETTO XVI, *Caritas in veritate*, 70.

APPENDICE 3

La Santa Sede alla Conferenza di Rio Amministrazione e solidarietà

1. Documento di sintesi

La posizione della Santa Sede riguardante l'ambiente e lo sviluppo è stata specificata in vari discorsi di sua santità Giovanni Paolo II e in particolare nel messaggio per la giornata mondiale della pace 1990: *Pace con Dio creatore, Pace con tutto il creato*. I principi basilari che dovrebbero guidare le nostre considerazioni sui temi ambientali sono l'integrità di tutto il creato e il rispetto per la vita e per la dignità della persona umana.

1. Come suggerisce il titolo del menzionato messaggio, l'ispirazione basilare della sollecitudine della Santa Sede è per sua natura religiosa, ma essa contiene riferimenti a molte fondamentali considerazioni morali che sono condivise dalle persone di buona volontà. La crisi ecologica è essenzialmente morale e la soluzione di molti dei problemi ecologici che riguardano l'intera famiglia umana richiedono strategie e motivazioni «basate su una coerente visione morale del mondo».[1] La comunità internazionale non può trascurare questa dimensione etica.

2. La persona umana occupa un posto centrale all'interno del mondo e la promozione della dignità e dei diritti di tutte le per-

---

1. Papa Giovanni Paolo II, *Messaggio per la giornata mondiale della pace 1990*, 2.

sone senza distinzioni «è la fondamentale norma ispiratrice di un sano progresso economico, industriale e scientifico... L'inquinamento o la distruzione dell'ambiente sono frutto di una visione riduttiva e innaturale, che talora configura un vero e proprio disprezzo dell'uomo».[2]

3. La persona umana ha una responsabilità di servizio riguardo a tutto il creato con il quale vive in interdipendenza. Quando delle persone coscientemente ignorano o trasgrediscono l'ordine di qualunque aspetto del creato, esse provocano un disordine che inevitabilmente si ripercuote sul resto dell'ordine creato e sul benessere delle generazioni future.[3]

4. I beni della terra—inclusi quelli prodotti dall'attività umana—sono per il beneficio di tutti. Tutti i popoli e i paesi hanno diritto al fondamentale accesso a quei beni—naturali, spirituali, intellettuali e tecnologici—che sono necessari per il loro sviluppo integrale.

5. Un'adeguata politica di sviluppo deve essere basata sulla dignità e sui diritti della persona umana e sul bene comune. «La Santa Sede nota che il benessere spirituale e materiale della persona deve essere preso in considerazione nel processo di sviluppo perché i valori spirituali danno significato al progresso materiale, allo sviluppo tecnico e alla creazione di strutture politiche e sociali che servono quella comunità di persone che chiamiamo società.»[4]

Il mantenimento e la protezione del bene comune richiedono la solidarietà di tutti quanti sono coinvolti. La solidarietà comporta una consapevolezza e un'accettazione della corresponsabilità per le cause e le relative soluzioni della sfida ecologica. Riconoscere la comune responsabilità di tutti per le cause della crisi ecologica renderà possibile un dialogo, basato sulla fiducia

---

2. *Ibid.*, 7.
3. Cfr. *ibid.*, 6.
4. *Intervento della Santa Sede alla Conferenza mondiale sulla popolazione del 1984.*

Appendice 3 289

e sul rispetto reciproci, nella ricerca delle soluzioni. L'equità, a ogni modo, richiede che l'universale compito di promuovere la solidarietà sia differenziato e complementare in base ai bisogni e alle capacità delle parti.

6. Nel campo della tecnologia gli stati, in accordo con il dovere alla solidarietà e data la dovuta considerazione al diritti di quanti sviluppano tale tecnologia, hanno obbligo di assicurare un giusto ed equo trasferimento della tecnologia appropriata, adatta a sostenere il processo di sviluppo e a proteggere l'ambiente.

7. Principi etici chiaramente definiti devono prevalere nel campo della biotecnologia, che tocca da vicino la dignità e l'integrità della persona umana. La persona umana è più che un composto di elementi biochimici, ed essa non deve essere ridotta a soggetto di esperimenti biologici o chimici a favore del progresso biotecnologico. Tutti gli interventi sulle strutture o sul patrimonio genetico della persona che non sono diretti a correggere delle anomalie costituiscono una violazione del diritto all'integrità fisica.[5] La scienza e la tecnologia sono al servizio della persona umana e i principi etici devono prevalere sopra ogni altro interesse, specialmente su quelli puramente economici. Ove possibile, strumenti legali appropriati devono essere approntati per assicurare il rispetto dei principi etici.

8. Il danno all'ambiente umano e naturale causato dalla guerra è un problema sempre più serio. Papa Giovanni Paolo II notava già nel 1990: «Oggi qualsiasi forma di guerra su scala mondiale causerebbe incalcolabili danni ecologici. Ma anche le guerre locali o regionali, per limitate che siano, non solo distruggono le vite umane e le strutture della società, ma danneggiano la terra, rovinando i raccolti e la vegetazione e avvelenando i terreni e le acque. I sopravvissuti alla guerra si trovano nella necessità di iniziare una nuova vita in condizioni naturali molto difficili.»[6]

---

5. Cfr. PONTIFICIO CONSIGLIO PER LA FAMIGLIA, *Carta dei diritti della famiglia* (22 ottobre 1983), art. 4, c.

6. Papa GIOVANNI PAOLO II, *Messaggio per la giornata mondiale della pace 1990*, 12.

9. La relazione dello sviluppo e dell'ambiente con la crescita demografica è complessa e spesso tenue. Nelle recenti decadi il tasso di crescita demografica è calato in molte aree del mondo, mentre esso rimane alto in alcuni dei paesi meno sviluppati. La crescita demografica, in sé e per sé, è raramente la causa primaria dei problemi ambientali. In molti casi, c'è un nesso non causale tra il numero delle persone e il degrado dell'ambiente. Infatti, le nazioni meno popolate del nord sono direttamente o indirettamente responsabili per la maggior parte degli abusi dell'ambiente globale. Quindi, le politiche miranti alla riduzione della popolazione fanno ben poco per valutare a risolvere gli urgenti problemi dell'ambiente e dello sviluppo. Le vere soluzioni a questi problemi devono coinvolgere non solo una solida programmazione economica e la tecnologia, ma la giustizia per tutti i popoli della terra.

La Santa Sede è particolarmente preoccupata delle strategie che vedono nel declino della popolazione il fattore primario nel superamento dei problemi ecologici. I programmi per ridurre la popolazione, diretti e finanziati dalle nazioni sviluppate del nord, diventano facilmente una sostituzione della giustizia e dello sviluppo nelle nazioni in via di sviluppo del sud. Questi programmi evadono la questione della giusta distribuzione e dello sviluppo delle abbondanti risorse della terra. In più occasioni, la Santa Sede ha espresso la sua opposizione allo stabilimento di scopi o di obiettivi quantitativi riguardo alla popolazione, che comportano la violazione della dignità e dei diritti umani. Campagne sistematiche contro la nascita, dirette alle popolazioni più povere, possono perfino condurre alla «tendenza a un certo razzismo», o a «favorire l'applicazione di certe forme, egualmente razzistiche, di eugenismo».[7]

10. Le politiche e le strategie per proteggere l'ambiente devono anche rispettare il nucleo familiare, che è «il nucleo naturale e fondamentale della società e ha diritto alla protezione da parte

---

7. Papa GIOVANNI PAOLO II, *Sollicitudo rei socialis*, 25.

della società e dello stato».[8] La Santa Sede sottolinea che «la società e in particolar modo lo stato e le organizzazioni internazionali, devono proteggere la famiglia attraverso misure di carattere politico, economico, sociale e giuridico, che mirino a consolidare l'unità e la stabilità della famiglia, cosicché essa possa esercitare la sua funzione specifica».[9]

Conseguentemente, la Santa Sede si oppone a quelle strategie che in ogni modo tentano di limitare la libertà della coppia nel decidere l'ampiezza della famiglia o lo scaglionamento delle nascite.[10] Nelle relazioni internazionali, gli aiuti economici per il progresso dei popoli non dovrebbero essere condizionati dall'accettazione di programmi di contraccezione, sterilizzazione o aborto.[11] In questo modo, la Santa Sede difende i diritti umani delle donne e degli uomini nei paesi in via di sviluppo che sono soggetti a programmi di controllo della popolazione che non rispettano le loro coscienze, i loro diritti e la loro dignità, o le loro culture etniche e religiose.

Metodi di aborto chirurgici o farmaceutici continuano ad essere promossi come strumenti di controllo delle nascite nel contesto di politiche e di programmi miranti alla riduzione della popolazione. Tale pratica è contraria alla Raccomandazione 18 della Conferenza internazionale sulla popolazione svoltasi a Città del Messico nel 1984: vale a dire che l'aborto non dovrebbe essere promosso come un metodo di pianificazione familiare. La Santa Sede rifiuta i programmi di pianificazione familiare che includono l'aborto come metodo di pianificazione familiare o che spingono la coppia a usare la sterilizzazione o altri metodi di contraccezione che sono moralmente censurabili.

---

8. Cfr. *Dichiarazione universale dei diritti umani delle Nazioni Unite* 16, 3.
9. PONTIFICIO CONSIGLIO PER LA FAMIGLIA, *Carta dei diritti della famiglia*, Preambolo, I.
10. *Ibid.*, 3, a.
11. Cfr. *Intervento della Santa Sede alla Conferenza mondiale sulla popolazione del 1984*; cfr. anche Papa GIOVANNI PAOLO II, *Messaggio a Rafael M. Salas* (7 giugno 1984), 6.

2. Dichiarazione della Delegazione della Santa Sede

Tutti i popoli del mondo guardano con vivo interesse e grandi attese a questa Conferenza delle Nazioni Unite sull'ambiente e lo sviluppo. La sfida che si presenta alla comunità internazionale è quella di conciliare il dovere imperativo della tutela dell'ambiente con il diritto fondamentale di tutti i popoli allo sviluppo.

I. La centralità della persona umana

La Chiesa cattolica affronta sia la cura e la tutela dell'ambiente che tutti i problemi riguardanti lo sviluppo dal punto di vista della persona umana. È convinzione della Santa Sede, quindi, che tutti i programmi ecologici e tutte le iniziative di sviluppo debbano rispettare la piena dignità e libertà di chiunque sia interessato da tali programmi. Questi vanno visti in rapporto alle necessità degli uomini e delle donne di oggi, delle loro famiglie, dei loro valori, del loro unico retaggio sociale e culturale, della loro responsabilità nei confronti delle future generazioni. Poiché il fine ultimo dei programmi ambientali e di sviluppo è quello di migliorare la qualità della vita umana, occorre porre la creazione nel modo migliore possibile al servizio della famiglia umana.

Il fattore ultimo determinante è la persona umana. Non sono semplicemente la scienza e la tecnologia, né i crescenti mezzi di sviluppo economico e materiale, bensì la persona umana, e soprattutto gruppi di persone, comunità e nazioni, che scelgono liberamente di affrontare insieme i problemi, che, per volontà di Dio, determineranno il futuro.[12]

Il termine ambiente significa «ciò che circonda». Questa definizione postula l'esistenza di un centro attorno al quale esiste l'ambiente. Questo centro è l'essere umano, l'unica creatura di questo mondo che non solo è in grado di aver coscienza di sé e di

---

12. Cf. Papa GIOVANNI PAOLO II, *Discorso al Centro per l'ambiente dell'ONU a Nairobi* (18 agosto 1985).

quanto la circonda, ma ha il dono dell'intelligenza per esplorare, della sagacia per utilizzare, e che in ultima analisi è responsabile delle proprie scelte e delle conseguenze di tali scelte. La lodevole e accresciuta consapevolezza dell'attuale generazione verso tutti i componenti dell'ambiente e i conseguenti sforzi per tutelarli e proteggerli, invece di indebolire il posto centrale dell'essere umano, ne accentuano il ruolo e le responsabilità.

Allo stesso modo non si può dimenticare che l'obiettivo autentico di ogni sistema economico, sociale e politico e di ciascun modello di sviluppo è il progresso integrale della persona umana. Lo sviluppo è chiaramente qualcosa di molto più vasto di progressi economici misurati in termini di prodotto nazionale lordo. L'autentico sviluppo ha come criterio la persona umana con tutte le sue necessità, le giuste aspettative e i suoi fondamentali diritti.[13]

Complementare al rispetto per la persona e per la vita umana, è la responsabilità di rispettare tutta la creazione. Dio è creatore e pianificatore dell'intero universo. L'universo e la vita in tutte le sue forme sono una testimonianza del potere creatore di Dio, del suo amore, della sua costante presenza. Tutta la creazione ci ricorda il mistero dell'amore di Dio. Come ci dice il libro della Genesi: «Dio vide quanto aveva fatto, ed ecco, era cosa molto buona» (Gen 1,31).

II. La dimensione morale

Nei primissimi stadi che hanno condotto alla convocazione di questa conferenza, l'Assemblea generale ha sottolineato che «visto il carattere globale dei maggiori problemi ambientali, esiste un interesse comune da parte di tutti i paesi di mettere a punto

---

13. Cf. Papa GIOVANNI PAOLO II, *Discorso ai partecipanti alla XXI sessione della conferenza della FAO* (13 November 1981).

politiche volte a raggiungere uno sviluppo sostenibile ed ecologicamente sano nel contesto di un sano equilibrio ecologico».[14]

La Santa Sede è sempre stata e continua a essere molto interessata ai problemi che la conferenza sta discutendo. Nel corso delle laboriose fasi preparatorie, la delegazione della Santa Sede ha esaminato attentamente e con deferenza le numerose proposte di natura tecnologica, scientifica e politica che sono state avanzate e apprezza i contributi offerti dai numerosi partecipanti al processo. Fedele alla sua natura e alla sua missione, la Santa Sede ha continuato a sottolineare i diritti e i doveri, il benessere e le responsabilità di individui e società. Per la Santa Sede, i problemi dell'ambiente e dello sviluppo rappresentano, alla radice, questioni di natura morale ed etica, che comportano due obblighi: l'urgente imperativo di trovare soluzioni e l'ineludibile domanda che ogni soluzione proposta corrisponda a criteri di verità e giustizia.

«Teologia, filosofia e scienza concordano nella visione di un universo armonioso, cioè di un vero "cosmo", dotato di una sua integrità e di un suo interno e dinamico equilibrio. Questo ordine deve essere rispettato: l'umanità è chiamata a esplorarlo, a scoprirlo con prudente cautela e a farne poi uso salvaguardando la sua integrità».[15] Il Creatore ha posto gli esseri umani al centro della creazione, rendendoli amministratori responsabili, non despoti sfruttatori del mondo che li circonda. «D'altra parte, la terra è essenzialmente un'eredità comune, i cui frutti devono essere a beneficio di tutti. Ciò ha dirette implicazioni per il nostro problema. È ingiusto che pochi privilegiati continuino ad accumulare beni superflui dilapidando le risorse disponibili, quando moltitudini di persone vivono in condizioni di miseria, al livello minimo di sostentamento. Ed è ora la stessa drammatica dimensione del dissesto ecologico a insegnarci quanto la cupidigia e

---

14. Risoluzione 43/196 dell'Assemblea Generale ONU (20 dicembre 1988).
15. Papa Giovanni Paolo II, *Messaggio per la giornata mondiale della pace 1990*, 8.

Appendice 3

l'egoismo, individuali o collettivi, siano contrari all'ordine del creato, nel quale è inscritta anche la mutua interdipendenza».[16]

III. Gli obblighi derivanti: amministrazione e solidarietà

I concetti di un universo ordinato e di un comune retaggio indicano la necessità di sviluppare nel cuore di ciascun individuo e nelle attività di ogni società, un autentico senso di amministrazione e di solidarietà.

È dovere di un amministratore responsabile prendersi cura dei beni che gli sono stati affidati, non di appropriarsene; di custodirli e migliorarli, non di distruggerli e dissiparli. L'umiltà, non l'arroganza, deve essere il giusto atteggiamento dell'umanità vis-a-vis con l'ambiente. Le emozionanti scoperte del nostro secolo hanno consentito alla mente umana di penetrare con uguale successo tanto nell'infinitesimamente piccolo quanto nell'incommensurabilmente grande. I risultati sono stati ambivalenti, in quanto abbiamo costatato che, senza l'etica, la scienza e la tecnologia possono essere usate sia per uccidere che per salvare le vite, sia per manipolare che per nutrire, sia per distruggere che per costruire. Un'amministrazione responsabile esige la considerazione per il bene comune: non è consentito ad alcuna persona, ad alcun gruppo isolato di persone, determinare il proprio rapporto con l'universo. Il bene comune universale trascende qualsiasi interesse privato, tutti i confini nazionali, e giunge, al di là del momento presente, fino alle generazioni future.

Perciò la solidarietà diventa un urgente imperativo morale. Siamo tutti parte della creazione di Dio—viviamo come una famiglia umana. Tutto il creato è retaggio di ciascuno. Tutti ugualmente creati da Dio, chiamati a partecipare ai beni e alla bellezza dell'unico mondo, gli esseri umani sono chiamati a una solidarietà di dimensioni universali, «una solidarietà cosmica» animata dall'amore autentico che deriva da Dio. L'educazione

---

16. *Ibid.*

alla solidarietà è una necessità urgente del nostro tempo. Dobbiamo imparare nuovamente a vivere in armonia, non soltanto con Dio e tra di noi, ma con la stessa creazione. Il Cantico delle creature di san Francesco d'Assisi potrebbe giustamente diventare l'inno di una nuova generazione che ama e rispetta in un unico abbraccio il Creatore e tutte le creature di Dio.

L'amministrazione responsabile e l'autentica solidarietà non sono rivolte soltanto alla protezione dell'ambiente, ma, allo stesso modo, agli inalienabili diritti e doveri di tutti i popoli allo sviluppo. Le risorse della terra e i mezzi per accedervi e usarle devono essere saggiamente controllati e giustamente condivisi. Le esigenze di tutelare e proteggere l'ambiente non possono essere usate per impedire il diritto allo sviluppo, né lo sviluppo può essere invocato per sfruttare l'ambiente. Il compito di giungere a un giusto equilibrio è la sfida di oggi.

Gli scandalosi esempi di consumo e spreco di ogni tipo di risorsa da parte di pochi devono essere corretti al fine di garantire la giustizia e un ragionevole sviluppo a tutti, ovunque nel mondo. Papa Giovanni Paolo II ci ha ricordato che «l'austerità, la temperanza, l'autodisciplina e lo spirito di sacrificio devono informare la vita di ogni giorno, affinché non si sia costretti da parte di tutti a subire le conseguenze negative della noncuranza dei pochi».[17] I Paesi in via di sviluppo, nella loro legittima aspirazione di migliorare il proprio stato e di emulare i modelli esistenti di sviluppo, comprenderanno e si opporranno al pericolo che può occorrere alle proprie popolazioni e al mondo con l'adozione di strategie di crescita impostate su vasti sprechi, finora largamente impiegate, che hanno condotto l'umanità al punto in cui si trova.

Nuove risorse, la scoperta di nuovi materiali sostitutivi, sforzi decisi nella messa a punto di programmi di conservazione e di riciclaggio, hanno contribuito alla protezione delle riserve cono-

---

17. *Ibid.*, 13.

sciute; lo sviluppo di nuove tecnologie fa ben sperare in uno sfruttamento più efficiente delle risorse.

Per le nazioni in via di sviluppo, a volte ricche di risorse naturali, l'acquisizione e l'impiego di nuove tecnologie rappresenta una chiara necessità. Solo una giusta ripartizione globale della tecnologia renderà possibile il processo di un sostenibile sviluppo.

Quando si considerano i problemi dell'ambiente e dello sviluppo, occorre anche dare la giusta attenzione al complesso problema della popolazione. La posizione della Santa Sede riguardo alla procreazione viene spesso travisata. La Chiesa Cattolica non propone la procreazione a qualsiasi costo. Essa insiste sul fatto che la trasmissione della vita e la sua cura devono essere esercitate con un grandissimo senso di responsabilità. Essa riafferma la sua costante posizione che la vita umana è sacra; che è diritto dei coniugi decidere le dimensioni della famiglia e l'intervallo tra le nascite, senza pressioni da parte di governi od organizzazioni. Tale decisione deve rispettare pienamente l'ordine morale stabilito da Dio, tenendo conto della responsabilità degli sposi tra di loro, dei figli che già hanno e della società cui appartengono.[18] Ciò cui la Chiesa si oppone è l'imposizione di politiche demografiche e la promozione di metodi di limitazione delle nascite che sono contrari all'oggettivo ordine morale e alla libertà, dignità e coscienza dell'essere umano. Allo stesso tempo, la Santa Sede non considera le persone come semplici numeri, o soltanto in termini economici.[19] Essa afferma con forza la sua preoccupazione che i poveri non vengano considerati come se, per il solo fatto di esistere, fossero la causa, piuttosto che le vittime, della mancanza di sviluppo e del degrado ambientale.

---

18. Cf. Cardinal MAURICE ROY, *Messaggio a U Thant, Segretario-Generale dell'ONU nell'occasione dell'inizio della seconda decade di sviluppo* (19 novembre 1970).

19. Cf. Papa GIOVANNI PAOLO II, *Messaggio a Rafael M. Salas* (7 giugno 1984).

Per quanto grave sia il problema dell'interrelazione tra ambiente, sviluppo e popolazione, questo non può essere risolto in modo troppo semplicistico e molte delle più allarmanti previsioni si sono dimostrate false e sono state confutate da diversi studi recenti. «Le persone non nascono soltanto con bocche che chiedono di essere sfamate, ma anche con mani che possono produrre, e menti che sono in grado di creare e innovare».[20]

Per quanto riguarda l'ambiente, solo per fare un esempio, Paesi con solo il 5% della popolazione mondiale sono responsabili di oltre un quarto dell'emissione principale del gas che provoca l'effetto-serra, mentre Paesi che ospitano oltre un quarto della popolazione mondiale contribuiscono a un'emissione del 5% dello stesso gas.

Uno sforzo serio e concertato per la protezione dell'ambiente e la promozione dello sviluppo non sarà possibile, se non si affrontano direttamente le forme strutturali di povertà che esistono in tutto il mondo. L'ambiente viene distrutto e lo sviluppo arrestato dallo scoppio di guerre, quando i conflitti interni distruggono case, campi e fabbriche, quando situazioni intollerabili costringono milioni di persone a cercare disperatamente rifugio fuori dai propri Paesi, quando le minoranze sono oppresse, quando i diritti dei più deboli—donne, bambini, anziani e ammalati—sono ignorati o sfruttati. «Occorre... aiutare i poveri, cui la terra è affidata come a tutti gli altri, a superare la loro povertà, e ciò richiede una coraggiosa riforma delle strutture e nuovi schemi nei rapporti tra gli stati e i popoli».[21]

Infine la Santa Sede invita la comunità internazionale a scoprire e a proclamare che i problemi in esame hanno una dimensione spirituale. Gli esseri umani hanno bisogno e hanno il diritto di avere di più che aria e acqua pulite, di più che un progresso economico e tecnologico. Gli esseri umani sono anche

---

20. Prince Malthus, «Review and Outlook» in *Wall Street Journal*, 28 aprile 1992.
21. Papa Giovanni Paolo II, *Messaggio per la giornata mondiale della pace 1990*, 11.

fragili, e occorre suonare un allarme contro l'inquinamento delle menti e la corruzione dei cuori: sia nel mondo in via di sviluppo che in quello industrializzato. La diffusione dell'odio, della falsità e del vizio, il traffico e il consumo di stupefacenti, l'egoismo spietato che disprezza i diritti degli altri—perfino il diritto alla vita—sono tutti fenomeni che non possono essere misurati con strumenti tecnici, ma i cui effetti a catena distruggono gli individui e le società. Sforziamoci di dare a ogni uomo, donna e bambino, un sano e salubre ambiente fisico, uniamo le nostre forze per procurare loro delle reali opportunità di sviluppo, ma in questo processo non permettiamo che siano derubati delle loro anime. Similmente, anche il valore estetico dell'ambiente deve essere considerato e tutelato, aggiungendo in tal modo bellezza e ispirata espressione artistica alle attività dello sviluppo.

La Santa Sede considera questa conferenza una grande sfida e un'opportunità unica che i popoli del mondo stanno offrendo alla comunità internazionale. I problemi che il mondo di oggi deve affrontare sono molto seri e perfino minacciosi. Tuttavia l'occasione è a portata di mano. Evitando il confronto e impegnandosi nel dialogo onesto e nella solidarietà sincera, tutte le forze debbono unirsi in un'avventura positiva di ampiezza e collaborazione senza precedenti, che ridarà speranza alla famiglia umana e rinnoverà il volto della terra.

Rio de Janeiro, 5 giugno 1992.

✠ Renato R. Martino, Capo-delegazione

Appendice 4

Decalogo della saggia ecologia

(I) Ricorda con umiltà, che la Terra, con ogni altra Creatura, ti è stata affidata da Dio affinché tu viva, conosca, condivida, ami, con lode al Signore.

(II) Obbedisci alle Leggi del Creato senza piegarle ai tuoi interessi. Conoscile sempre di più ed applicale rispettando le norme esterne dell'etica universale.

(III) La Terra, con tutte le Creature, è il tuo unico ambiente di vita: non ti è dato averne altro. Impegnati affinché i governanti da te eletti non lo dimentichino mai.

(IV) Ispira al rispetto del Creato la tua condotta in tutte le occasioni ed educa in tal senso i tuoi figli.

(V) Opera affinché il tuo comportamento e quello della società sia rispettoso della vita in tutte le sue forme. Il tuo operare abbia cura di ogni specie vivente.

(VI) Non inquinare l'aria, l'acqua, né la terra. Esigi che la produzione ed il progresso avvengano secondo precise linee di sviluppo sostenibile.

(VII) Custodisci col tuo lavoro umano la creazione che ti è stata data. Diversifica e ricicla ogni scoria prodotta.

(VIII) Non consumare inutilmente, affinché ogni fratello possa condividere tutti i beni del Creato.

(IX) Non delegare ad altri ciò che tu puoi fare. Non dimenticare mai che l'amore di Dio e del prossimo sono supremo comandamento.

(X) Sorella natura vuole semplicemente forniti nove punti di riflessione, nel nome di San Francesco d'Assisi, per il tuo rapporto ed il tuo impegno con il Creato. Il decimo punto ti sia suggerito dalla tua esperienza.

Il *Decalogo della Saggia Ecologia* è stato predisposto dal Presidente dell'Associazione, Prof. Roberto Leoni, e dai Rev.mi Padri Nicola Giandomenico, Ofmconv e Gianmaria Polidoro, OFM, ed è stato definito nel Convegno svoltosi in Assisi il 6 marzo 1993, Il Diritto alla Natura I Diritti della Natura con l'approvazione di S. Ecc. Mons. Sergio Goretti, Vescovo di Assisi e di S. E. R. il Card. Silvio Oddi, Legato Pontificio.

Appendice 5

Dichiarazione di Venezia con Sua Santità Bartolomeo I

11 giugno 2002

Siamo qui riuniti oggi in spirito di pace, per il bene di tutti gli esseri umani e la protezione del creato. In questa epoca storica, all'inizio del terzo millennio, constatiamo con tristezza le sofferenze che un gran numero di persone patiscono ogni giorno a causa della violenza, della mancanza di risorse, della povertà e della malattia. Sono inoltre motivo di preoccupazione per noi quelle conseguenze negative che si riflettono sull'umanità e su tutto il creato, causate dalla degradazione di basilari risorse naturali come l'acqua, l'aria e la terra, e derivanti da un progresso economico e tecnologico incapace di riconoscere i suoi limiti e di tenerne conto.

Dio Onnipotente ha concepito un mondo di bellezza e d'armonia e Egli lo ha creato, facendo di ogni suo aspetto un'espressione della Sua libertà, della Sua saggezza e del Suo amore (cfr. Gen 1,1-25).

Al centro del creato, Egli ha posto noi, gli esseri umani, con la nostra inalienabile dignità. Sebbene siano molte le caratteristiche che condividiamo con gli altri esseri viventi, Dio onnipotente con noi è andato oltre. Egli ci ha dato un'anima immortale, fonte di autocoscienza e di libertà, doti intellettuali che ci rendono a Sua immagine e somiglianza (cfr. Gen 1,26-31; 2,7).

Contraddistinti da tale somiglianza, siamo stati posti da Dio nel mondo affinché collaborassimo con Lui nel realizzare sempre più pienamente il fine divino della creazione.

All'inizio della storia, l'uomo e la donna hanno peccato disobbedendo a Dio, rigettando il suo disegno sulla creazione. Una delle conseguenze di questo primo peccato è stata la distruzione dell'originaria armonia della creazione. Se esaminiamo attentamente la crisi sociale ed ambientale affrontata attualmente dalla comunità mondiale, dobbiamo concludere che continuiamo a tradire il mandato affidatoci da Dio: essere servitori, chiamati a collaborare con Lui, e che vegliano in santità e con saggezza sulla creazione.

Dio non ha abbandonato il mondo. Egli vuole che il suo disegno e la nostra speranza in esso si realizzino per mezzo della nostra collaborazione nel ristabilire la sua originaria armonia. Nel nostro tempo assistiamo alla crescita di una consapevolezza ecologica, che deve essere incoraggiata affinché essa si attui in programmi ed iniziative pratiche. Da una consapevolezza della relazione tra Dio ed il genere umano deriva un senso più profondo dell'importanza della relazione tra il genere umano e l'ambiente naturale, cioè la creazione di Dio, che Dio ha affidato al genere umano affinché esso possa custodirla con saggezza ed amore (cfr. Gen 1,28).

Il rispetto della creazione deriva dal rispetto per la vita e la dignità umana. Soltanto se riconosciamo che il mondo è creato da Dio possiamo discernere un ordine morale oggettivo entro il quale articolare un codice di condotta ambientale. In questa prospettiva, i cristiani e tutti gli altri credenti hanno una funzione specifica nel proclamare i valori morali e nell'educare le persone ad una consapevolezza ecologica, la quale non è altro che la responsabilità assunta nei confronti di se stessi, nei confronti degli altri e nei confronti della creazione.

Occorre un atto di pentimento da parte nostra, ed il rinnovato tentativo di considerare noi stessi, di considerarci l'un l'altro, e di considerare il mondo che ci circonda, nella prospettiva del disegno divino sulla creazione. Il problema non è meramente economico e tecnologico; esso è di ordine morale e spirituale. Si può trovare una soluzione, al livello economico e tecnologico, soltanto se nell'intimo del nostro cuore si verificherà un cambiamento quanto più possibile radicale, che potrà indurci a cambiare il nostro stile di vita, ed i nostri insostenibili modelli di consumo e produzione. Una genuina conversione in Cristo ci permetterà di cambiare i nostri modi di pensare e di agire.

In primo luogo dobbiamo riacquistare l'umiltà, riconoscere i limiti delle nostre forze e, ciò che è più importante, i limiti della nostra conoscenza e della nostra capacità di giudizio. Abbiamo preso decisioni, intrapreso azioni ed attribuito valori, che ci stanno discostando da come dovrebbe essere il mondo, ci stanno allontanando dal disegno di Dio sulla creazione, da tutto ciò che è essenziale per la salute del pianeta e della comunità umana. Occorre un modo nuovo di affrontare le cose ed una nuova cultura, che si basino sulla centralità della persona umana nel creato, e che si ispirino ad un comportamento etico nei confronti dell'ambiente che si fondi sulla nostra triplice relazione a Dio, a noi stessi e alla creazione. Una tale etica incoraggia l'interdipendenza e sottolinea i principi della solidarietà universale, della giustizia sociale e della responsabilità, in vista di promuovere una vera cultura della vita.

In secondo luogo, dobbiamo ammettere con franchezza che l'umanità ha diritto a qualcosa di più di ciò che vediamo intorno a noi. Noi, ed ancora di più i nostri figli e le future generazioni, hanno diritto ad un mondo migliore, un mondo esente dal degrado, dalla violenza, dallo spargimento di sangue, un mondo di generosità e di amore.

In terzo luogo, consapevoli del valore della preghiera, dobbiamo implorare da Dio Creatore che egli illumini tutte le genti, ovunque esse siano, affinché esse sentano il dovere di rispettare e salvaguardare con cura la creazione.

Invitiamo dunque, tutti gli uomini e tutte le donne di buona volontà a riflettere sull'importanza dei seguenti obiettivi etici:

1. Pensare ai bambini del mondo quando riflettiamo sulle nostre scelte e le valutiamo prima di agire.
2. Essere disposti a studiare i veri valori basati sulla legge naturale che costituisce il fondamento di ogni cultura umana.
3. Adoperare pienamente ed in modo costruttivo scienza e tecnologia, riconoscendo nel contempo che le acquisizioni della scienza vanno sempre valutate alla luce della centralità della persona umana, del bene comune e dello scopo profondo della creazione. La scienza può aiutarci a correggere gli errori del passato, nell'intento di accrescere il benessere spirituale e materiale delle generazioni presenti e future. L'amore per i nostri figli ci mostrerà la strada da seguire in futuro.
4. Essere umili circa l'idea del possesso, e aperti alle domande che vengono rivolte al nostro senso di solidarietà. La nostra condizione mortale e la debolezza dei nostri giudizi ci ammoniscono a non intraprendere azioni irreversibili nei confronti di ciò che scegliamo di considerare come nostra proprietà durante il nostro breve transito su questa terra. Non ci è stato dato un potere illimitato sulla creazione; noi siamo soltanto persone che sono a servizio di una eredità comune.
5. Riconoscere la diversità delle situazioni e delle responsabilità nell'opera che tende a migliorare l'ambiente del mondo. Non ci aspettiamo che ogni persona ed ogni istituzione assumano un identico fardello. Ciascuno ha una funzione da svolgere, ma nel rispetto delle esigenze di giustizia e di carità, le società più floride debbono sopportare i pesi più grandi, e ad esse si richiede un sacrificio più grande di quello che possono fare i poveri. Le religioni, i governi, e le istituzioni affrontano situazioni molto diverse tra loro; tuttavia, sulla base del principio della sussidiarietà, tutti loro possono assumere alcuni dei compiti, vale a dire una parte dello sforzo condiviso.
6. Promuovere un approccio pacifico per quanto riguarda il disaccordo esistente su come convenga vivere su questa terra,

Appendice 5 307

come condividerla, come usarla, ciò che è necessario cambiare, e ciò che deve restare immutato. Non desideriamo eludere le controversie relative all'ambiente, poiché crediamo nella capacità della ragione umana e nella via del dialogo per raggiungere un accordo. Ci impegniamo a rispettare i punti di vista di tutti coloro che non sono d'accordo con noi, e a ricercare nel contempo delle soluzioni attraverso uno scambio sincero, e senza fare ricorso all'oppressione o alla violenza.

Non è troppo tardi. Il mondo di Dio ha un incredibile potere di guarigione. Nell'arco di una sola generazione, potremmo imprimere alla terra il giusto orientamento per il futuro dei nostri figli. Esprimiamo l'auspicio che sia la nostra generazione, quella di oggi, a farlo, con l'aiuto e con la benedizione di Dio.

Appendice 6

Carta deontologica dello sviluppo sostenibile

Charta di Castelfranco Veneto
17 Maggio 1996

- L'Uomo e la natura sono in un indissolubile rapporto sinergico. L'Uomo ha il dovere etico di esser attento custode dell'ambiente.
- Ogni intervento dell'Uomo sull'ambiente dovrà tener conto di quanto sopra affermato e quindi esser realizzato secondo rigorosi principi di competenza scientifica, di valutazione socio-economica, di riflessione culturale.
- Nessuno può arrogarsi il diritto di porre in essere interventi secondo un'ottica meramente produttivistica.
- Nessuno può arrogarsi il diritto di dichiararsi pregiudizialmente contrario all'intervento umano sulla natura.
- Le problematiche dello sviluppo sostenibile dovranno essere affrontate prescindendo da emotività e da interessi ideologici e di parte.
- La conservazione della natura non potrà più esser intesa come statica; occorre maturare il concetto di conservazione dinamica.
- Per ogni opera umana si dovrà essere consapevoli dei fattori di squilibrio che essa introduce e prevedere precisi interventi di riequilibrio.

- Si dovrà rinunciare a quelle opere per le quali si valuti oggettivamente che i fattori di squilibrio siano talmente grandi da non poter esser sostenibili.
- La conservazione della natura dovrà sempre di più divenire preciso dovere di ogni uomo. Si dovrà pertanto svolgere un'azione formativa costante in questo senso nella famiglia, nella scuola e nella società.
- La prospettiva dello sviluppo sostenibile, espressione che vuole qui sintetizzare tutti precedenti punti, dovrà esser quindi quella della frugalità e della condivisione, per dar luogo ad una società eticamente orientata.

La Charta è stata redatta da Roberto Leoni, Presidente di Sorella Natura, sulla base dei risultati del Convegno Nazionale: Grandi Opere, per l'Uomo e la Natura—dai no pregiudiziali ai si meditati, svoltosi a Milano il giorno 1 Ottobre 1994. È stata definita ed approvata dal Convegno Nazionale tenuto il 17 maggio 1996, a Castelfranco Veneto.

APPENDICE 7

Decalogo di S. E. R. Mons. Giampaolo Crepaldi

Nel corso di un Convegno su «Etica ambiente» che si è svolto il 7 novembre 2005 presso l'Università Europea di Roma, è stato presentato da monsignor Giampaolo Crepaldi, Segretario del Pontificio Consiglio della Giustizia e della Pace, un decalogo che esprime l'insegnamento della Dottrina Sociale della Chiesa cattolica in campo ambientale:

1) La Bibbia deve dettare i principi morali fondamentali del disegno di Dio sul rapporto tra uomo e creato.
2) Bisogna sviluppare una coscienza ecologica di responsabilità verso il creato e vero l'umanità.
3) La questione ambientale coinvolge l'intero pianeta, perché è un bene collettivo.
4) Bisogna ribadire il primato dell'etica e dei diritti dell'uomo sulla tecnica.
5) La natura non va considerata come realtà a sé stante, divina e sottratta all'azione umana.
6) I beni della terra sono stati creati da Dio per il bene di tutti. Va sottolineata la destinazione universale dei beni.
7) Il bisogno di collaborare allo sviluppo ordinato delle regione più povere.
8) La collaborazione internazionale il diritto allo sviluppo all'ambiente ed alla pace vanno considerati nelle varie legislazioni e devono avere un contenuto giuridico.

9) L'adozione di nuovi stili di vita più sobri.
10) Bisogna fornire una risposta a livello di spiritualità che non sia quella dell'adorazione della natura.

APPENDICE 8

UNESCO: Dichiarazione Universale dei Diritti dell'Animale

Il testo della Dichiarazione Universale dei Diritti dell'animale è stato adottato dalla Lega Internazionale dei Diritti dell'Animale e dalle Leghe Nazionali affiliate nel corso della Riunione Internazionale sui Diritti dell'Animale tenutasi a Londra dal 21 al 23 settembre 1977. Rappresenta un esempio palese di animalismo, ossia la riduzione dell'essere umano al livello degli animali, attraverso l'elevazione dell'animale alla dignità umana.

Preambolo

- Considerato che ogni animale ha dei diritti;
- considerato che il disconoscimento e il disprezzo di questi diritti hanno portato e continuano a portare l'uomo a commettere crimini contro la natura e contro gli animali;
- considerato che il riconoscimento da parte della specie umana del diritto all'esistenza delle altre specie animali costituisce il fondamento della coesistenza delle specie nel mondo;
- considerato che genocidi sono perpetrati dall'uomo e altri ancora se ne minacciano;
- considerato che il rispetto degli animali da parte degli uomini è legato al rispetto degli uomini tra loro;

- considerato che l'educazione deve insegnare sin dall'infanzia a osservare, comprendere, rispettare e amare gli animali. Si proclama:

Art. 1

Tutti gli animali nascono uguali davanti alla vita e hanno gli stessi diritti all'esistenza.

Art. 2

a) Ogni animale ha diritto al rispetto; l'uomo, in quanto specie animale, non può attribuirsi il diritto di sterminare gli altri animali o di sfruttarli violando questo diritto. Egli ha il dovere di mettere le sue conoscenze al servizio degli animali; ogni animale ha diritto alla considerazione, alle cure e alla protezione dell'uomo.

Art. 3

a) Nessun animale dovrà essere sottoposto a maltrattamenti e ad atti crudeli; b) se la soppressione di un animale è necessaria, deve essere istantanea, senza dolore, né angoscia.

Art. 4

a) Ogni animale che appartiene a una specie selvaggia ha diritto a vivere libero nel suo ambiente naturale terrestre, aereo o acquatico e ha il diritto di riprodursi;
Ogni privazione di libertà, anche se a fini educativi, è contraria a questo diritto.

Appendice 8

Art. 5

a) Ogni animale appartenente ad una specie che vive abitualmente nell'ambiente dell'uomo ha diritto di vivere e di crescere secondo il ritmo e nelle condizioni di vita e di libertà che sono proprie della sua specie;
b) Ogni modifica di questo ritmo e di queste condizioni imposta dall'uomo a fini mercantili è contraria a questo diritto.

Art. 6

a) Ogni animale che l'uomo ha scelto per compagno ha diritto ad una durata della vita conforme alla sua naturale longevità;
b) L'abbandono di un animale è un atto crudele e degradante.

Art. 7

Ogni animale che lavora ha diritto a ragionevoli limitazioni di durata e intensità di lavoro, ad un'alimentazione adeguata e al riposo.

Art. 8

a) La sperimentazione animale che implica una sofferenza fisica o psichica è incompatibile con i diritti dell'animale sia che si tratti di una sperimentazione medica, scientifica, commerciale, sia di ogni altra forma di sperimentazione;
b) Le tecniche sostitutive devono essere utilizzate e sviluppate.

Art. 9

Nel caso che l'animale sia allevato per l'alimentazione deve essere nutrito, alloggiato, trasportato e ucciso senza che per lui ne risulti ansietà e dolore.

Art. 10

a) Nessun animale deve essere usato per il divertimento dell'uomo;
b) Le esibizioni di animali e gli spettacoli che utilizzano degli animali sono incompatibili con la dignità dell'animale.

Art. 11

Ogni atto che comporti l'uccisione di un animale senza necessità è un biocidio, cioè un delitto contro la vita.

Art. 12

a) Ogni atto che comporti l'uccisione di un gran numero di animali selvaggi è un genocidio, cioè un delitto contro la specie;
b) L'inquinamento e la distruzione dell'ambiente naturale portano al genocidio.

Art. 13

a) L'animale morto deve essere trattato con rispetto;
b) Le scene di violenza di cui gli animali sono vittime devono essere proibite al cinema e alla televisione a meno che non abbiano come fine di mostrare un attentato ai diritti dell'animale.

Art. 14

a) Le associazioni di protezione e di salvaguardia degli animali devono essere rappresentate a livello governativo;
b) I diritti dell'animale devono essere difesi dalla legge come i diritti dell'uomo.

Bibliografia

Giovanni Paolo II, *Pace con Dio Creatore, Pace con tutto il creato* (Messaggio per la Giornata Mondiale della Pace, 1 gennaio 1990).

Benedetto XVI, *Se vuoi coltivare la pace, custodisci il creato* (Messaggio per la Giornata Mondiale della Pace 2010).

Aa.Vv., *Energy for Survival and Development*, Scripta Varia 57, Pontificia Accademia delle Scienze, Città del Vaticano 1986.

Aa.Vv., *A Modern Approach to the Protection of the Environment*, Scripta Varia 75, Pontificia Accademia delle Scienze, Città del Vaticano 1988.

Aa.Vv., *Man and his environment. Tropical Forests and the Conservation of Species* Scripta Varia 84, Pontificia Accademia delle Scienze, Città del Vaticano 1994.

Aa.Vv., *La questione ecologica*, A.V.E., Roma 1989.

Aa.Vv., *La responsabilità ecologica*, Studium, Roma 1991.

Aa.Vv., *Ambiente e Tradizione Cristiana*, Morcelliana, Brescia 1990.

Aa.Vv., *Creation. The Month* 23/11, November 1990, pp. 416–471.

Aa.Vv., *Christianity and Ecology*, Cassell, London 1992.

Aa.Vv., *Ecclesia* (Revista de Cultura Catolica) 7/3 (1993). In particolare gli articoli di: R. Lucas, pp. 233–247; P. Haffner, pp. 249–258; A. Gaspari, pp. 259–270; J. Garcia, pp. 271–292; documenti del Magistero, pp. 327–350.

Aa.Vv., *Priests and People* 9/2, February 1995.

Auer, A., *Etica dell'ambiente*, Queriniana, Brescia 1988.

Idem, *Umweltethik. Ein theologischer Beitrag zur ökologischen Diskussion* (Patmos Verlag, Düsseldorf 1984).

Bailey, R. (Ed)., *The True State of the Placet*, The Free Press, New York 1995.

Bastaire, H. & J., *Per un'ecologia Cristiana*, edizioni Lindau, Torino 2008.

Beltrão, P. C., *Ecologia umana e valori etico-religiosi*, Editrice Pontificia Università Gregoriana, Roma 1985.

Bianchi, E., *Le ragioni cristiane dell'ecologia*, Editrice San Liberale, Treviso 2003.

Brembati, F., *La tutela dell'ambiente nell'ordinamento comunitario*, Università degli Studi di Roma «La Sapienza», Roma 1980.

Caldecott, S., «Cosmology, eschatology, ecology: some reflections on Sollicitudo Rei Socialis», in *Communio* (American edition) 15(1988), pp. 305–318.

Caprioli, A. & Vaccaro, L. (editori), *Questione ecologica e coscienza cristiana*, Morcelliana, Brescia 1988.

Carlo, G.L. & Schram, M., *Cell Phones: Invisible Hazards in the Wireless Age: An Insider's Alarming Discoveries About Cancer and Genetic Damage*, Carroll & Graf, New York 2001.

Cascioli, R., *Il complotto demografico, Il nuovo colonialismodelle grandi potenze economiche e delle organizzazioni umanitarie per sottomettere i poveri del mondo*, Piemme, Casale Monferrato 1996.

Cascioli R. & Gaspari A., *Le Bugie degli Ambientalisti 1*, Piemme, Casale Monferrato 2004.

Idem, *Le Bugie degli ambientalisti 2*, Piemme, Casale Monferrato 2006.

Idem, *I padroni del pianeta. Le bugie degli ambientalisti su incremento demografico, sviluppo globale e risorse disponibili*, Piemme, Casale Monferrato 2009.

Idem, *2012. Catastrofismo e fine dei tempi*, Piemme, Casale Monferrato 2010.

Climati, C., *I giovani e l'esoterismo*, Paoline Editoriale Libri, Milano 2001.

Conferenza Episcopale Lombardia, *La questione ambientale*, Centro Ambrosiano, Milano 1988.

COMPOSTA, D., «Ecologia y antropologia», in *Verdad y Vida* 43(1985), pp. 117-129.

COSENTINO, A. M., *Questione ecologica e controllo delle nascite. Quale futuro per l'uomo?*, IF Press, Roma 2011.

CRAMPSEY, J., «Look at the Birds of the Air... *The Way* 31/4 (1991), pp. 286-294.

DAMIEN, M., *Gli animali, l'uomo e Dio*, Piemme, Casale Monferrato 1987.

IDEM, *L'animal, l'homme e Dieu*, Cerf, Paris 1978.

DELISE, E., *La Chiesa cattolica, dal Vaticano II ad oggi: verso un impegno concreto per la salvaguardia dell'ambiente*, Università degli Studi di Urbino, Urbino 2008.

EDITORIALE, «Chi è responsabile dell'attuale degrado ecologico? Ecologia e morale» in *Civiltà Cattolica* 141/I (1990), pp. 105-118.

EDITORIALE, «Ecologismo e cristianesimo. Convergenze e divergenze» in *Civiltà Cattolica* 141/I (1990), pp. 214-227.

ENGLAND, R., *The Unicorn in the Sanctuary. The Impact of the New Age on the Catholic Church*, Trinity Communications, Manasses, Va. 1990.

FACCHINI, F., «Ecologia» in G. TANZELLA-NITTI & A. STRUMIA (a cura di), *Dizionario Interdisciplinare di Scienza e Fede*, Urbaniana University Press—Città Nuova, Roma 2002, pp. 433-445.

FARICY, R., *Vento e mare obbeditegli*, Cittadella, Assisi 1984.

IDEM, *Wind and sea obey Him*, SCM, London 1982.

FEDERATION OF ASIAN BISHOPS CONFERENCES, «Love for creation: An Asian Response to the Ecological Crisis», in *Catholic International* 4/6 (June 1993) pp. 269-272.

GARGANTINI, M., *I Papi e la scienza*, Jaca Book, Milano 1985), pp. 233-241.

GASPARI, A., *Profeti di Sventura. No Grazie!*, 21mo Secolo, Milano 1997.

GIANNONI, P., *La creazione. Oltre l'antropocentrismo*, Messagero, Padova 1993.

GUROIAN, V., «Toward ecology as an ecclesial event: Orthodox theology and ecological ethics», in *Communio* 18/1 (Spring 1991), pp. 89–110.

HAFFNER, P., *Mystery of Creation*, Gracewing, Leominster 1995.

IDEM, *Il mistero della creazione*, LEV, Città del Vaticano 1999.

IDEM, *Verso una teologia dell'ambiente*, ART, Roma 2007.

IDEM, «L'eredità ecologica di Papa Giovanni Paolo II e la bioetica» in *Studia Bioethica* 1/1 (2008), pp. 25–31.

IDEM, *Towards a Theology of the Environment*, Gracewing, Leominster 2008.

IDEM, *Por uma teologia do meio ambiente*, Edipucrs, Porto Alegre 2008.

HODGSON, P. E., *Our Nuclear Future*, Christian Journals Ltd., Belfast 1983.

HONINGS, B., «Coscienza ecologica e scelte etiche» in *Lateranum* 58 (1992), pp. 289–307.

HOUGH, A., *God is not «Green». A Re-examination of Eco-theology*, Gracewing, Leominster 1997.

JAKI, S. L., «Ecology or Ecologism», in S. L. JAKI, *Patterns or Principles and Other Essays*, Intercollegiate Studies Institute, Bryn Mawr 1995), pp. 26–49.

IDEM, *The Savior of Science*, Regnery Gateway, Washington, D.C. 1988.

IDEM, *Il Salvatore della Scienza*, LEV, Città del Vaticano 1992.

JONAS, H., *Il principio responsabilità*, Einaudi, Torino 1993.

IDEM, *Dalla fede antica all'uomo tecnologico*, Il Mulino, Bologna 1991.

JESUIT SOCIAL JUSTICE SECRETARIAT, «We live in a broken world. Reflections on Ecology» in *Promotio Iustitiae* 70 (April 1999).

JESUIT SOCIAL JUSTICE SECRETARIAT, «Ricomporre un mondo frantumato. Task force sull'ecologia» in *Promotio Iustitiae* 106/2 (2011).

KEENAN, M., *Care for Creation. Human Activity and the Environment*, Pontifical Council for Justice and Peace, Vatican City 2000.

KOENIG-BRICKER, W., *Ten Commandments for the Environment: Pope Benedict XVI Speaks Out for Creation and Justice*, Ave Maria Press, Notre Dame, IN 2009.

LACHANCE, A.J. & CARROLL, J. E. (edd.), *Embracing Earth. Catholic Approaches to Ecology*, Orbis Books, Maryknoll 1994.

LARCHER, L., *Il volto oscuro della Ecologia. Che cosa nasconde la più grande ideologia del XXI secolo?*, Lindau, Torino 2009.

LUCAS, R., «Desafio ecologico: implicaciones antropologicas» in *Gregorianum* 74/4 (1993), pp. 711–724.

MOLTMANN, J., *Dio nella creazione. Dottrina ecologica della creazione*, Queriniana, Brescia 1986.

MORANDINI, S., *Nel tempo dell'ecologia. Etica teologica e questione ambientale*, EDB, Bologna 1999.

MURPHY, C. M., *At Home on Earth. Foundations for a Catholic Ethic of the Environment*, Crossroad, New York 1989.

PANTEGHINI, G., *Il Gemito della Creazione*, Edizioni Il Messaggero, Padova 1992.

PAREDES, G., «Ecologia y vida consagrada» in *Claretianum* 31 (1991), pp. 295–325.

PETRINI, C., *Bioetica, Ambiente, Rischio*, Logos Press, Roma 2002.

PIACENTINI, E., *Ecologia Francescana. Approccio morale al problema ecologico agli albori del terzo millennio*, Bannò, Roma 2002.

PILLA, A.M., «Reverence and Responsability. Pastoral Letter on the Environment» in *Catholic International* 2/3 (1991), pp. 116–122.

PRZEWOZNY, B., *La visione cristiana dell'ambiente. Testi del Magistero Pontificio*, Giardini, Pisa 1991.

RAMELLINI, P., *Linee di etica ambientale*, Paoline, Milano 2006.

RAY, D. L., *Trashing the Planet*, Harper Collins, New York 1992.

RUSSO, R. V., «All Creation, Praise the Lord», in *Catholic Near East* 18/3 (July 1992), pp. 12–13.

SGRECCIA, E. & FISSO, M. B. (a cura di), *Etica dell'ambiente*, Università Cattolica del Sacro Cuore, Roma 1997.

SOUTHGATE, C. ET AL., *God, Humanity and the Cosmos. A Textbook in Science and Religion*, Trinity Press International, Harrisburg, Pa 1999.

STEWART, C., «The Greening of Asceticism» in *The Way* 31/4 (1991), pp. 303–312.

TETTAMANZI, D., *Nuova Bioetica Cristiana*, Piemme, Casale Monferrato 2000, pp. 468–484.

THILS, G., *Théologie des réalités terrestres*, Desclée, Bruges–Paris 1947.

WARD, B. & DUBOS, R., *Una sola terra*, Mondadori, Vicenza 1973.

IDEM, *Only one earth*, Penguin, Harmondsworth 1972.

WHELAN, R., KIRWAN, J. & HAFFNER, P., *The Cross and the Rainforest*, Eerdmans, Grand Rapids 1996.

IDEM, *Ecología Humana. Respuesta Cristiana al Ambientalismo Radical*, Libertad y Desarrollo, Santiago de Chile 1999.

ZIZIOULAS, I., *Il creato come eucaristia. Approccio teologico al problema dell'ecologia*, Qiqajon, Magnano 1994.

ZUNZUNEGUI, J. M., «Clamor del Papa por la naturalezza» in *Vida Neuva* 1720 (Enero) 1990, pp. 23–30.

Indice dei nomi

Adamo, 116, 138, 177, 205, 209, 212, 225
Adessa, F., 94
Agostino, s., 188, 202, 235, 239
Ammann, C., 31
Améry, C., 182
Annan, K., 83
Anselmo, s., 188
Apel, K. O., 230
Aristotele, 179
Arndt, M., 59
Auer, A., 72-73

Bardulla, E., 184
Barth, K., 222-223
Basten, T., 6
Beltrão, P. C., 72-73
Benedetto, 177-178
Benedetto XVI, Papa, 103, 135-152, 226, 245
Bernardo di Chiaravalle, s., 247
Berry, T., 69-70
Bianchi, E., 216
Biffi, cardinale G., 207
Boezio, 224
Boff, L., 70
Bonaventura, s., 165, 188
Bonora, A., 196-198
Bourdieu, P., 54
Boutros-Ghali, B., 82
Bryant, E., 12
Bultmann, R., 222
Butler, G. C., 12

Caldecott, S., 46
Capra, F., 182
Caprioli, A., 53, 183-184, 188, 196-198
Carson, R., 52, 59
Carter, A. 45
Cartesio, R., 180
Cascioli, 80-81, 84, 90, 96-97
Cavalcoli, G., 203
Cheney, J., 183
Chinmoy, S., 82
Clark, C., 45
Climati, C., 94
Coase, R., 56
Colombatto, E., 56
Commoner, B., 63
Cullmann, O., 221
Cuénot, C., 68

Daly, M., 62
Damien, M., 202, 213
Darrè, R. W., 60
Darwin, C., 75, 211
Davis, 12, 28
Dawkins, R., 192, 211
Delise, E., 228
Derrida, J., 54
Deschamps, L., 24
Diamond, I., 183
Douglass, H., 28-29
Draper, G., 4

Easterbrook, D. J., 32
Eckhart, Meister, 71
Efrem, s., 177
Eraclito, 144
Eva, 116, 254
Ezechiele, 190

Faggioni, P., 229
Faricy, R., 212, 246
Fiorenza, vescovo J. A., 97
Flynn, 65, 85, 96
Foucault, M., 54
Fox, M., 71-72, 246
Francesco d'Assisi, s., 93-94, 106, 109, 111, 118-120, 127, 137, 177-178, 249
Frank, A., 213
Frei, P., 8
Freud, S., 211
Fuchs, F., 60

Galot, J., 203
Gargantini, M., 53, 107
Gaspari, A., 65, 80-81, 89, 95-96
Geremia, 211
Giaccai, F., 40
Giannoni, P., 228
Giobbe, 250
Giosuè, 190
Giovanni Crisostomo, s., 170
Giovanni Paolo II, Papa b., 47, 74-75, 93, 108-114, 116, 118-119, 121-122, 124-130, 138, 146, 165, 167, 178, 201-202, 208-210, 217, 225-226, 232-233, 235, 238, 245

Giovanni XXIII, Papa b., 238-239
Girolami, P., 231
Glendon, M. A., 139
Golser, K., 231
Gonzalez, vescovo C., 160
Gorbačëv, M., 82-83
Gore, A., 86-87
Gregorio di Nissa, s., 127, 170, 247
Greshake, G., 188, 220, 224
Guerrieri Ciaceri, E., 57
Guroian, V., 174

Haeckel, E. H., 58-60, 75
Haffner, P., 100, 180, 183, 186, 204-205, 225
Harris, A., 6
Hegel, G. W. F., 100, 181
Hegerl, G. C., 31
Heidegger, M., 60
Henrici, vescovo P., 73
Hentschel, W., 59
Hess, R., 60
Hildegard von Bingen, s., 71, 253-254
Himmler, H., 60
Hitler, A., 60, 98
Hoel, D. G., 12
Humboldt, A. von, 75
Hutchinson, G., 59
Huxley, A., 79
Huxley, T. H., 211

Ignazio d'Antiochia, s., 225
Ignazio di Loyola, s., 254-256
Ignazio IV Hazim, 260
Ireneo, s., 194, 208-209

Indice dei nomi

Jaki, S. L., 52, 101, 178–180, 205
Johansen, C., 8
Jonas, H., 45, 230

Kalecki, M., 46
Kant, I., 180, 192, 200
Kasper, cardinale W., 183
Keenan, suor M., 167
Kirwan, J., 183
Klages, L., 60
Knappenberger, P. C., 28–29
Kolbert, E., 80
Kroll, M. E., 4

Lacan, J., 54
Langé, S., 73
Larcher, L., 55
Leontief, W., 45
Lewis, C. S., 79
Lindeman, R. L., 59
Lindzen, R. S., 31
Lohfink, 197, 220, 223–224
Lorenzetti, L., 232
Lotka, A. J., 59
Lubac, cardinale H. de, 66
Lubbers, R., 82

Macario, s., 1
Magnano, 174, 226
Marello, G., 40
Maria, Madre di Dio, 203–204, 205, 253–254
Martini, cardinale C. M., 73
Martino, cardinale R., 48, 74
Marx, fratelli, 100
Marx, K., 181
Massimo il Confessore, s., 173, 214–215

Mele, V., 228
Michaels, P. J., 28–29
Mohr, L. C. Jnr., 12
Moltmann, J., 222
Morandini, S., 229
Muller, R., 82
Murdock, D., 88
Murphy, C. M., 52

Naess, A., 182
Network, I., 88
Newman, b. J. H., 224
Nicholas, J. S., 12
Nicola di Cusa, cardinale, 71
Nietzsche, F. W., 99
Nucci, A., 83, 95

Odom, R., 88
Olsen, J. H., 8
Origene, 216, 247
Orwell, G., 79
Osea, 211
Ostwald, W., 59
Oxenham, M., 82

Paolo, s., 136, 169, 188, 204, 207–210, 212, 215, 251
Paolo VI, Papa, 105–107, 126, 212–213
Passmore, J., 182
Pearl, R., 59
Pearson, B. D., 29
Petri, P., 45
Petrov, Protoierej G., 51, 79, 153, 218, 227, 251, 253, 260
Philippe de la Trinité, padre, 67
Pietro Abelardo, 257
Pio XII, Papa, 103–105

Plinio, 103
Plunkett, J. M., 252
Ponzio Pilato, 205
Poulsen, A. H., 8
Poupard, cardinale P., 178, 235
Profit, J., 115, 255

Ratzel, F., 59
Ray, D. L., 51
Reiter, W., 75
Riehl, W. H., 59-60
Rockefeller, S. C., 82
Rosenberg, A., 60
Ruse, A., 82-83
Ruether, R. R., 62-63

Saint-Hilaire, G., 75
Salby, M., 24
Sale, K., 22, 24, 30, 33, 57
Sanger, M., 98
Sartarelli, E., 41
Schimper, A. F., 75
Schoenichen, W., 60
Schüssler Fiorenza, E., 62
Schüz, J., 8
Semper, K., 75
Sgreccia, cardinale E., 228
Simon, 45, 87
Singer, P., 87
Singer, S. F., 28-29
Slobodkin, L. B., 59
Smith, K. D., 86
Smith, R. L., 86-87
Spengler, O., 60
Starhawk, 64, 72
Stather, J., 6
Staudenmaier, P., 60
Steding-Jessen, M., 8

Strong, M., 82-83
Surén, H., 60
Swanson, J., 4

Tansley, A., 59
Teilhard de Chardin, P., 66-69, 100, 221
Teodoreto di Ciro, s., 189-190
Titova, E., 24
Tommaso d'Aquino, s., 149, 197, 199, 203, 235, 239

Vaccaro, L., 53, 183-184, 188, 196-198
Vacher de Lapouge, G., 59
Vernadsky, V., 59
Verriere, J., 45
Vial Correa, J., 228
Vincent, T., 4

Warming, J. E. B., 29, 31, 75
Weber, M., 185
Whelan, R., 183
White, L., 181-182
Wiesenthal, S., 87

Zedillo, E., 31
Zizioulas, metropolita I., 174, 226
Zuidema, Mallory, 3
Zuidema, Michelle, 3
Zuidema, T., 3

Indice generale

Prefazione iii

Abbreviazioni v

Capitolo 1: I fenomeni ambientali 1
  1.1 La situazione attuale 1
  1.2 I principali sintomi ambientali 2
    1.2.1 L'incubo delle radiazioni 2
    1.2.2 Le piogge acide 13
    1.2.3 I rifiuti 14
    1.2.4 L'ambiente terrestre 18
    1.2.5 Scomparsa delle foreste tropicali 19
    1.2.6 L'ambiente acquatico 20
    1.2.7 Il buco dell'ozono 21
    1.2.8 L'effetto serra 24
    1.2.9 Il riscaldamento globale 29
    1.2.10 L'inquinamento causato dalle automobili 32
    1.2.11 I veleni adoperati dall'uomo 33
    1.2.12 I grandi disastri 34
    1.2.13 Le specie che scompaiono 38
    1.2.14 L'inquinamento acustico 39
  1.3 Il mito della sovrappopolazione 45

Capitolo 2: Ecologia o ideologia? 51
  2.1 Tra il fenomeno e la sua interpretazione 51
    2.1.1 Ecologia o ecologismo? 52
  2.2 Le diverse ideologie 54
  2.3 La nozione di ambiente 72
    2.3.1 Alcune definizioni dell'ambiente 72

Capitolo 3: Tra il pessimismo e l'ottimismo 79
3.1 Il pessimismo 79
3.2 L'ottimismo 99
3.3 Prognosi realistiche 100

Capitolo 4: Il Magistero dei Papi 103
4.1 Papa Pio XII 103
4.2 Papa Paolo VI 105
4.3 Papa Giovanni Paolo II 108
4.4 Papa Benedetto XVI 135

Capitolo 5: L'insegnamento cristiano 153
5.1 Il magistero dei vescovi 153
5.1.1 Conferenza Episcopale Tedesca 153
5.1.2 Conferenza Episcopale Lombarda 159
5.1.3 Conferenza Episcopale Portoghese 160
5.1.4 Vescovo di Talca, Cile 160
5.1.5 Conferenza Episcopale Brasiliana 161
5.1.6 Federazione delle Conferenze Episcopali Asiatiche... 162
5.1.7 Conferenze Episcopali Europee 164
5.1.8 Conferenza Episcopale Australiana 165
5.1.9 Conferenza Episcopale Canadese 166
5.2 Aspetto ecumenico 168
5.2.1 Direttorio Ecumenico 168
5.2.2 Visione Ortodossa 168
5.2.3 Cattolici ed evangelici 175
5.2.4 Consiglio Ecumenico delle Chiese 176

Capitolo 6: Visione teologica dell'ambiente 177
6.1 San Benedetto e San Francesco 177
6.2 La sfida ecologica e le risposte teologiche 180
6.3 Alcuni princìpi per una teologia dell'ambiente 186
6.3.1 Creazione e Rivelazione 187
6.3.2 Creaturalità del mondo 190
6.3.3 Dignità della persona umana 192

6.3.4 Gli animali 200
6.3.5 Il cosmo alla luce del mistero di Cristo 204
6.3.6 Il mistero del male e del peccato 210
6.3.7 La Redenzione 213
6.3.8 La Chiesa e il cosmo 215
6.3.9 Lo Spirito Santo e la creazione 217
6.3.10 Prospettive escatologiche 219

Capitolo 7: Ecologia e teologia morale 227
7.1 Verso un'etica ambientale 227
7.2 La nozione del peccato 234
7.3 Alcuni casi concreti 239

Capitolo 8: La spiritualità ecologica 245
8.1 Alcuni spunti per una spiritualità ecologica 245
8.2 Approccio biblico 246
8.3 La visione ignaziana del mondo 254
8.4 La vocazione dei laici 256
8.5 Il monachesimo 259

Appendice 1: Papa Giovanni Paolo II, Messaggio per la Giornata Mondiale della Pace, 1990 261

Appendice 2: Papa Benedetto XVI, Messaggio per la Giornata Mondiale della Pace 2010 273

Appendice 3: La Santa Sede alla Conferenza di Rio 287
1. Documento di sintesi 287
2. Dichiarazione della Delegazione della Santa Sede 292

Appendice 4: Decalogo della saggia ecologia 301

Appendice 5: Dichiarazione di Venezia con Sua Santità Bartolomeo I (11 giugno 2002) 303

Appendice 6: Carta deontologica dello sviluppo sostenibile (17 Maggio 1996) 309

Appendice 7: Decalogo di S. E. R. Mons. Giampaolo Crepaldi 311

Appendice 8: UNESCO: Dichiarazione Universale dei Diritti dell'Animale 313

Bibliografia 319

Indice dei nomi 325

Indice generale 329

www.ingramcontent.com/pod-product-compliance
Lightning Source LLC
Chambersburg PA
CBHW032017230426
43671CB00005B/115